Woldemar Freiherr von Biedermann

Goethes Gespräche

IX. Band

Woldemar Freiherr von Biedermann

Goethes Gespräche
IX. Band

ISBN/EAN: 9783744721806

Hergestellt in Europa, USA, Kanada, Australien, Japan

Cover: Foto ©Thomas Meinert / pixelio.de

Weitere Bücher finden Sie auf **www.hansebooks.com**

Anhang

an

Goethes Werke.

Abtheilung

für

Gespräche.

9. Band. 1. Hälfte.

—⁂—

Leipzig.

F. W. v. Biedermann.

1891.

Goethes Gespräche.

Herausgeber

Woldemar Freiherr von Biedermann.

9. Band. 1. Hälfte.

Register.

Leipzig.
F. W. v. Biedermann.
1891.

Inhaltsverzeichniß.

(Zum 9. Band. 1. Hälfte.)

Seite

Register.

Spätlinge. Zurückgelegtes — Übersehenes — Hinzugekommenes.

Nachgeliefertes f. 9. Band 2. Hälfte.

Zu 169. I, 209.

W. G. Gotthardi ist Schriftstellername für Moritz Wilh. Gotthard Müller.

Register.

1. Personen.

Die römischen Ziffern bedeuten die Band-, die arabischen die Seitenzahl.

4*

2. Schriften und Gedichte Goethes.

3. Geographisches und Ethnographisches.

4. Verschiedenes.

Geschichte.

Gleichnisse und Symbole.

Kunst.

Menschenthum.

Natur und Naturwissenschaft.

Staatsleben.

Technik.

Überirdisches, Kirchliches.

Volk.

Wissenschaften (Gelehrte).

Zeitschriften.

5. Quellen.

Die Zahlen bedeuten die fortlaufenden Nummern der Gespräche.

I. Gedruckte.

II. Handschriftliche.

a) Handschriften der Königl. öffentl. Bibliothek zu Dresden.

b) Handschriften in Privatbesitz.

III. Unbekannte.

Spätlinge.

Zurückgelegtes — Übersehenes — Hinzugekommenes.

1553.

1774, Ende April.

Mit Gottlob David Hartmann.

a.

Mit Goethe speiste ich zu Mittag und er begleitete mich überall.

b.

Von Goethe in Frankfurt kann ich Ihnen [Bodmer] sagen, daß er ein sehr guter Mann ist, mit dem ich in manchen Dingen mehr Interessantes gesprochen habe, als mit allen, die ich auf meiner Reise besucht habe.

1554.

1779, Frühjahr.

Mit Karl Lenz.

Um meinen kranken Bruder [Jakob Michael Reinhold] von den Grenzen der Schweiz abzuholen, erhielt ich von Weimar aus der Großmuth der weiland verwittweten Frau Herzogin durch Goethe eine baare Geldunterstützung, welche, wie mich däucht, 60 Louisd'or betrug. . . . . Goethe nahm mich übrigens auf seinem Gartenhause sehr gütig auf und unterhielt sich mit mir bei unserer Promenade in dem Lustwäldchen, der Stern genannt, meistens in sehr liebreichem Andenken an Jakob Lenz, und selbst seine Schwächen berührte er nur mit vieler Delicatesse.

1555.

1794, Anfang November.

Mit Friedrich Hölderlin u. a.

Auch bei Schiller war ich schon, das erste Mal eben nicht mit Glück. Ich trat hinein, wurde freundlich begrüßt und bemerkte kaum im Hintergrunde einen Fremden, bei dem keine Miene, auch nachher lange kein Laut etwas besonderes ahnen ließ. Schiller nannte mich ihm, nannt' ihn auch mir, aber ich verstand seinen Namen nicht. Kalt, fast ohne einen Blick auf ihn, begrüßt ich ihn und war einzig im Innern und Äußern mit Schillern beschäftigt. Der Fremde sprach lange kein Wort. Schiller brachte die ‚Thalia', wo ein Fragment von meinem ‚Hyperion' und mein Gedicht ‚An das Schicksal' gedruckt ist, und gab es mir. Da Schiller sich einen Augenblick darauf entfernte, nahm der Fremde das Journal vom Tische, wo ich stand, blätterte neben mir in dem Fragmente und sprach kein Wort. Ich fühlt' es, daß ich über und über roth wurde; hätt' ich gewußt, was ich jetzt weiß, ich wäre leichenblaß geworden. Er wandte sich darauf zu mir, erkundigte [sich] nach der Frau v. Kalb, nach der Gegend und den Nachbarn unseres Dorfs, und ich beantwortete das alles so einsilbig, als ich vielleicht selten gewohnt bin. Aber ich hatte einmal meine Unglücksstunde! Schiller kam wieder, wir sprachen über das Theater in Weimar; der Fremde ließ ein paar Worte fallen, die gewichtig genug waren, um mich etwas ahnden zu lassen — aber ich ahndete nichts. Der Maler [Heinrich] Meyer aus Weimar kam auch noch; der Fremde unterhielt [sich] über manches mit ihm, aber ich ahndete nichts! Ich ging und erfuhr an demselben Tage, . . . daß Goethe diesen Mittag bei Schiller gewesen sei.

1556.

1794, Ende oder 1795 Anfang.

Mit Hölderlin u. a.

a.

Auch mit Goethe wurde ich bekannt. Mit Herzpochen ging ich über seine Schwelle [in Weimar], das kannst Du dir denken. Ich traf ihn zwar nicht zu Hause, aber nachher bei der Majorin [v. Kalb]. Ruhig, viel Majestät im Blicke und auch Liebe, äußerst einfach im Gespräche, das aber doch hie und da mit einem bittern Hiebe auf die Thorheit um ihn und ebenso bittern Zuge im Gesichte, und dann wieder von einem Funken seines, noch lange nicht erloschenen Genies gewürzt wird, — so fand ich ihn. Man sagte sonst, er sei stolz, wenn man aber darunter das Niederdrückende und Zurückstoßende im Benehmen gegen unsereinen verstand, so log man. Man glaubt oft einen recht herzlichen Vater vor sich zu haben. Noch gestern sprach ich ihn hier [in Jena] im Club.

b.

Goethen hab' ich gesprochen! . . Es ist der schönste Genuß unseres Lebens, so viel Menschlichkeit zu finden, bei so viel Größe. Er unterhielt mich so sanft und freundlich, daß mir recht eigentlich das Herz lachte und noch lacht, wenn ich daran denke.

1557.

1796, 17. Juni.

Mittag bei Goethe.

Gleichwohl kam ich [J. P. F. Richter] mit Scheu zu Goethe. Die K[alb] und jeder malte ihn ganz kalt für alle Menschen und Sachen auf der Erde. Die K. sagte: er bewundert nichts mehr, nicht einmal sich; jedes Wort sei Eis, zumal gegen Fremde, die er selten vorlasse; er habe etwas Steifes, reichsstädtisch Stolzes — bloß Kunstsachen wärmen noch seine Herznerven an, daher ich Knebel bat, mich vorher durch einen Mineralbrunnen zu petrificiren und zu incrustiren, damit ich mich ihm etwa im vortheilhaften Lichte einer Statue zeigen könne. Die K. räth mir überall Kälte und Selbstbewußtsein an. Ich ging ohne Wärme, bloß aus Neugierde. Sein Haus frappirt: es ist das einzige Weimars im italienischen Geschmack, mit solchen Treppen — ein Pantheon voll Bilder und Statuen; eine Kühle der Angst presset die Brust. Endlich tritt der Gott her; kalt, einsilbig, ohne Accent. Sagt Knebel: „Die Franzosen ziehen in Rom ein.“ — „Hm!“ sagt der Gott. Seine Gestalt ist markig und feurig, sein Auge ein Licht. Aber endlich schürete ihn nicht bloß der Champagner, sondern die Gespräche über die Kunst, Publikum 2c. sofort an und — man war bei Goethe. Er spricht nicht so blühend wie Herder, aber scharf, bestimmt und ruhig. Zuletzt las er uns, d. h. er spielte uns*) ein ungedrucktes herrliches Gedicht vor, wodurch sein Herz durch die Eiskruste die Flammen trieb, sodaß er dem enthusiastischen Paul (mein Gesicht war es, aber meine Zunge nicht, wie ich denn nur von weitem auf einzelne Werke anspielte, mehr der Unterredung und des Beleges wegen) die Hand drückte. Beim Abschiede that er es wieder und hieß mich wiederkommen. Er hält seine dichterische Laufbahn für beschlossen.

*) Sein Vorlesen ist ein tieferes Donnern, vermischt mit dem leisesten Regengelispel; es giebt nichts Ähnliches.

1558.

1796, 15. September. (?)

Bei Ferdinand Christian Loder.

Ich [Garlieb Merkel] fand [bei Loder] eine sehr zahlreiche Versammlung von fast allen Professoren und einigen Studenten beisammen. Im Prunkzimmer stand Goethe mit ernster, stolzer Miene vor dem Spiegeltische, auf beiden Seiten von Kerzen und vorn vom Kronleuchter beleuchtet, prunkend da, und um ihn eine Halbrunde von mehreren Reihen ehrfurchtsvoll Lauschender. Bei dem Gefühl, mit dem ich soeben die „Xenien" gelesen, widerte mich dieses Schauspiel an; ich glaubte den Triumph strafloser Insolenz feiern zu sehen. Loder stellte mich Goethe vor als den Verfasser der ‚Letten'; er nickte herablassend und fuhr fort in seiner Rede. Das verdroß mich; denn ich war mir bewußt, in Rücksicht meiner Zwecke über dem Verfasser der „Xenien" zu stehen. . . .

Er sprach gerade in einem docirenden Tone über Raphael's Gemälde im Vatican. Den letzten Umstand hatte ich nicht bemerkt [?] und sagte: ‚Es wäre viel, wenn die Franzosen sich ihrer nicht bemächtigten.' Mit einer wegwerfenden Miene, als hätte ich eine Dummheit gesagt, erwiederte Goethe: „Sie sind ja auf die Mauer gemalt!" — ‚Doch nur auf Stuck!' antwortete ich, zog mich aus dem bewundernden Halbkreise zurück und habe mich Goethe nie wieder genähert. Mir hatte bei meiner Antwort dunkel vorgeschwebt, es müsse ein Mittel geben, die Stucklagen abzulösen ohne Verletzung der Gemälde, die sie verherrlichen. Welcher Art dies Mittel sein könnte, ahnte ich freilich nicht, doch wenige Monate später erzählten die Zeitungen, daß die Franzosen Wandgemälde abgesägt hätten.

1559.

1806, Anfang.

Mit Charlotte v. Stein.

Goethe ist wieder recht krank. Seine Krankheit ist periodisch: er bekömmt sie alle drei oder vier Wochen. Er sagte mir: er nehme jetzt Bilsenkraut statt Opium dafür; dies thäte ihm besser.

Neulich [15. Januar] wurde seine alte ‚Stella' gegeben; er hat aus dem Drama eine Tragödie gemacht. Es fand aber keinen Beifall. Fernando erschießt sich, und mit dem Betrüger kann man kein Mitleid haben. Besser wäre es gewesen, er hätte [nur?] Stella sterben lassen; doch nahm er mirs sehr übel, als ich dies tadelte.

1560.

(Als 372c u. d.)

1808, 30. September und folgende Tage.

Mit Napoleon.

c.

Napoléon fidèle à son système momentané de lenteur avait distribué les premières journées de manière à ce que l'on ne trouvât jamais le moment de parler d'affaires. Ses déjeuners étaient longs: il y recevait du monde, il y causait volontiers. . . . . J'ai vu [Talleyrand] plusieurs de ces déjeuners durer plus de deux heures. C'est là que Napoléon faisait venir les hommes considérables et les hommes de mérite qui s'étaient rendus à Erfurt pour le voir. Tous les matins il lisait avec complaisance la liste des personnes nouvellement arrivées. Le jour où il y trouva le nom de M. Goethe, il l'envoya chercher.

‚Monsieur Goethe, je suis charmé de vous voir.' — „Sire, je vois que quand Votre Majesté voyage, elle ne néglige pas de porter ses regards sur les plus petites choses." — ‚Je sais que vous êtes le premier poète tragique de l'Allemagne.' — „Sire, vous faites injure à notre pays; nous croyons avoir nos grands hommes: Schiller, Lessing et Wieland doivent être connus de Votre Majesté." — ‚Je vous avoue que je ne les connais guère; cependant j'ai lu la guerre de Trente ans; cela, je vous en demande pardon, ne m'a paru fournir des sujets de tragédie que pour nos boulevards.' — „Sire, je ne connais pas vos boulevards; mais je suppose que c'est là que se donnent les spectacles pour le peuple, et je suis fâché de vous entendre juger si sévèrement un des plus beaux génies des temps modernes." — ‚Vous habitez ordinairement Weimar; c'est le lieu où les gens de lettres célèbres de l'Allemagne se réunissent?' — „Sire, ils y sont fort protégés; mais nous n'avons dans ce moment-ci à Weimar d'homme connu dans toute l'Europe que Wieland, car Müller habite Berlin." — ‚Je serais bien aise de voir M. Wieland.' — „Si Votre Majesté me permet de le lui mander, je suis sûr qu'il se rendra ici immédiatement." — ‚Parle-t-il le français?' — „Il le sait, et il a lui-même corrigé plusieurs traductions de ses ouvrages faites en français." — ‚Pendant que vous êtes ici, il faut que vous alliez tous les soirs à nos spectacles. Cela ne vous fera pas de mal de voir représenter les bonnes tragédies françaises.' — „Sire, j'irai très volontiers, et je dois avouer à Votre Majesté que cela était mon projet; j'ai traduit, ou plutôt imité quelques pièces françaises." — ‚Lesquelles?' — „*Mahomet* et *Tancrède*". — ‚Je ferai demander à Rémusat si nous avons ici des acteurs pour les jouer. Je serai bien aise que vous les voyez représenter dans notre langue. Vous n'êtes pas si rigoureux que nous dans les règles du théâtre'. — „Sire, les unités chez nous ne sont pas essentielles". — ‚Comment trouvez vous notre séjour ici?' — „Sire, bien brillant, et j'espère qu'il sera utile à notre pays." — ‚Votre peuple est-il heureux?' — „Il espère beaucoup." — ‚Monsieur Goethe, vous devriez rester ici pendant tout le voyage, et écrire l'impression que fait sur vous le grand spectacle que nous vous donnons.' — „Ah! sire, il faudrait la plume de quelque écrivain de l'antiquité pour entrependre un travail semblable." — ‚Étes vous de ceux qui aiment Tacite?' — „Oui, sire, beaucoup." — ‚Eh bien, pas moi; mais nous parlerons de cela une autre fois. Écrivez à M. Wieland de venir ici; j'irai lui rendre sa visite à Weimar où le duc m'a invité à aller. Je serai bien aise de voir la duchesse; c'est une femme d'un grand mérite. Le duc a été assez mal pendant quelque temps, mais il est corrigé.' — „Sire, s'il a été mal, la correction a été un peu forte; mais je ne suis pas juge de pareilles choses; il protège les lettres, les sciences, et nous n'avons tous qu'à nous louer de lui." — ‚Monsieur Goethe, venez ce soir à *Iphigénie*. C'est une bonne pièce; elle n'est cependant pas une de celles que j'aime le mieux, mais les Français l'estiment beaucoup. Vous verrez dans mon parterre un bon nombre de souverains. Connaissez-vous le prince primat?' — „Oui, sire, presque intimement; c'est un prince qui a beaucoup d'esprit, beaucoup de connaissances et beaucoup de générosité." — ‚Eh bien, vous le verrez ce soir, dormir sur l'épaule du roi de Wurttemberg. Avez-vous déjà vu l'empereur de Russie?' — „Non, sire, jamais, mais j'espère lui être présenté." — ‚Il parle bien votre langue; si vous faites quelque chose sur l'entrevue d'Erfurt, il faut le lui dédier.' — „Sire, ce n'est pas mon usage; lorsque j'ai commencé à écrire, je me suis fait un principe de ne point faire de dédicace, afin de n'avoir jamais à m'en repentir." — ‚Les grands écrivains du siècle de Louis XIV n'étaient pas comme cela.' — „C'est vrai, Sire, mais Votre Majesté n'assurerait pas qu'ils ne s'en sont jamais repentis." — ‚Qu'est devenu ce mauvais sujet de Kotzebue?' — „Sire, on dit qu'il est en Sibérie et que Votre Majesté demandera sa grâce à l'empereur Alexandre." — ‚Mais savez-vous que ce n'est pas mon homme?' — „Sire, il est fort malheureux et il a beaucoup de talent." — ‚Adieu, Monsieur Goethe.'

Je suivis M. Goethe et l'engageai à venir dîner chez moi. En rentrant, j'écrivis cette première conversation, et pendant le dîner je m'assurai, par les différentes questions que je lui fis, que telle que je l'écris ici, elle est parfaitement exacte. En sortant de table, M. Goethe se rendit au spectacle; je mettais de l'intérêt à ce qu'il fut près du théâtre, et cela était assez difficile, parce que les têtes couronnées occupaient sur des fauteuils le premier rang: les princes héréditaires, pressés sur des chaises, remplissaient le second; et toutes les banquettes qui étaient derrière eux étaient couvertes de ministres et de princes médiatisés. Je confiai donc M. Goethe à Dazincourt, qui, sans blesser aucune convenance, trouva le moyen de le bien placer.

d.

L'empereur avait envoyé toute la Comédie-Française à Weimar. . . . . On jouait *La Mort de César* devant tous les souverains et princes qui d'Erfurt étaient venus à Weimar. Du spectacle, on passa dans la salle de bal. . . . Après avoir fait le tour de la salle, et s'être arrêté près de quelques jeunes femmes dont il [Napoléon] demandait le nom à M. Frédéric de Müller . . . qui avait reçu l'ordre de l'accompagner, il s'éloigna de la grande enceinte et pria M. de Müller de lui amener M. Goethe et M. Wieland. . . . Il alla chercher ces messieurs qui, avec quelques autres membres de cette académie, regardaient ce beau et singulier spectacle. M. Goethe, en s'approchant de l'empereur, lui demanda la permission de les lui nommer. . . . .

‚Vous êtes, j'espère, content de nos spectacles,' dit l'empereur à M. Goethe: ‚ces messieurs y sont-ils venus?' — ‚A celui d'aujoud'hui, sire, mais pas à ceux d'Erfurt.' — ‚J'en suis faché; une bonne tragédie doit être regardée comme l'école la plus digne des hommes supérieurs. Sous un certain point de vue, elle est au dessus de l'histoire. Avec la meilleure histoire, on ne produit que peu d'effet. L'homme, seul, n'est ému que faiblement; les hommes rassemblés reçoivent des impressions plus fortes et plus durables. Je vous assure que l'historien que vous autres citez toujours, Tacite, ne m'a jamais rien appris. Connaissez-vous un plus grand et souvent plus injuste détracteur de l'humanité? Aux actions les plus simples, il trouve des motifs criminels; il fait des scélérats profonds de tous les empereurs, pour faire admirer le génie qui les a pénétrés. On a raison de dire que ses *Annales* ne sont pas une histoire de l'empire, mais un relevé des greffes de Rome. Ce sont toujours des accusations, des accusés et des gens qui s'ouvrent les veines dans leur bain. Lui qui parle sans cesse de délations, il est le plus grand des délateurs. Et quel style! Quel nuit toujours obscure! Je ne suis pas un grand latiniste, moi, mais l'obscurité de Tacite se montre dans dix ou douze traductions, italienes ou françaises que j'ai lues: et j'en conclus qu'elle lui est propre, qu'elle naît de ce qu'on appelle son génie autant que de son style; qu'elle n'est si inséparable de sa manière de s'exprimer que parce qu'elle est dans sa manière de concevoir. Je l'ai entendu louer de la peur qu'il fait aux tyrans; il leur fait peur des peuples, et c'est là un grand mal pour les peuples mêmes. N'ai-je pas raison, M. Wieland? Mais je vous dérange; nous ne sommes pas ici pour parler de Tacite. Regardez comme l'empereur Alexandre danse bien!"

1561.

(Als 418b.)

1809, Ende. (?)

Über ‚Die Wahlverwandtschaften‘.

General v. Rühle erzählte mir [Varnhagen v. Ense], Goethe selbst habe ihm einmal gesagt: er habe die erste Anregung zu den ‚Wahlverwandtschaften‘ durch Schelling erhalten, wie Kapp in seinem Buche [Friedrich Wilhelm Joseph v. Schelling — Ein Beitrag zur Geschichte des Tages von einem vieljährigen Beobachter] richtig bemerkt. In der Charlotte wollte man die Herzogin Luise erkennen, in dem Hauptmann den Freiherrn v. Müffling, jetzigen Gouverneur von Berlin, [1842] in Luciane einzelne Züge der Fräulein v. Reitzenstein, und so noch andere; in dem Maler einen jungen Künstler aus Kassel. Goethe sagte einmal zu Rühle: „Ich heidnisch? Nun ich habe doch Gretchen hinrichten und Ottilie verhungern lassen; ist das den Leuten nicht christlich genug? Was wollen sie noch Christlicheres?“

Das erinnert an die empörte Antwort, die er Knebeln wegen der sittlichen Bedenken desselben gegen die ‚Wahlverwandtschaften‘ gab: „Ich hab's auch nicht für Euch, ich hab's für die jungen Mädchen geschrieben.“

1562.

(Als 1515 f.)

1813 Ende bis 1814 Mai.

Mit Arthur Schopenhauer.

Goethe sagte mir einmal, daß, wenn er eine Seite im Kant lese, ihm zumuthe würde, als träte er in ein helles Zimmer.

1563.

Um 1819 (?).

Mit Karl Wolfgang und August v. Heygendorff.

Als Beispiel von Goethes ausgebreiteter erzieherischer Thätigkeit ist folgendes anzuführen:

Mein Vater [Generalmajor v. Heygendorff] theilte mir mit, daß Goethe ihn und seinen Bruder in Begleitung ihres gemeinsamen Hofmeisters öfters habe zu sich kommen lassen, und auf die Erzählungen über das Thun und Treiben der Knaben öfters gesagt habe: „Das ist recht! Das ist brav!“

1564.

1826 (?), 28. August.

Mit Wilhelmine Melos geb. Baumann und Marie Melos.

An einem Geburtstage Goethes befand sich Frau Melos mit ihrem fünfjährigen Töchterchen unter den vielen Gratulanten. Sobald Goethe sie bemerkte, schritt er auf sie zu, reichte dem Kinde die Hand und sagte:

‚Nun, Marie*)! willst Du mir auch gratuliren?‘ „Ja, Excellenz!“ sagte Frau Melos; „und Marie hat auch ein Gedicht gelernt, das sie Ihnen später vorsagen will.“ — ‚Ei, das muß ich sogleich hören!‘ sprach er und führte die kleine Marie in ein, von der vornehmen Gesellschaft freigebliebenes Nebenzimmer, setzte sich und nahm sie auf seinen Schooß. ‚Jetzt sag mir einmal her, was Du gelernt hast.‘ — Marie begann: „Ufm Bergli Bin i gesässe“ — ‚Ha de Vögle‘, half Goethe ein. — „Ha de Vögle Zugeschaut,“ fuhr Marie fort. — ‚Hänt gesunge, Hänt gesprunge‘ half Goethe wieder ein, und so ging er mit ihr das ganze Liedchen bis zu Ende durch, führte die Kleine dann zur Mutter zurück und wendete sich seinen andern Besuchern zu. Am Nachmittage schickte er an Marie einen Teller Früchte und Confect von der Geburtstagstafel.

1565.

1827, Anfang Mai.

Mit Moritz Oppenheim.

Oppenheim . . . erzählte mir [Rießer]: Am Schlusse seines Aufenthalts in Weimar habe Goethe ihn gefragt, ob er einen Titel oder einen Orden haben wolle; er habe geantwortet, daß er sich, offen gestanden, aus

*) Nicht Ida, wie die Quelle angiebt, sondern deren jüngere Schwester, wie Frau Ida Freiligrath geb. Melos mir mitzutheilen die Güte hatte.

beiden nichts mache. Hierauf aber habe Goethe erwiedert: „Sie thun unrecht, mein Lieber! Titel und Orden halten manchen Puff ab im Gedränge.“

1566.

Spätestens 1820.

In Karlsbad.

a.

Bei einem zu Ehren Goethes veranstalteten Mittagsmahl brachte dieser zur Erwiederung auf einen ihm gewidmeten Toast den Trinkspruch aus:

„Nie Mangel des Gefühls und nie Gefühl des Mangels!“

b.

Einem . . Dresdner, Kriegsrath Hase, ... sagte Goethe auf seine Klage, daß ihm das Glück versagt bleibe, Italien zu sehen: „Seien Sie deß froh: denn sonst würde Ihnen der Himmel hier nie blau genug sein.“

1567.

1830.

Mit William Makepeace Thackeray u. a.

Of course I remember very well the perturbation of spirit with which, as a lad of nineteen, I received the long expected intimation that the Herr Geheimrath would see me on . . a morning. This notable audience took place in a little antechambre of his private apartments, covered all round with antique casts and bas-reliefs. He was habited in a long grey or drab redingot, with a white neckcloth and a red ribbon in his buttonhole. He kept his hands behind his back, just as in Rauch's statuette. His complexion was very bright, clear, and rosy. His eyes extraordinarily dark, piercing, and brilliant. I felt quite afraid before them, and recollected comparing them to the eyes of the hero of a certain romance called *Melmoth the Wanderer*, which used to alarm us boys thirty years ago; eyes of an individual who had made a bargain with a Certain Person, and at an extreme old age retained the eyes in all their awful splendour. I fancied Goethe must have been still more handsome as an old man than even in the days of his youth. His voice was very rich and sweet. He asked me questions about myself, which I answered as best I could. I recollect I was at first astonished, and then somewhat relieved, when I found he spoke French with not a good accent. . . .

Any of us who had books or magazines from England sent them to him, and he examined them eagerly. *Frazer's Magazine* had lately come out, and I remember he was interested in those admirable outline portraits which appeared for awhile in its pages. But there was one, a very ghastly caricature of Mr. R—, as Madame de Goethe told me, he shut up and put away from him angrily. ,They would make me look like that', he said; though in truth I can fancy nothing more serene majestic, and healthy looking, than the grand old Goethe.

1568.

Zwischen 1818 und 1831.

Mit Friedrich Theodor Kräuter.

His last secretary, Kräuter, who never speaks of him but with idolatry, describes his activity even at this advanced age as something prodigious. It was moreover systematic. A certain time of the day was devoted to his correspondence; then came the arrangement of his papers, or the completion of works long commenced. One fine spring morning, Kräuter tells me [Lewes] Goethe said to him: ‚Come, we will cease dictation, it is a pity such fine weather should not be enjoyed; let us go into the Park and do a bit of work there.'

1569.

In Goethes letzten Jahren.

Über wilde Ehe.

Wenn ich [Gerd Eilers] alles zusammennehme, was mir über seine religiöse Stimmung in den letzten Jahren seines Lebens mitgetheilt worden ist, wozu auch die mir näher bekannt gewordene Thatsache gehört, daß er einen vieljährigen Freund zur Buße ermahnte und veranlaßte, seine wilde Ehe in eine christlich eingesegnete zu verwandeln, so möchte ich fast glauben, es sei ihm gegangen wie dem hochbejahrtem Kephalos bei Plato.

Quellen.

1553. Von und aus Schwaben. Geschichte, Biographie, Literatur von W. Lang. VII. Heft. Gottlob David Hartmann. Ein Lebensbild aus der Sturm- und Drangzeit. Stuttgart 1891. S. 91 f. (Aus Briefen Hartmann's an die Eltern und an Bodmer.) — **1554.** Lenz und Goethe. Mit ungedruckten Briefen. . . . Von J. Froitzheim. Stuttgart, Leipzig, Berlin, Wien. 1891. S. 67. (Aus Niederschrift von K. Lenz für Dr. Dumpf.) — **1555.** Friedrich Hölderlin's Leben. In Briefen von und an Hölderlin. Bearbeitet und hrsgg. von C. C. T. Litzmann. Berlin 1890. S. 243 f. (Aus H.'s Brief aus Ldw. Neuffer, Jena, November 1794.) — **1556.** Ebenda. a) S. 252 f. (Aus Brief an Neuffer v. 19. Jan. 1795.) — b) S. 256. (Aus Brief an Hegel v. 26. Jan. 1795.) — **1557.** Jean Pauls Briefwechsel mit seinem Freunde Ch. Otto. I. Band. Berlin 1829. S. 349 ff. — **1558.** Garlieb Merkel über Deutschland zur Schiller-Goethe-Zeit. . . . Nach des Verfassers gedruckten und handschriftlichen Aufzeichnungen zusammengestellt . . . von J. Eckardt. Berlin 1887. S. 62 f. — **1559.** Briefe von Goethe und dessen Mutter an Friedrich Freiherrn von Stein. Nebst einigen Beilagen. Hrsgg. von J. J. H. Ebers und A. Kahlert. Leipzig 1846. S. 170. (Aus Brief der Frau v. Stein v. 5. März 1806.) — **1560.** Le Correspondant. 63ième année. 25. Janvier 1891. Paris 1891. c) S. 230 —233. — d) S. 241 f.

1561. Tagebücher von K. A. Varnhagen v. Ense. II. Band. Leipzig 1861. S. 194. — **1562.** Arthur Schopenhauer's sämmtliche Werke in sechs Bänden. Hrsgg. von E. Grisebach. II. Leipzig. S. 167. — **1563.** Aus Brief des Herrn Major a. D. und k. k. Gendarmerieoberinspector v. Heygendorff an den Herausgeber. — **1564.** Harmlose Geschichten von J. Schwabe. Frankfurt a. M. 1890. — **1565.** Brief des Herrn Bankdirektor Dr. Rießer an den Herausgeber. — **1566.** Goethe und Dresden. Von W. Frh. v. Biedermann. Berlin 1875. S. 46. — **1567.** The Life and Works of Goethe. By G. H. Lewes. Book the VII. Chapter VII. — **1568.** Ebenda. — **1569.** Meine Wanderung durchs Leben. . . . von Gerd Eilers. III. Theil. Leipzig 1858. S. 369 f.

Register über die Spätlinge.

I. Personen.

---

*) Prof. G. D. Hartmann ist erwähnt I. 60 (nicht 57).

2. Schriften und Gedichte Goethes.

3. Geographisches und Ethnographisches.

4. Verschiedenes.

5. Quellen

sind in das Hauptregister mit eingereiht.

Zeitfolge

von Goethes Gesprächen bei Einreihung der nachgebrachten und unter Berücksichtigung von Berichtigungen.

I. 1765—1804.

1—11. 1438. 12—14. 1553. 15—18. 1440. 1441. 19. 20. 1442. 21. 22. 1439. 23—31. 1549. 32—34. 1443. 35. 1554. 36. 1444. 37—47. 1445. 48—53. 1446. 54. 1447. 55—61. 1448. 62—71. 1449. 72—83. 1450. 84—86. 1451. 87—91. 1452. (92 fällt weg.) 93—96. 1453. 97—101. 1454. 102—116. 1555. 117—119. 1556. 120. 121. 1455. 1456. 122. 123. 1457. 124—134. 1458. 135. 1557. 136. 1558. 137—153. 1459. 154—164. 1460. 165—168. 1461. 169—173. 1462—1465. 174—177. 1466. 178—182. 183—191. 1467. 192. 193. 1468. 194—206. 1469—1471. 207. 208—210. 1472. 211. 1473. 212. 1474. 1475. 213. 1476. 214. 1477—1479. 215—221. 1480. 222. 1481. 223. 224.

II. 1805—1810.

225. 226. 1482. 227. 1483. 228. 1484. 229. 1485. 230—233. 1486. 234—238. 1487. 239—244. 1559. 1488. 245—249. 1489. 250—253. 1490. 254—313. (314 u. 316 fallen weg.) 315. 317—327. 1491. 328. (329 fällt weg.) 330—341. 1492. 342—345. 1493. 346. 347. 1494. 348—351. (352 fällt weg.) 353—372. 1560. 373—379. 1495. 380—389. 1496. 390. 1497. 391—394. 518? 395—404. 1498. 405—425. 1499. 426—448. 1561. 449—451. 1500. 1501. 452—516. 1502. 517.

III. 1811—1818.

1503. 519—564. 1504—1506. 565. 1507. 566—577. 1508. 1550. 578. 579. 1509. 580—583. 1510. 1511. 584. 1512. 585—595. 1513. 1514. 596—598. 1515. 1562. 599—614. 1516. 615—622. 1517. 623. 624. 1518. 625—627. 1519. 628—671. 1520. 672—693. 1521. 694—701. 1522. 702. 1523. 703—706. (707 fällt weg.) 708. 1524. 709—722. 1551. 723. 1525—1528. 1552. 724.

IV. 1819—1823.

1563. 725—738. 1529. 739—745. 1530. 746—748. 1531. 1566. 749—757. 1532. 758. 1533. 759. 760. 1534. 1535. 761—767. 1536. 768—856. 1537. 1538. 857—914. 1539.

V. 1824—1826.

919—955. 1540. 956—969. 992. 970—991. 992—1020. 1541. 1021—1041. 1542. 1042—1052. 1564. 1053—1068.

VI. 1827 und 1828.

1069—1095. 1565. 1096—1119. 1543. 1120—1148. 1544. 1149—1160. 1545. 1161—1174.

VII. 1829 und 1830.

1175—1204. 1546. 1205—1213. 1547. 1214—1229. 1548. 1230—1323. 1567. 1568.

VIII. 1831 und 1832.

1324—1415.

Zeitlich unbestimmbar.

915—918. 1416—1437. 1569.

Berichtigungen*)

Band	Seite		
II.	356,	Nr. 241	lies: Wie 228 (statt 225).
„	356,	„ 245	„ desgl. desgl.
„	356,	„ 246	„ desgl. desgl.
„	356,	„ 249	„ desgl. desgl.
„	356,	„ 252a	„ Wie 248c (statt 248).
„	356,	„ 252b	„ Wie 228 (statt 243).
„	357,	„ 307	„ Wie 307a—c (statt 307a—e).
„	359,	„ 396e	„ Wie 393 (statt 293).
„	359,	„ 406	ist nach der Zahl a zu streichen.
„	359,	„ 411	lies: 411a u. c (nicht a u. b).
„	359,	„ 414	„ Wie 406 (nicht 406a).
„	360,	„ 450	„ Wie 357 (nicht 347).
VI,	373,	„ 1154	„ Wie 1148 (nicht 1048).

VIII. 31, Z. 1 lies: rhetorischen.

„ 108, Z. 9 lies: 1780.

„ 203, Z. 8 v. u. lies: Euphemismus.

„ 224, Z. 7 lies: des Reinmenschlichen.

„ 239f. Zu Nr. 1439 ist zu erinnern, daß zur Zeit von Goethes Reise mit Lavater ‚Werther‘ noch nicht erschienen war; der hier erzählte Vorgang dürfte um Mitte 1775 zu setzen sein.

„ 249, Z. 2 v. u. wäre anstatt ‚Rettung‘ das Gedicht ‚Wahrer Genuß‘ zu nennen gewesen.

„ 382, Z. 6 v. u. war der Maler R. jedenfalls Rösel.

„ 392, Z. 16 lies: an.

„ 395, Z. 2 v. u. lies: Goethe's.

„ 412 ist die Quellangabe von Nr. 1540a zu vervollständigen durch: (Aus: Drei Blätter aus meinen Erinnerungen. Von W. Häring. [W. Alexis]).

*) Exc. v. Loeper spreche ich meinen verbindlichsten Dank aus für die Sorgfalt, mit der er die ‚Gespräche‘ durchgegangen und dadurch die Berichtigungen für alle Bände großentheils hervorgerufen hat.

Druck von Hesse & Becker in Leipzig.

Anhang

an

Goethes Werke.

Abtheilung

für

Gespräche.

9. Band. 2. Hälfte.

Leipzig.

F. W. v. Biedermann.

1891.

Erläuterungen

zu

Goethes Gesprächen

von

Dr. Otto Lyon.

Leipzig.
F. W. v. Biedermann.
1891.

Einleitendes.

Das Bild Goethes klar und rein zu gewinnen, seine gewaltige Persönlichkeit in festen und scharfen Umrissen zu zeichnen, den gesammten geistigen und überhaupt menschlichen Inhalt seines Wesens, seiner großen, herrlichen Natur deutlich und sicher zu erfassen: das ist das schöne und große Ziel, dem die Goethestudien zustreben und an dessen Erreichung von begeisterten Forschern, unter denen der Herausgeber der vorstehenden Gespräche Goethes einen hohen Ehrenplatz einnimmt, unablässig gearbeitet wird. Wenn man erwägt, daß die Schriftwerke, die ein Mensch schafft und der Nachwelt hinterläßt, immerhin doch nur einen zusammengedrängten Auszug seines geistigen Seins und seiner ganzen Persönlichkeit darstellen, und daß insbesondere bei einem Dichter wie Goethe die lebendige Persönlichkeit noch unendlich viel reicher ist als der Inhalt selbst seiner gewaltigsten Werke, wenn man sich insbesondere des Wortes erinnert, das Merck zu Goethe sprach: „Was du lebst ist besser als was du schreibst", so wird man jede Nachricht und jede Äußerung, die uns Goethes lebendige Persönlichkeit näher rückt, mit Freude und Dankbarkeit aufnehmen, wodurch uns selbstverständlich nicht die Verpflichtung erspart wird, jede solche Nachricht sorgfältig daraufhin zu prüfen, ob sie uns in Wirklichkeit mit dem Menschen Goethe, sei es auch nur in einem einzelnen, außer dem Zusammenhange geringfügig erscheinenden Zuge, in seiner Eigenart genauer bekannt macht. Solche Nachrichten sind seine Tagebücher und Briefe, solche Nachrichten sind aber auch seine uns überlieferten mündlichen Äußerungen, die wir unter dem Namen „Goethes Gespräche“ zusammenzufassen pflegen. Die Gespräche Goethes haben vor seinen schriftlichen Äußerungen den Vorzug, daß sie uns die lebendige Persönlichkeit des Dichters unmittelbarer, gleichsam so, wie sie das Leben lebt, entgegentreten lassen, wir sehen sie unwillkürlich in ihrer Umgebung vor uns, redend, sich bewegend, handelnd, wir treten zu ihr in einen innigeren Bezug, als es durch bloße geschriebene Worte möglich ist. Das gesprochene Wort übt seinen eigenartigen Zauber auf uns aus, auch trotz des Umstandes, daß es uns doch erst wieder als ein geschriebenes, und noch dazu von andern niedergeschriebenes Wort entgegentritt. Freilich macht es uns gerade der Umstand, daß ein anderer die im Gespräche gefallenen Worte des Dichters aufgezeichnet hat, zur Pflicht, bei diesen Äußerungen einen anderen Maßstab der Beurteilung zu gebrauchen, als bei den vom Dichter selbst niedergeschriebenen oder dictirten Worten, da ja jedes dieser Gespräche in der Gestalt, wie es uns vorliegt, gleichsam erst durch den Geist des Aufzeichnenden hindurchgegangen ist und so doch, auch wenn der Hörer noch so treu in der Aufzeichnung war, Spuren eines fremden Geistes mit aufweist. Daher wird es eine Hauptaufgabe der nachfolgenden Erläuterungen sein, die wichtigsten in den Gesprächen niedergelegten Äußerungen Goethes teils aus den Verhältnissen und den Lebensumständen des Dichters, aus denen sie hervorgegangen, zu beleuchten, teils durch verwandte schriftliche Äußerungen des Dichters selbst zu erklären und ihrer Bedeutung nach zu würdigen. Freilich kann es sich dabei nur um die wichtigsten Äußerungen handeln, da für die Erläuterungen ein Raum von 16 Bogen bestimmt ist, der nicht überschritten werden darf.

Der Herausgeber hat 1569 Gespräche, bez. mündliche Äußerungen Goethes gesammelt und sie mit fortlaufenden Nummern versehen. Wir fügen unsere Erläuterungen in der Weise an, daß wir die Nummer, die der Herausgeber dem Gespräche gegeben hat, voranstellen und dieser die Angabe von Band und Seite folgen lassen*). Vorher sei es mir aber noch gestattet, dem Herausgeber der Gespräche, Herrn Geheimerath Freiherrn von Biedermann in Dresden, meinen herzlichsten Dank auszusprechen dafür, daß er mir in der liebenswürdigsten Weise die reichen Schätze seiner Bibliothek zur Verfügung stellte und mich überhaupt aufs zuvorkommendste bei meiner Arbeit mit Rath und That unterstützte.

Zunächst dürfte ein kurzer Hinweis auf die mündliche Ausdrucksweise Goethes dem Leser der „Gespräche" das Bild des sprechenden Dichters näher bringen. Goethe war mit seiner Frankfurter Mundart innig verwachsen, und obgleich sein Vater „sich stets einer gewissen Reinheit der Sprache befliß" (Dicht. u. Wahrh. II, 6. Buch) und „die Kinder zu einem besseren Sprechen vorbereitet hatte", kam der junge Goethe doch mit einem unverfälscht oberdeutschen Dialecte nach Leipzig, und Anklänge an die oberdeutsche Heimath haben sich auch in späterer Zeit, als sich sein mündlicher Ausdruck durch den Aufenthalt in Leipzig und besonders in Weimar wesentlich geändert hatte, in seiner Aussprache immer erhalten. Wilhelm Grimm äußert sich darüber in dem denkwürdigen Vortrage**), den er auf

---

*) Die Nachrichten über die wichtigeren der vorkommenden Personen werden in der Regel da gegeben, wo der Name zum ersten Male vorkommt. Darüber, wo der Name zum ersten Male auftritt, giebt das Personenregister zu den Gesprächen Auskunft.

**) Vgl. über die Bedeutung dieses Vortrages für unsere Sprache und Sprachwissenschaft: A. Mühlhausen, Geschichte des Grimmschen Wörterbuches, Hamburg 1888.

der bekannten Versammlung der Germanisten am 26. September 1846 zu Frankfurt am Main hielt: „Goethe hat mit dem richtigsten Gefühl, wie der Augenblick drängte, die ihm angeborne Mundart benutzt und mehr daraus in die Höhe gehoben als irgend ein anderer. Auch seine Aussprache, zumal in vertraulicher Rede, war noch danach gefärbt, und als sich jemand beklagte, daß man ihm den Anflug seiner südlichen Mundart in Norddeutschland zum Vorwurf gemacht habe, hörte ich ihn scherzhaft erwidern: Man soll sich sein Recht nicht nehmen lassen: der Bär brummt nach der Höhle, in der er geboren ist." Zugleich ist hierbei aber in Betracht zu ziehen, was Goethe über die Denkweise des Oberdeutschen und den Charakter der oberdeutschen Mundart in Dichtung und Wahrheit (II. 6. Buch) sagt: „Der Oberdeutsche und vielleicht vorzüglich derjenige, welcher dem Rhein und Main anwohnt (denn große Flüsse haben wie das Meeresufer immer etwas Belebendes), drückt sich viel in Gleichnissen und Anspielungen aus, und bei einer inneren, menschenverständigen Tüchtigkeit bedient er sich sprichwörtlicher Redensarten. In beiden Fällen ist er öfters derb, doch, wenn man auf den Zweck des Ausdruckes sieht, immer gehörig; nur mag freilich manchmal etwas mit unterlaufen, was gegen ein zarteres Ohr sich anstößig erweist." Dieser Derbheit des Ausdrucks entsprechen z. B. ganz die Äußerungen des jungen Goethe in den Nummern 1 und 2 der Gespräche, sodaß der Herausgeber ein Wort auf S. 12 nur durch Punkte angedeutet hat. Selbstverständlich ist diese Kraft und Ursprünglichkeit, diese sinnliche Gewalt der Rede, die in den Werken des Dichters oft in so herrlicher Weise zu Tage tritt, in seinen Gesprächen, in der vertraulichen Rede, überhaupt noch in erhöhtem Maße zu merken.

Und eine allgemeine Bemerkung sei hier noch vorausgeschickt, die bei der Beurteilung aller mündlichen Äußerungen Goethes immer gegenwärtig gehalten werden muß. In einem Briefe an Oeser vom 24. November 1768 schreibt Goethe: „Es giebt tausend Dinge, die man ohne Bedenken sagt, die man aber großes Bedenken trägt zu schreiben.“ (Hirzel-Bernays, D. j. Goethe I, 38.) Und besonders sei noch daran erinnert, daß Goethe sich allezeit als Werdender fühlte, daß er am liebsten alle Tage als „neugeboren“ sich betrachtete und daß daher alle seine Äußerungen, seine mündlichen wie seine schriftlichen, immer als Stufen eines fortgesetzten Entwickelungsprocesses anzusehen sind. Wie er bereits im Jahre 1770 schreibt: „Dabei müssen wir nichts sein, sondern alles werden wollen, und besonders nicht öfter stille stehen und ruhen, als die Nothdurft eines müden Geistes und Körpers erfordert“ (A. Schöll, Briefe und Aufsätze von Goethe aus den Jahren 1766—1786, 2. Ausg. S. 39), so sagt er in seinem Alter zu Riemer: „Unser ganzes Kunststück besteht darin, daß wir unsere Existenz aufgeben, um zu existiren. — Das Thier ist von kurzer Existenz. Beim Menschen wiederholen sich seine Zustände“ (am 24. Mai 1811. S. Gespräche Nr. 535). Dem entspricht ganz eine seiner zahmen Xenien (Hempel 2, 388):

Sie (die Feinde) zerren an der Schlangenhaut,
Die jüngst ich abgelegt.
Und ist die nächste reif genung,
Abstreif' ich die sogleich
Und wandle neubelebt und jung
Im frischen Götterreich.

Was Goethe unter diesen abgelegten Schlangenhäuten versteht, wird ganz klar durch Riemers Mittheilung über ein Gespräch mit Goethe vom 23. Juni 1809: „Goethes Poesien (meinte er selbst) seien gleichsam Häutungen vorübergehender und vorübergegangener Zustände . . . ., seine Sachen wären nur Bruchstücke aus ehemaligen Existenzen: da einmal ein alter abgelegter Hut, ein Paar Stiefeln u. dgl." (Vgl. Gespräche Nr. 410, doch ist dort verdruckt: Häufungen, statt: Häutungen). Hieraus geht klar hervor, daß alle, schriftliche wie mündliche, Äußerungen Goethes nur im Zusammenhange mit seiner ganzen Person und seinem ganzen Wesen, nie vereinzelt und aus dem Zusammenhange herausgerissen, zu betrachten sind. Viele seiner Aussprüche stellen nur einen Durchgangspunkt seiner Entwickelung dar, alle sind nichts anderes, als aus dem jeweiligen Zustande seiner lebendigen Persönlichkeit herausgewachsene Gedanken und Erfahrungen. Aus einer niedrigeren Stufe der Existenz ringt er sich immer zu einer neuen, höheren Stufe durch, er verwandelt sich fortwährend zu einer neuen Gestalt und stößt gleichsam die alte Existenz wie eine abgelegte Schlangenhaut ab. In dieser fortgesetzten Metamorphose erblickt Goethe zugleich das Geheimniß des Lebens, dieses „Stirb und Werde!" ist ihm der höchste Inbegriff unseres Seins. Und wenn Goethe es nicht schon durch andere Geistesthaten bewiesen hätte, so bezeugt er es durch diese Auffassung des Lebens und Schaffens, daß er ein gewaltiger Geist und ein außerordentlicher, durch und durch gesunder Mensch war. (Vgl. auch „Goethes Ghasel auf den Eilfer" und die Herausgabe dieses Gedichtes durch Konrad Burdach, im Goethe-Jahrbuch XI, S. 3—18.) An diese Auffassung Goethes, die er von seinen eigenen Aussprüchen und Dichtungen hatte, müssen wir immer denken, wenn wir seine Gespräche lesen, um uns davor zu bewahren, daß uns einzelne seiner Äußerungen, wenn wir sie ohne Rücksicht auf seine Gesammtpersönlichkeit betrachten und festhalten wollten, zu einem wahrheitswidrigen Ganzen zusammenfließen.

Nr. 1. I, 7.

Bekanntlich fällt Goethes Aufenthalt in Leipzig in die Zeit vom 19. Oktober 1765 (von seiner Immatriculation an gerechnet) bis zum 28. August 1768, seinem neunzehnten Geburtstage, an dem er Leipzig, eben von schwerer Krankheit halb genesen, wieder verließ, um ins Vaterhaus zurückzukehren. Wie er bei Adam Friedrich Oeser, der seit 1763 Director der Zeichenakademie war, fast zwei Jahre hindurch Unterricht nahm*), so stieg Goethe auch zu der Mansarde des Breitkopfischen Stammhauses zum „Goldenen Bären" hinauf, die der Kupferstecher Johann Michael Stock mit seiner Familie bewohnte, und gesellte sich zu diesem, um unter seiner Leitung zu radiren und zu ätzen. Stock (1739—1773) arbeitete Vignetten für die Werke des Breitkopfischen Verlags. Seine Töchter, Johanna Dorothea, gewöhnlich Dora oder Doris genannt, und Anna Maria Jacobine, die aber gewöhnlich Minna genannt wurde, waren damals (1768) kleine Mädchen von acht und sechs Jahren. Vgl. auch Gespräch Nr. 168. Doris, die ältere, war am 6. März 1760, Minna, die jüngere, am 11. Mai 1762 geboren**). Späterhin hat sich Doris als Pastellmalerin großen Ruf erworben, Minna wurde bekanntlich die Gattin Christian

---

*) Vgl. hierzu namentl. den Vortrag des Freiherrn Göler von Ravensburg über die Stellung Goethes zur Zeichenkunst, Goethe-Jahrbuch VII, 314.

**) Vgl. v. Biedermann, Goethe und Leipzig I. 192. — Die im Register zu den Gesprächen angeführte Marie Helene Stock, geb. Schwabe, war die Frau Stocks und die Mutter der beiden kleinen Mädchen.

Gottfried Körners. Daß gerade die ältere Schwester, die sich eine Stellung in der Kunstwelt zu erobern wußte, mit dem Erziehungsvorschlage Goethes wenig zufrieden war, ist erklärlich.

Das Wort des jungen Dichters, daß Stock seine Töchter nur in der Wirthschaft erziehen und sie gute Köchinnen werden lassen sollte, entspricht ganz den damaligen Anschauungen Goethes. Käthchen Schönkopf*), die ihm in der Schönkopf'schen Weinhandlung abends den Wein brachte und auch sein Essen bereiten half, schwebte ihm wohl bei diesen Worten als Muster aller Weiblichkeit vor, kein Wunder, daß ihm das Thätigsein in der Wirthschaft als das Ideal weiblicher Bildung erschien. Schrieb er doch am 1. Oktober 1766 mit Bezug auf Käthchen an seinen Freund Wilhelm Carl Ludwig Moors in Frankfurt: „Was ist der Stand? Eine eitle Farbe, die die Menschen erfunden haben, um Leute, die es nicht verdienen, mit anzustreichen. Und Geld ist ein ebenso elender Vorzug in den Augen eines Menschen, der denkt. Ich liebe ein Mädchen, ohne Stand und ohne Vermögen, und jetzo fühle ich zum allerersten male das Glück, das eine wahre Liebe macht." (Vgl. Hirzel-Bernays, Der junge Goethe I, S. 19.)

Nr. 2. I, 8.

Es ist jetzt längst allgemein bekannt, wie innig Goethe mit der Lutherbibel und der Luthersprache schon in seiner Jugend vertraut war**). Die Liebe zur Bibel hatte seine herrliche Mutter in ihn gepflanzt, die ja Bibelstellen als

*) Sie verlobte sich schon im Mai 1769 mit Dr. Kanne, der damals Advocat, später Leipziger Vicebügermeister war, und vermählte sich mit diesem 1770.

**) Vgl. Henkel, Goethe und die Bibel, Leipzig 1890, sowie die bekannten Aufsätze von Victor Hehn (Goethe-Jahrb.), Burdach u. Stephan Waetzoldt.

Weihesprüche und Orakel für ihr Leben aufschlug und in schwerer Herzensbedrängniß immer in dem Buche der Bücher Trost und Rath suchte. So hatte sie, um nur einen Fall anzuführen, in der Zeit, als Goethe von Leipzig zurückgekehrt, in einem fast hoffnungslosen Zustande krank im Elternhause lag, auch die Bibel herbeigeholt und war beim Aufschlagen auf die Worte gestoßen: „Du sollst wiederum Weinberge pflanzen an den Bergen Samarias: pflanzen wird man und dazu pfeifen." (Jerem. 31, 5.) Diese Worte gaben ihr frohen Muth und neue Hoffnung, bis an ihr Lebensende konnte sie dieses göttlichen Trostes nie wieder vergessen.

Nr. 3. I, 13.

Von Ende August 1768 bis zu Anfang April 1770 blieb Goethe im Elternhause zu Frankfurt. Seine Krankheit bereitete ihm schwere Stunden, und erst im Winter 1769—1770 war seine Genesung vollkommen entschieden. Seine Schwester Cornelia Friederika Christiana Goethe, später mit Schlosser vermählt, war zur Zeit des berichteten Gespräches 17 Jahre alt (sie war geboren am 7. December 1750). Die beiden Herren von Olderogge, die im October 1768 durch Frankfurt reisten, nennt Goethe selbst „les cavaliers les plus distingués de toute notre académie" (vgl. v. Löper, Hempel 21, 278); sie waren die Söhne des Rentmeisters von Olderogge in Riga, der eine war sechs, der andere fünf Jahre älter als Goethe. Der Brief Cornelias vom 27. Oktober 1768 ist an ihre Freundin Katharina Fabricius in Worms gerichtet. Das Urtheil, das in diesem Gespräche Goethe über die Frankfurterinnen im Vergleich zu den Leipzigerinnen abgab, deckt sich ganz mit dem, was er in der bekannten poetischen Epistel an Friederike Oeser vom 6. November 1768 über die Frankfurter Damen schrieb (s. d. bei Hirzel-Bernays, D. j. Goethe I, 28 ff.).

Auch Horn schreibt von den Frankfurter Mädchen: „Die Mädchen! o die sind hier ganz unerträglich! sehr stolz und ohne allen Menschenverstand. Ich möchte rasend werden, wenn ich an Leipzig gedenke. Nicht eine ist fähig einen discours zu führen, als etwa vom Wetter oder von einer neumodischen Haube.“ O. Jahn, Goethes Briefe an Leipziger Freunde. 2. Aufl. Leipzig 1867. S. 185 Anm.

Nr. 4. I, 15.

Johann Adam Horn aus Frankfurt, der von den Freunden wegen seiner kleinen Gestalt immer nur Hörnchen genannt wurde und seiner krummen Beine wegen viel Anlaß zum Scherz gab, hatte ein halbes Jahr später als Goethe die Universität bezogen. Er war ein überaus belebendes Element des Leipziger Kreises (man vgl. die ergötzliche Schilderung, die Goethe von ihm in Dichtung und Wahrheit giebt, II, 6. Buch) und der Spaßmacher unter den Freunden: er wohnte in Leipzig wie Dr. Kanne bei Schönkopfs. Später wurde er Gerichtsschreiber und starb 1806. Im April 1769 finden wir ihn in Frankfurt, er war gleichfalls aus Leipzig in die Heimath zurückgekehrt. Er betrachtete sich als „ein Stück von der Schönkopf'schen Familie“ und schrieb am 9. April 1769 an Käthchen.

Nr. 5. I, 16.

Am 2. (oder 4.?) April 1770 Vormittags 10 Uhr kam Goethe in Straßburg an, um dort, dem Wunsche seines Vaters entsprechend, seine juristischen Studien zum Abschluß zu bringen. Im Wirthshaus zum Geist stieg er ab und suchte sich dann eine Wohnung, die er in einem Hause am alten Fischmarkt (Nr. 74) bei Herrn Schlag fand. Am Donnerstag nach Ostern, den 19. April, trug er seinen Namen in die Liste der Studirenden ein.

Die Tischgesellschaft, die hier erwähnt wird, kam in einer Pension der alten Jungfrauen Lauth zusammen und bestand Anfangs aus etwa zehn Personen, älteren und jüngeren (Dichtung und Wahrheit II. 9. Buch). Diese Pension lag in der Krämergasse Nr. 13. Troost war Chirurg in Elberfeld und stand im Alter von vierzig Jahren, er wollte sich mit den Fortschritten seiner Wissenschaft bekannt machen und hörte daher nochmals einige Collegien in Straßburg; der Name ist ein Pseudonym. Johann Heinrich Jung, genannt Stilling, war am 12. September 1740 in Grund im Nassauischen geboren; er war von Haus aus arm, war anfangs Schneider, dann Schullehrer gewesen und studirte nun in Straßburg Medicin, später wurde er Professor der Staatswirthschaft in Heidelberg und Marburg und starb in Karlsruhe am 2. April 1817. Seine Selbstbiographie: Heinrich Stillings Lebensgeschichte oder dessen Jugend, Jünglingsjahre, Wanderschaft, Lehrjahre, häusliches Leben (1777—89, 4 Bde., 2. Aufl. 1806) ist eine Erzählung, in der Dichtung und Wahrheit gemischt sind, aber in vorzüglicher Weise, die Darstellung ist einfach und wahr. Diese beiden, Jung-Stilling und Troost, traten zu Anfang des Winterhalbjahres 1770, als sich nach Goethes Bericht die Tischgesellschaft auf zwanzig Personen vermehrte, zusammen in die Gesellschaft ein. Stilling erzählt diesen Eintritt in seiner Lebensgeschichte, in der er immer in der dritten Person von sich spricht: „Es speiseten ungefähr zwanzig Personen an diesem Tisch, und sie (Troost und Stilling) sahen einen nach dem andern eintreten. Besonders kam einer mit großen hellen Augen, prachtvoller Stirn und schönem Wuchs muthig ins Zimmer. Dieser zog Herrn Troosts und Stillings Augen auf sich; ersterer sagte gegen letztern: Das muß ein vortrefflicher Mann sein. Stilling bejahte das, doch glaubte er, daß sie beide viel Verdruß von ihm haben würden, weil er ihn für einen wilden Kameraden ansah. Dieses schloß er aus dem freien Wesen, das sich der Student ausnahm: allein Stilling irrte sehr. Sie wurden indeß gewahr, daß man diesen ausgezeichneten Menschen Herr Goethe nannte.“ (Wanderschaft, S. 158 ff.) Gerade Goethe, von dem Stilling viel Verdruß erwartete, nimmt sich nun in dem vorliegenden Gespräche Stillings in so schöner Weise an. Wie Goethe kurz nach seiner Ankunft in Straßburg seinem armen Leipziger Stubennachbar in der großen Feuerkugel, dem Kandidaten der Theologie Limprecht, eine Geldsendung zugehen ließ und überhaupt sein ganzes Leben hindurch in der edelsten Weise eine wahrhaft großartige Wohlthätigkeit ausübte, so sehen wir ihn hier den neuen Gast gegen unreifen Spott in Schutz nehmen. Sein Dichterwort: „Edel sei der Mensch, hilfreich und gut!“ ist so recht aus seiner Natur und Eigenart hervorgewachsen; Worte und Werke sind bei ihm eins.

Jung-Stilling gebraucht in seiner Lebensgeschichte häufig Decknamen (s. oben Troost); ein solches Pseudonym ist auch der Name Waldberg, mit dem Jung den Mediciner Meyer, der aus Lindau am Bodensee stammte, zu bezeichnen pflegt. Über seine Spottlust, seinen Muthwillen, seine Gabe den Professoren nachzuäffen, aber auch über seine Jovialität, Aufrichtigkeit und Gutmüthigkeit berichtet Goethe in Dichtung und Wahrheit (9. Buch).

Johann Daniel Salzmann (1722—1812) war Actuar beim Vormundschaftsgericht; da er der älteste war (damals 48 Jahre), so überließ man ihm den obersten Platz und den Vorsitz bei Tische. Goethe war mit ihm sehr befreundet. Salzmann suchte namentlich die vaterländische Poesie gegen den andringenden französischen Einfluß zu schützen, er hatte sogar eine Gesellschaft gestiftet, die in Wort und Schrift die deutsche Sprache fördern sollte.

Nr. 6 und 7. I. 17. 18.

Wiederum sehen wir hier Goethe, dem man so oft Hochmuth, Überhebung, unerträgliche Anmaßung, Kälte vorgeworfen hat, in herzlicher, fast brüderlicher Liebe den bedrängten Freund aufrichten, unterstützen und an allem, was diesen berührt, lebhaft Antheil nehmen. Übrigens muß man daran denken, daß in diese Zeit Goethes Liebe zu Friederike Brion fällt.

Nr. 8. I, 18.

Franz Lerse, dessen Namen Goethe im Götz verewigt hat, war 1749 zu Buchsweiler geboren und studirte in Straßburg Theologie. Jung nennt ihn „einen von den vortrefflichsten Menschen und Goethens Liebling." Später war Lerse Lehrer und Inspector an der Militärschule zu Colmar. Noch im Jahre 1797 besuchte er Goethe in Weimar. — Goethe hatte der juristischen Facultät eine Abhandlung eingereicht, die dafür eintrat, daß der Gesetzgeber das Recht und die Pflicht habe, für Geistlichkeit und Laien einen gewissen Cultus festzusetzen. Der Stoff sagte der Facultät nicht zu, und sie genehmigte den Druck der Dissertation nicht. Doch wurde Goethe gestattet, über einige von ihm aufgestellte Thesen (es waren 56 Positiones juris, darunter eine gegen die Aufhebung der Todesstrafe) öffentlich zu disputiren: diese Thesen wurden gedruckt und Goethe auf Grund der Disputation zum licentiatus juris ernannt. Am 6. August 1771 fand die Disputation statt. Kurz darauf kehrte Goethe nach Frankfurt zurück, um sich dort als Advocat niederzulassen.

Nr. 9. I, 19.

Am 28. August 1771 finden wir Goethe wieder in Frankfurt, er reicht an diesem Tage (wiederum gerade an seinem Geburtstage) ein Gesuch um Zulassung zur Ausübung der Advocatur bei dem obersten Gerichte Frankfurts ein, und bereits am 31. August wurde seinem Gesuche stattgegeben, am 3. September ward er als Advocat und Frankfurter Bürger vereidet. Von Shakespeare begeistert dramatisirte er, nachdem er am 14. October den englischen Dichter in seiner bekannten Rede gefeiert hatte, die „Geschichte Gottfriedens von Berlichingen mit der eisernen Hand“ nach des Ritters eigener Lebensbeschreibung und beendigte das Werk, noch ehe das Jahr 1771 zu Ende ging. Den auch mit Herder befreundeten Kriegszahlmeister Johann Heinrich Merck in Darmstadt hatte Goethe durch die Brüder Schlosser kennen gelernt, hatte auch durch Herder schon in Straßburg viel von ihm gehört. Merck war 1741 geboren, hatte sich 1766 oder 1767 in Morges am Genfer See mit einer Französin verheiratet und starb 1791. Merck bildete den Mittelpunkt des Darmstädter Kreises, der sich um die geistig hochbedeutende Landgräfin Karoline von Hessen-Darmstadt geschart hatte, dem außer Merck und seiner Frau angehörten: der Hofbibliothekar Rector Wenck; der spätere Hofprediger Professor Petersen; der Schwager von Herders Braut: Geheimerath von Hesse mit seiner Frau, der Tochter des Amtsschaffners Flachsland, und deren Schwester Karoline Flachsland, der Braut Herders, welche bei Hesse wohnte; Fräulein Luise von Ziegler, Hofdame der Landgräfin von Homburg; Fräulein von Roussillon und vom März 1772 an auch Goethe. Es war ein geistig außerordentlich anregender, lyrisch schwärmender, empfindsamer Kreis, den Goethe gern die „Gemeinschaft der Heiligen“ nannte. Im Winter 1774, als Landgräfin Karoline starb, löste sich der kleine Kreis auf, der für unsere Literatur große Bedeutung gewonnen hat. (Julian Schmidt hat in seiner Geschichte des geistigen Lebens in Deutschland im zweiten Bande eine eingehende Schilderung dieses denkwürdigen Kreises gegeben.)

Anfang März 1772 hatte Goethe mit Schlosser zum ersten Male den Darmstädter Kreis besucht, in dem vorliegenden Briefe der Braut Herders ist wieder von einem solchen Besuche im Anfang des April die Rede. Der Wald, der erwähnt wird, ist der Bessunger Wald bei Darmstadt, in dem die Mitglieder dieses Kreises häufig zusammenkamen. Die Herdersche Übersetzung des Shakespeareschen Liedes lautet in Herders Stimmen der Völker (III. Buch Nr. 24):

Waldgesang.

Unter dies Grünlaub-Dach,
Wem's liebt, zu folgen nach,
Will stimmen sein Liedlein ein
Ins Chor der Vögelein,
Komm' hieher, komm' hieher, komm hieher!
's soll wohl ihm sein,
Ohn' Ach und Pein,
Nur nicht ohn' Wint'r und Wetter.

Achtet er Ruhm nur Stroh,
Will lieg'n im Sonn'nschein so,
Sich suchen Speis' und Trank,
Und wie er's findt, ha'n Dank,
Komm' hieher, komm' hieher, komm' hieher!
's soll wohl ihm sein,
Ohn' Weh und Pein,
Nur nicht ohn' Wint'r und Wetter.

Lila ist Fräulein von Ziegler, sie wurde so in diesem Kreise genannt. Ihr ist Goethes Gedicht: „Pilgers Morgenlied, an Lila" (Hempel 3, 39 f.) gewidmet. Goethe wurde in diesem Kreise (wohl nach seinem hier vorgetragenen Gedichte) der Wanderer oder der Pilger genannt.

Nr. 10. I, 20.

Bald darauf siedelte Goethe nach Wetzlar über und wurde am 25. Mai 1772 als „Prattikant" beim Reichskammergericht in die Liste der Referendare eingetragen.

Er blieb in Wetzlar bis zum 11. September 1772. Hier lernte er die Familie des Amtmanns Buff kennen, hier erfaßte ihn die Liebe zu dessen Tochter Charlotte, die schon seit 1768 mit dem Legationssecretär Johann Christian Kestner verlobt war. Kestner stammte aus Hannover und war dort am 28. August 1741 geboren, er war Legationssecretär bei der Hannoverschen Gesandtschaft und war zur Kammergerichtsvisitation nach Wetzlar entsandt worden; er starb am 24. Mai 1800.

Der gothaische Legationssecretär und Dichter Friedrich Wilhelm Gotter (1746—1797) bearbeitete und übersetzte besonders französische Dramen. Der Hofgerichtsassessor August Friedrich von Goué (1743—1789) aus Wolfenbüttel gehörte der Braunschweiger Gesandtschaft an. Freiherr von Kielmannsegge stammte aus Mecklenburg, er war 1750 geboren, hatte in Göttingen studirt, war ein Freund Bürgers; er wurde später Auditeur in Güstrow.

Der Skepticismus widersprach Goethes Natur, die sogar schon dem Kriticismus nicht sonderlich zugethan war. So schreibt er im Juli 1770 (an Hetzler den Jüngeren): „Lassen Sie mir die Freuden, feindliche Erfahrungssucht, die Sommervögel tödtet und Blumen anatomirt, alten oder kalten Leuten.“ (Schöll, Briefe und Aufsätze S. 30.) An Friederike Oeser schrieb er am 8. April 1769: „Das Urtheil eines Frauenzimmers über Werke des Geschmacks ist bei mir wichtiger als die Kritik des Kritikers.“ (D. j. Goethe, I, S. 60.) Und 1773 schreibt er an J. G. Röderer (in Straßburg): „Ich lerne täglich mehr, wie viel mehr werth es in allem ist, am kleinsten die Hand anlegen und sich bearbeiten, als von der vollkommensten Meisterschaft eines andern kritische Rechenschaft zu geben.“ (D. j. Goethe I, 391.) Seine angeborne Abneigung gegen den Skepticismus und

Rationalismus der damaligen Zeit war durch seine Verbindung mit Herder und den Darmstädter Kreis, in dem Hamanns Geist lebte, noch genährt und verstärkt worden.

Nr. 11. I, 23.

Ludwig Julius Friedrich Höpfner war seit 1771 Professor zu Gießen und starb als Geh. Tribunalrath in Darmstadt (1743—1797). Höpfner sollte zur Mitarbeiterschaft an den Frankfurter gelehrten Anzeigen*) durch Merck und Goethe eingeladen werden. Christian Heinrich Schmid (1746—1800) war Professor der Beredsamkeit in Gießen; er war ein Anhänger der leichtfertigen und oberflächlichen Richtung des Geheimraths Klotz, dem gegenüber Lessing die Ehre der deutschen Literatur rettete. Höpfner nannte ihn die kritische Spinne, Goethe und Herder haßten seine ganze Art. Höpfner erzählte später von dem persönlichen Zusammentreffen Goethes und Mercks mit Schmid, daß dabei „feiner, witziger und boshafter noch nie ein Mensch gegeißelt worden sei," als damals Schmid.

Über den vorliegenden Besuch Goethes bei Höpfner im Jahre 1772 haben wir außer dieser Erzählung Höpfners noch zwei andere Berichte, den einen in Goethes Dichtung und Wahrheit (III, 12. Buch), den anderen in einer Mittheilung des Herrn Obersteuerrathes Hallwachs in Darmstadt (s. denselben in den Gesprächen Nr. 1438, VIII, S. 237ff.). Wilhelm Scherer hat (im Goethe-Jahrbuch, VI, 345ff.) ohne weiteres dem Hallwachs'schen

*) Über diese, die mit dem Anfange des Jahres 1772 erschienen und die neuen Anschauungen in Kunst, Wissenschaft und Religion im Kampfe gegen die ältere Anschauung verkündigten und vertheidigten, vgl. namentlich auch: Hermann Dechent, Die Streitigkeiten der Frankfurter Geistlichkeit mit den Frankfurter Gelehrten Anzeigen im Jahre 1772. (Goethe-Jahrbuch.)

Bericht, der von der Stiefgroßmutter dieses Mannes, der Frau Höpfners, herstammt, den Vorzug vor dem vorliegenden gegeben, weil der Hallwachs'sche Bericht besser zu Goethes Erzählung in Dichtung und Wahrheit stimme. Wenn man aber in dem Hallwachs'schen Bericht liest, daß die Göttinger Professoren sich alle um Goethe herumgedrängt hätten, sogar auf Stühle gestiegen seien, um den Dichter zu sehen, und daß alle ihm verwundert und begeistert zugehört hätten, so scheint es doch, als ob in diesem Berichte das spätere Ansehen Goethes als Dichter bereits dem jungen, nur in einem ganz kleinen Kreise vertrauter Freunde bekannten Dichter beigelegt werde und als ob daher dieser Bericht etwas legendenartig entstellt sei. Man vergißt so leicht, wenn man sich Goethes Leben zum besonderen Studium macht, daß der junge Dichter durchaus noch keine anerkannte Größe war. Der eigne, von Karl Wagner mitgetheilte Bericht Höpfners wird daher durch den Hallwachs'schen in seiner Glaubwürdigkeit nicht erschüttert und steht zudem, bei genauer Betrachtung, viel weniger in Widerspruch zu Goethes Erzählung, als Scherer meinte.

Übrigens hat viele Jahre später die Tochter Höpfners, Frau Rehberg, nach Wagners Bericht im Jahre 1816, nach dem Briefe der Frau Rehberg selbst aber im Jahre 1823 (und hiernach ist Wagners Irrthum zu berichtigen), den Scherz erwidert und sich auch in Verkleidung bei Goethe, als er in Marienbad weilte, eingeführt. Vgl. Gespräche Nr. 863. IV, 255 ff.

Als Seitenstück zu dem vorliegenden Gespräche vgl. auch: Nr. 1466. VIII, 271, sowie Nr. 1468. VIII, 273.

Nr. 12. I, 24.

Vgl. hierzu aus Goethes Brief an Kestner vom 11. April 1773: „Wir redeten wies drüben aussäh über den Wolken, das weiß ich zwar nicht, das weiß ich aber, daß unser Herr Gott ein sehr kaltblütiger Mann sein muß, der euch die Lotte läßt. Wenn ich sterbe und habe droben was zu sagen, ich hol sie euch wahrlich." (D. j. G. I, S. 361).

Nr. 13 und 14. I, 25.

Der Philosoph Friedrich Heinrich Jacobi, Bruder des Dichters Johann Georg Jacobi, war 1743 zu Düsseldorf geboren, ward 1779 jülich-bergischer Geheimerath und starb 1819 als Präsident der Akademie der Wissenschaften in München; er schrieb auch philosophische Romane. Sein Roman „Woldemar" erschien unter dem Titel: „Freundschaft und Liebe" im Mercur von 1777, eine Fortsetzung davon 1779 unter dem Titel: „Der Kunstgarten, ein philosophisches Gespräch." Beide vereinigt erschienen 1781 als „Woldemar", der 1792 eine nochmalige Umarbeitung erfuhr. — Goethe ging im September 1772 von Wetzlar nach Frankfurt zurück und blieb dort bis zum 7. November 1775. Mit Fritz Jacobi wurde er auf einer Rheinreise persönlich bekannt, die er im Sommer 1774 mit Basedow und Lavater unternahm. Am 21. Juli 1774 traf er mit den Brüdern Jacobi in Pempelfort zusammen.

Nr. 15. I, 25 ff.

Johanna Katharina Sibylla Fahlmer, Tochter des Kommerzienrathes Georg Christoph Fahlmer, war 1744 zu Düsseldorf geboren und 1772 mit ihrer Mutter von Düsseldorf nach Frankfurt übergesiedelt. Sie war die Tante der Brüder Jacobi und wird von Goethe gewöhnlich die Tante oder das Täntchen genannt. 1778 vermählte sie sich mit Johann Georg Schlosser, der in erster Ehe mit Goethes Schwester Cornelia verheirathet gewesen war (Cornelia war 1777 nach einer wenig glücklichen Ehe in Emmendingen gestorben). Schlosser war

Advocat in Frankfurt, dann Oberamtmann in Emmendingen, später Geh. Rath und Director des Hofgerichts in Karlsruhe, zuletzt in Frankfurt als Syndikus (1739 bis 1799). Johanna Fahlmer starb 1821. — Friedrich Damian Dumeix (nicht Dumoir) war Dechant des Collegialstiftes zu St. Leonhard (Dichtung und Wahrheit III, 13. Buch), später Propst zu Erfurt. Goethe war mit ihm eng befreundet, „dem ersten katholischen Geistlichen, mit dem er in nähere Berührung trat." — Goethe kam zu Johanna gestiefelt und in einem englischen Überrock, d. h. im Werthercostüm, das der junge Jerusalem getragen hatte (Dicht. u. Wahrh. III, 12. Buch). Das Werthercostüm spielte in dieser Zeit eine große Rolle bei Goethe und seinen Freunden. Hatte doch Goethe am 1. Februar 1774 die eigentliche Ausarbeitung des Werther begonnen, der im Herbst des nämlichen Jahres erschien.

Marie Sophie Frank v. La Roche (1731—1807), geb. Gutermann von Gutershofen, die bekannte Jugendfreundin Wielands, seit 1760 vermählt mit dem Hofrath Georg Mich. Frank v. La Roche, der 1789 starb.

Über „Götter, Helden und Wieland" vgl. Goethes eigenen Bericht in Dichtung und Wahrheit III, 15. Buch. Im Frühjahr 1774 hatte es Lenz, dem es Goethe zugeschickt hatte, in Kehl drucken lassen.

Nr. 16. I, 31.

Johann Kaspar Lavater war am 16. November 1741 zu Zürich geboren, seit 1769 Pfarrer in Zürich; bei der Eroberung Zürichs im Jahre 1799 wurde er durch einen Schuß verwundet und starb nach langem Leiden am 2. Januar 1801. Seine Schweizerlieder waren 1767 erschienen, auch Predigten und Erbauungsbücher hatte er geschrieben; seine physiognomischen Fragmente veröffentlichte er 1775—78 (4 Bde.).

Nr. 18. I, 32.

Joh. Georg Hamann war am 27. August 1730 zu Königsberg geboren, studirte Theologie, auch Jurisprudenz, war später Accisesschreiber, zuletzt Packhofsverwalter in Königsberg, er starb am 21. Juli 1788.

Nr. 19. I, 33.

Friedrich Christoph Nicolai, geb. 1733 in Berlin, Buchhändler in Berlin, gab 1765—1805 die allgemeine deutsche Bibliothek heraus, er starb 1811. Gegen Goethe verfaßte er 1775 eine Satire: „Freuden des jungen Werthers". Man vergleiche hierzu Goethes Epigramme: „Nicolai auf Werthers Grabe" und: „Auf F. C. Nicolai" (Goethes Werke, Hempel 3, 198f.). Vgl. auch Dichtung und Wahrheit 3, 13. Buch. — Heinrich Gottfried von Bretschneider (1739—1810) war damals nassauischer Offizier, später lebte er in Österreich: dieser hatte gleichfalls den Werther verspottet in einem Bänkelsängerliede: „Eine entsetzliche Mordgeschichte von dem jungen Werther."

Nr. 20. I, 33.

Georg Melchior Kraus war Maler in Frankfurt (1733—1806) und hatte 1761—1768 seine Ausbildung in Paris erhalten.

Nr. 21. I, 35.

Christian Graf zu Stolberg war am 15. October 1748 zu Hamburg geboren, wurde 1777 Amtmann zu Tremsbüttel, 1800 dänischer Kammerherr, lebte dann auf seinem Gute Windebye bei Eckernförde und starb am 18. Januar 1821.

Nr. 22. I, 35.

Im Mai 1775 kamen die Brüder Stolberg und Baron Haugwitz nach Frankfurt, und am 14. Mai trat Goethe mit ihnen eine Reise nach der Schweiz an, von der er Ende Juli mit Herder, den er in Darmstadt getroffen hatte, nach Frankfurt zurückkehrte. Auf dieser Reise wurde auch Bodmer besucht. Johann Jacob Bodmer war am 19. Juli 1698 zu Greifensee bei Zürich geboren, war seit 1725 Professor der Geschichte in Zürich und starb am 2. Januar 1783.

Nr. 23. I, 36.

Johann Georg von Zimmermann war 1728 im Canton Bern geboren, seit 1768 Hofarzt in Hannover und starb 1795; er verfaßte die „Betrachtungen über die Einsamkeit (1757)“ und die Schrift: „Vom Nationalstolze (1758).“

Nr. 24. I, 36.

Mit dem 7. November 1775, an dem Goethe in Weimar eingetroffen war, beginnt ein ganz neuer Abschnitt in Goethes Leben und Dichtung. — Philipp Seidel (1755—1820) war Goethes Diener und besorgte auch Schreibereien für Goethe; er war der Sohn eines Frankfurter Spenglers; später großherzogl. Rentamtmann in Weimar.

Nr. 25. I, 37 ff.

Joh. Heinrich Lips (1758—1817) war ein Maler, der Porträts für Lavaters Physiognomik zeichnete; Goethe zog ihn später auf einige Zeit nach Weimar.

Nr. 26. I, 39.

Friedrich Leopold Graf zu Stolberg war am 7. November 1750 in Bramstedt geboren, war 1777 bischöflich Lübeck'scher Minister in Kopenhagen, später dänischer Gesandter in Berlin, 1791 Präsident in Eutin, 1800 trat er zur römisch-katholischen Kirche über, er starb am 6. December 1819.

Was in diesem Gespräche über Goethe bemerkt wird, ist außerordentlich wichtig. Goethe war recht eigentlich der Held der damaligen Sturm- und Drangperiode unserer Literatur und unseres geistigen Lebens, er war, wie F. H. Jacobi über ihn schreibt (am 27. August 1774 an Wieland), „Genie vom Scheitel bis zur Fußsohle, ein Besessener, dem fast in keinem Falle gestattet sei, willkürlich zu handeln.“ Diese überschäumende Kraft des Genies trieb den Dichter, der sich selbst „des Gottes voll“ fühlte, alle Regeln, alle Autoritäten, alle Überlieferung und Wissenschaft zu verwerfen (man denke nur an seine Shakespearerede, D. j. G. II, 39 ff., an Scenen des Faust und Theile des Werther). Und so gab es auch Stunden, in denen er damals keine Gottheit über sich anerkennen wollte; er fühlte in sich soviel Schöpferkraft, daß er glaubte sich Gott selbst gleichstellen zu dürfen. Namentlich in dem Fragment Prometheus (D. j. G. III, 447) und in den ältesten Scenen des Faust kamen diese furchtbaren und erschütternden Seelenkämpfe zu Ausdruck. Die Grundstimmung des Prometheus, die sich in den Worten ausspricht: „Ich will nicht! Ihr (der Götter) Wille gegen meinen, eins gegen eins!“ hat ihn Jahre hindurch verfolgt und gequält. Ihren Gipfelpunkt hat diese Stimmung in den Worten des „Prometheus“ erreicht:

„Hier sitz' ich, forme Menschen
Nach meinem Bilde,
Ein Geschlecht, das mir gleich sei,
Zu leiden, zu weinen,
Zu genießen und zu freuen sich
Und dein nicht zu achten
Wie ich.“

Daß in diesen Worten Goethes eigene Gesinnung zum Ausdruck kam, geht deutlich daraus hervor, daß er noch im Jahre 1780 einmal quer über die Seite hin schrieb: „litte Prometheisch“ (Goethes Tagebuch, Weimarer Ausgabe, 1. Bd. S. 116). Selbstverständlich war dies nur eine Durchgangsstimmung, ein Durchgangspunkt seiner Entwickelung. Ein inniges Aufblicken zu Gott geht auch in jener Zeit neben seiner Prometheusstimmung her. Er nennt Gott „das liebe, unsichtbare Ding, das mich leitet und schult“ (Schöll, Briefe u. Aufsätze S. 158. 1775), oder er schreibt: „das Weitere steht bei dem lieben Ding, das den Plan zu meiner Reise gemacht hat“ oder: „das liebe Ding, das sie Gott heißen“ (Der junge Goethe III. 80. 15. April 1775) u. ähnl. Vollkommen auf dem Wege der Umkehr sehen wir Goethe in dem Gedicht: „Ilmenau am 3. September 1783“, in dem es heißt:

> Ich brachte reines Feuer vom Altar;
> Was ich entzündet, ist nicht reine Flamme.
> Der Sturm vermehrt die Glut und die Gefahr;
> Ich schwanke nicht, indem ich mich verdamme.

Und in der Ode: Grenzen der Menschheit sagt er:

> Denn mit Göttern
> Soll sich nicht messen
> Irgend ein Mensch,

wie er auch in dem Gedichte das Göttliche ausruft:

> Heil den unbekannten
> Höhern Wesen,
> Die wir ahnen! . . . .
> Der edle Mensch
> Sei hilfreich und gut!
> Unermüdet schaff' er
> Das Nützliche, Rechte
> Sei uns ein Vorbild
> Jener geahneten Wesen!“

(Über Goethes Stellung zur Religion belehrt uns jetzt vortrefflich Th. Vogel, Goethes Selbstzeugnisse über seine Stellung zur Religion, Leipzig 1888; vgl. meine Besprechung dieses Buches in der Zeitschrift f. d. deutschen Unterricht III, S. 194 ff.) Vgl. a. Julian Schmidt, Goethes Stellung zum Christenthum, Goethe-Jahrb. II. 49.

Was Shakespeare Goethe war, spricht auch ein Gedicht Goethes aus, das zuerst 1820 in „Kunst und Alterthum" gedruckt wurde, von dem die ersten sechs Zeilen aber wohl bereits in Goethes Jugend und zwar in der Weimarischen Zeit vor der italienischen Reise entstanden sind:

Zwischen beiden Welten.

Einer Einz'gen angehören,
Einen Einzigen verehren,
Wie vereint es Herz und Sinn!
Lida!*) Glück der nächsten Nähe,
William!**) Stern der schönsten Höhe,
Euch verdank' ich was ich bin.
Tag' und Jahre sind verschwunden,
Und doch ruht auf jenen Stunden
Meines Werthes Vollgewinn.

Nr. 27. I. 40.

Gottfried August Bürger hatte den kühnen Muth besessen, den Homer metrisch zu übersetzen und zwar nicht in Hexametern sondern in Jamben. Damals war die Ansicht allgemein verbreitet, der Homer könne nicht in deutsche Verse übersetzt werden. Bürger hat durch seinen Versuch diese unberechtigte Anschauung zuerst durchbrochen. Bürger haßte den deutschen Hexameter, ihm war Homer überhaupt der größte Volksdichter aller Zeiten, und daher konnte er sich eine Homerübersetzung auch nur in einem volksthümlichen deutschen Versmaße denken, was ja der

*) Frau v. Stein.
**) Shakespeare.

Hexameter sicherlich nicht ist. Leider wurde Bürger später hier sich selbst untreu und versuchte eine Homerübersetzung in Hexametern. Es ist anziehend und wichtig, aus dem vorliegenden Gespräche zu erfahren, daß Goethe für den deutschen Hexameter eintrat. Goethes Liebe zum deutschen Hexameter geht aber im allgemeinen nicht über das Jahr 1800 hinaus. — Über „Bürgers Homerübersetzung“ vgl. die Abhandlung von Otto Lücke. Berlin, Gärtner 1891.

Nr. 28. I, 40.

Allwills Papiere*) ist der Titel eines Schriftwerkes von Friedrich Heinrich Jacobi, dessen Anfang 1775 im vierten Bande der „Iris“ (die sein Bruder herausgab) erschien; eine Fortsetzung folgte 1776 im deutschen Merkur, dann 1781 eine Neubearbeitung unter dem Titel „Ed. Allwills Papiere“, endlich 1792 eine Neubearbeitung (aber noch immer unvollendet) unter dem Titel: „Allwills Briefsammlung“.

Nr. 29. I, 41.

Friedrich Wilhelm Heinrich von Trebra, geb. zu Allstädt am 5. April 1740, Bergmeister in Marienberg 1767—1769, Bergkommissionsrath 1769—1773, Vicebergbauptmann 1773, lebte seit 1779 in Zellerfeld am Harz, seit 1795 auf seinem Rittergute Bretleben, wurde 1801 Oberberghauptmann in Freiberg, wo er am 16. Juli 1819 starb. Vgl. v. Biedermann, Goethe und das sächsische Erzgebirge.

Nr. 30. I, 43.

Kaufmann, genauer: Christoph Kauffmann, war der Freund Klingers, der, wie Klinger am 26. Mai 1814

*) Vgl. A. Holtzmann, Über Edward Allwills Briefsammlung. Jena 1878.

an Goethe schrieb, dem bekannten Klinger'schen Drama, welches 1776 in Weimar entstand, mit Gewalt den Titel: „Sturm und Drang" aufnöthigte.

Friedrich Maximilian von Klinger war 1752 in Frankfurt a. M. geboren, war dann russischer Offizier in Petersburg 1780, später Director des Cadettencorps 1799 und Generalleutnant 1811, gest. am 25. Februar 1831.

Nr. 34. I, 45.

Joh. Daniel Falk (1768—1826), der Verfasser der Schrift: „Goethe aus näherm persönlichen Umgange dargestellt", war vornehmlich Satirendichter. Er lebte lange Zeit in Weimar, wurde 1806 Legationsrath und widmete sich seit 1813 der Erziehung verwahrloster Knaben.

Die Herzogin Anna Amalia zu Sachsen-Weimar-Eisenach, eine geb. Prinzessin von Braunschweig-Wolfenbüttel, war am 24. October 1739 geb., vermählte sich mit dem Herzog Ernst August II. Konstantin von Weimar 1756, der aber schon 1758 starb. Sie führte von 1758—1775 die Regentschaft für ihren Sohn Karl August, der dann von 1775—1828 regirte. Sie starb am 10. April 1807.

Nr. 35. I, 48.

Karl Friedrich Cramer (1752—1807) war ein Jünger und Verehrer Klopstocks, und sowohl in der hier genannten Schrift, sowie in dem 1780 erscheinenden Buche: „Klopstock, Er und über ihn" giebt er eine unbedingte Verherrlichung Klopstocks, die Goethe dann in seiner Farce: „Das Neueste von Plundersweilern" verspottete.

Nr. 38. I, 51.

Johann Heinrich Wilhelm Tischbein war am 15. Februar 1751 zu Haina in Hessen geboren, wurde 1790 Director der Maleracademie zu Neapel, lebte später in Hamburg und Eutin und starb am 26. Juli 1829.

Goethe befand sich auf einer Reise nach der Schweiz, zu der er mit dem Herzog von Weimar und dem Oberforstmeister von Wedel am 12. September 1779 aufgebrochen war. Die Reise ging über Cassel, Frankfurt a. M., wo Goethes Eltern besucht wurden, Speier, Rheinzabern, Straßburg-Sesenheim, Emmendingen, Basel.

Nr. 39. I, 52.

Joh. Georg Adam Forster war 1754 zu Nassenhuben bei Danzig geboren, betheiligte sich 1772 an Cooks Reise um die Welt, wurde 1777 Professor der Naturgeschichte in Cassel, 1788 in Mainz, ging, von der Revolution begeistert, 1793 nach Paris, wo er 1794 starb.

Ernst Wolfgang Behrisch, geb. 1738 zu Dresden, Hofrath zu Dessau, gest. 1809, der bekannte Freund Goethes, der in Leipzig Hofmeister bei dem jungen Grafen Lindenau war (Dicht. u. Wahrh. II, 7. Buch). Bis zu seinem Tode blieb er in freundschaftlichem Verkehr mit Goethe.

Über Friedrich Heinrich Jacobis Roman: Woldemar s. Erl. zu Nr. 13.

Nr. 40. I, 54.

Am 27. September 1779 war Goethe nach Emmendingen gekommen, um das Grab seiner Schwester zu besuchen.

Nr. 41. I, 55.

Nicolaus Anton Kirchberger war Herr von Liebistorf und Landvogt zu Gottstadt bei Biel; seinen Briefwechsel mit dem Theosophen Saint-Martin haben Schauer und Chuquet (Paris 1862) herausgegeben: von Kirchberger erzählt Rousseau im 12. Buche der Confessionen. (Vgl. Im neuen Reich 1877. Nr. 29. S. 105 ff., sowie Michaud, Biographie universelle 22. Bd., S. 436 f.) — N. A. Kirchberger darf nicht mit dem Freunde Wielands Samuel Kirchberger, der seit 1772 Rathsschreiber, seit 1784 Staatsschreiber in Bern war, verwechselt werden.

Nr. 42. I, 57.

Auf der Schweizerreise wurde auch Bodmer (vgl. Nr. 22) in Zürich wieder besucht. Mitte November war man in Zürich eingetroffen, nachdem am 12. November die Furka, am 13. der Gotthard erstiegen worden war. Anfang December traten sie die Heimreise an.

Friedrich von Stolberg hatte die Ilias, den Plato und Aeschylus übersetzt. Bodmer hatte bereits 1748 Proben aus den Minnesängern, 1757 einen Theil des Nibelungenliedes unter dem Titel: „Chriemhildens Rache“ herausgegeben, 1758 und 1759 hatte er dann noch eine „Sammlung von Minnesingern aus dem schwäbischen Zeitpunkte“ erscheinen lassen.

Der Markgraf Karl Friedrich von Baden-Durlach hatte Klopstock als „markgräflichen Hofrath“ nach Karlsruhe berufen, damit er den Hofkreis durch seine Persönlichkeit belebe. Gegen Ende des Jahres 1774 war Klopstock nach Karlsruhe gekommen, war aber Ende März 1775, völlig unbefriedigt von dem dortigen Hofkreise, plötzlich von Karlsruhe wieder aufgebrochen und nach Hamburg zurückgereist.

Die Noachide oder das Epos Noah hatte Bodmer 1765 vollendet, es war wie seine „Sündfluth" u. ähnl. Arbeiten dichterisch werthlos. Dasselbe gilt von seinen zahlreichen Dramen. Seine Bedeutung lag auf dem Gebiete der Kritik.

Nr. 43. I, 60.

Philipp Matthias Hahn, geb. 1739 zu Scharnhausen bei Stuttgart, war seit 1768 Pfarrer zu Dornwestheim: er hat verschiedene mechanische Instrumente, z. B. eine Rechenmaschine erfunden, gest. 1790.

Nr. 44. I, 61.

August Wilhelm Iffland war am 19. April 1759 zu Hannover geboren und seit 1779 Schauspieler in Mannheim, später wurde er Director des Nationaltheaters zu Berlin (1796) und Generaldirector d. königl. Schauspiele (1811), gest. am 22. September 1814 in Berlin.

Konrad Ekhof war der eigentliche Begründer der deutschen Schauspielkunst; er war geb. 1720 zu Hamburg und starb 1778 zu Gotha. Vgl. über ihn Lessings Hamburgische Dramaturgie.

Nr. 45. I, 62.

Karl Ludwig von Knebel war am 30. November 1744 zu Wallerstein in Franken geboren, war seit 1774 militärischer Erzieher des Prinzen Konstantin von Weimar, wurde 1780 Major und starb am 23. Februar 1834 in Jena, wo er seit 1804 gelebt hatte.

Nr. 46. I, 63.

Joh. Anton Leisewitz war am 9. Mai 1752 zu Hannover geboren, studirte in Göttingen die Rechte, 1801 Geh. Justizrath in Braunschweig, gest. 10. September

1806. Er dichtete nur ein einziges Trauerspiel Julius von Tarent (1776), das ihm viel Anerkennung einbrachte.

August Bode, ein Sohn des Astronomen Bode in Berlin, war Privatgelehrter in Weimar, gest. 1804.

Nr. 48. I, 67.

Friedrich Johann Justin Bertuch war am 30. September 1747 zu Weimar geboren, war seit 1775 Kabinetssecretär in Weimar, später Legationsrath: er begründete 1785 die „Allgemeine Literaturzeitung", gest. 3. April 1822.

Friedrich Hildebrand von Einsiedel war am 30. April 1750 zu Lumpzig geboren, wurde 1776 Kammerherr in Weimar, 1807 Oberhofmeister, 1817 Vorsitzender des Oberappellationsgerichtes zu Jena, gest. 1828 in Weimar.

Korona Elisabeth Wilhelmine Schröter war am 14. Januar 1751 zu Guben geboren, seit 1776 Kammersängerin in Weimar, gest. 1802.

Nr. 49. I, 70.

Das Gespräch fand weder mit Seidel noch mit Götz (vgl. S. 288 Anm.) statt, sondern mit Goethes damaligem Diener Christoph Sutor (vgl. das Register S. 48).

Nr. 51. I, 74.

Friedrich Matthisson war am 23. Januar 1761 zu Hohendodeleben bei Magdeburg geboren, war Lehrer am Philanthropin in Dessau, dann Reisebegleiter der Fürstin von Dessau, wurde 1809 in den Adelsstand erhoben, 1812 Geh. Legationsrath und Oberbibliothekar in Stuttgart, gest. 1831 in Wörlitz. Vgl. Gespräch 36. — Eigenthümlich ist es zu sehen, wie sich in der Liebe zu den Kleinen Goethe mit Klopstock berührt, von dem H. P. Sturz berichtet: „Klopstock ist immer mit Jugend umringt. Wenn er so mit einer Reihe von Knaben daherzog, hab ich ihn oft den Mann von Hameln genannt. Aber auch dies ist Gefallen an der unverdorbenen Natur." (Schriften, 1. Sammlung.)

Nr. 52. I, 75.

Auch hier ist es anziehend zu sehen, wie sich Goethe in ungestümem Wagemuth Klopstock ähnlich zeigt, ein Genie gleicht dem andern. So berichtet H. P. Sturz in seinen oben angeführten Schriften von Klopstock: „Wir suchten oft unwegsame Örter, finstre, schauervolle Gebüsche, einsame unbewanderte Pfade, kletterten jeden Hügel hinauf, späheten jedes Naturgesicht aus, lagerten uns endlich unter einer schattigen Eiche und ergetzten uns an den Spielen der Jugend, ja, nicht selten mischten wir uns uns drein. Oft zeigte Klopstock einen fernen Baum. „Dorthin, rief er, aber geradezu — wir werden auf Morast und Gräben treffen — ei, Bedächtlicher! so bauen wir Brücken;" und so wurden Äste gehauen: wir rückten mit Faschinen beladen, als Belagerer fort, sicherten den Weg und erreichten das Ziel."

Nr. 53. I, 76.

Fürstin Amalie Gallitzin, geb. Gräfin von Schmettau war 1748 in Berlin geboren, vermählte sich 1768 mit dem Fürsten Demetrius Gallitzin, lebte seit 1773 meist getrennt von ihrem Manne, seit 1779 namentlich in Münster, wo sie 1806 starb. — Das Wortspiel mit dehors und dedans beruht auf dem eigentlichen Wortsinne der beiden Adverbien: dehors, außen, draußen; dedans, innen, inwendig. Er meint: Dem äußeren vornehmen Scheine wird der innere Menschenwerth geopfert.

Zu Nr 53. I, 76 ist noch ein Gespräch mit Fr. H. Jacobi nachzutragen, das vermuthlich auch im Jahre 1784 stattfand, da Jacobi desselben zuerst 1787 Erwähnung thut in seiner Schrift „David Hume über den Glauben, oder Idealismus und Realismus, Breslau 1787". In Jacobis Werken (1815) findet sich diese Schrift über Hume im 2. Bande, und dort heißt es S. 276: „Die Anmaßungen und Begierden der Menschen sind sonderbar genug. Sie möchten gern mit den bloßen Augen sehen, ohne Licht; und noch lieber gar auch ohne Augen. So, meinen sie, würde man erst recht eigentlich, wahrhaft und natürlich sehen. Nach dergleichen Vorstellungsarten das Unnatürlichste als das Natürlichste, und das Natürlichste als das Unnatürlichste zu betrachten, das heißt denn Philosophie. Ich erinnere mich, daß ich in einer gemischten Gesellschaft einmal die Frage aufwerfen hörte: wie das menschliche Geschlecht wohl möchte fortgepflanzt worden sein, wenn der Sündenfall nicht eingetreten wäre? Goethe antwortete schnell: ohne Zweifel durch einen vernünftigen Discurs."

Jacobi selbst fügt als Anmerkung hinzu: „Dieser Blitzstrahl des Geistes wurde später zu folgendem sinnreichen Spruch:

„Fortzupflanzen die Welt sind alle vernünft'gen Discurse
Unvermögend: durch sie kommt auch kein Kunstwerk hervor."

Es ist das Distichon „Vergebliches Geschwätz", das Goethe zu den Tabulae votivae für Schillers Musenalmanach 1797 spendete und dann in die „Vier Jahreszeiten" unter den „Herbst" Nr. 55 setzte (s. d. Hempel 2, 170. Vgl. a. Mich. Bernays im Goethe-Jahrb. VI, 338).

Nr. 54. I, 77.

Der große Philolog Friedrich August Wolf war am 15. Februar 1759 zu Haynrode bei Nordhausen geboren, wurde 1779 Lehrer am Pädagogium zu Ilfeld, 1783 Professor in Halle, 1807 Ministerialdirektor in Berlin, gest. am 8. August 1824 auf einer Reise in Marseille.

Nr. 55. I, 78.

Das Gespräch bezieht sich auf die erste Gesammtausgabe seiner „Schriften", die Goethe mit dem Leipziger Buchhändler Georg Joachim Göschen vereinbarte und die dann in den Jahren 1787—1790 acht Bände stark erschien. Die ersten vier Bände kamen 1787 heraus und enthielten: die Zueignung (an das deutsche Publikum), den Werther, Götz, die Mitschuldigen, Iphigenie, Clavigo, die Geschwister, Stella, den Triumph der Empfindsamkeit, die Vögel. Goethe erhielt diese ersten Bände in Rom und schrieb am 22. September 1787: „Heute war mir ein sehr merkwürdiger Tag. Briefe von vielen Freunden, von der Herzogin Mutter, Nachricht von meinem gefeierten Geburtsfeste und endlich meine Schriften. Es ist mir wirklich sonderbar zu Muthe, daß diese vier zarten Bändchen, die Resultate eines halben Lebens, mich in Rom aufsuchen. Ich kann wohl sagen: es ist kein Buchstabe drin, der nicht gelebt, empfunden, genossen, gelitten, gedacht wäre, und sie sprechen mich nun alle desto lebhafter an. Meine Sorge und Hoffnung ist, daß die vier folgenden nicht hinter diesen bleiben. Ich danke Euch für Alles, was Ihr an diesen Blättern gethan habt, und wünsche Euch auch Freude bringen zu können. Sorgt auch für die folgenden mit treuem Herzen!" Namentlich Herder war ihm bei der Veranstaltung dieser Ausgabe sehr behilflich gewesen. Der fünfte Band erschien 1788 und enthielt den Egmont, sowie die Singspiele: Claudine von Villa Bella und Erwin und Elmire; 1789 trat der achte Band ans Licht, der das neueröffnete moralisch-politische Puppenspiel, zwei Sammlungen vermischter Gedichte, Künstlers Erdenwallen, Künstlers Apotheose und das Fragment: Die Geheimnisse enthielt. Der sechste und siebente Band erschienen zuletzt (1790), in ihnen befanden sich:

der Tasso, Lila, Jery und Bätely, Scherz, List und Rache, und das Fragment des Faust. — Im Juli 1786 ging Goethe nach Karlsbad. Von dort stahl er sich am 3. September früh 3 Uhr weg, um sich über Eger, Regensburg, München, Mittenwald, den Brenner u. s. w. nach Italien zu begeben.

Nr. 56. I, 79 ff.

Dietmar war an der Erziehungsanstalt zu Schnepfenthal bei Gotha als Lehrer angestellt. Diese berühmte Anstalt hatte Christian Gotthilf Salzmann gegründet, einer der hervorragendsten Pädagogen aus der Schule der Philanthropen, der 1744 zu Sömmerda bei Erfurt geboren war und 1811 zu Schnepfenthal starb.

Der Erziehung der Jugend hat Goethe sein ganzes Leben hindurch den wärmsten Antheil gewidmet. Wie er selbst in seiner Jugend die brennende Sehnsucht empfand, ein deutscher Sokrates zu werden und die Menschheit zu neuen, höheren Zielen emporzuführen (Vgl. Aus Herders Nachlaß, 1856, I, 35), wie er im Verein mit Herder alles „ummalingenesiren" wollte, so sehen wir ihn später im Alter in W. Meisters Wanderjahren eine „pädagogische Provinz" schildern, in der er seine Gedanken über die Erziehung der Menschheit Gestalt gewinnen läßt.

Joh. Karl Aug. Musäus war 1735 zu Jena geboren, hatte Theologie studirt und war seit 1770 Professor am Gymnasium zu Weimar; seine Volksmärchen der Deutschen werden noch heute gelesen, obwohl er den echten Herzenston des Märchens nicht getroffen hat.

„Unser Musäus hat ihn (Lavater) ziemlich gut beleuchtet." Musäus hatte nämlich in seiner Schrift: „Physiognomische Reisen" die Phantasien und Übertreibungen Lavaters in heiterer Satire bekämpft und verspottet.

Nr. 57. I, 85.

Adalbert Gyrowetz war Komponist; er war geb. am 19. Februar 1763 zu Budweis in Böhmen, hatte Anfangs in Prag Jurisprudenz studirt, sich aber dann der Musik zugewandt: 1786 wurde er von Mozart in Wien eingeführt, er starb als Kapellmeister am Hoftheater zu Wien am 15. August 1849. Seine Lebensbeschreibung (Wien 1845) giebt mannigfache, anziehende Auskünfte über Zeitverhältnisse. Das hier geschilderte Zusammentreffen mit Goethe fällt in Goethes ersten römischen Aufenthalt (29. October 1786—22. Februar 1787).

Nr. 58. I, 86.

Man vergleiche Goethes Brief: „Neapel, Montag d. 26. Februar" (Ital. Reise).

Nr. 59. I, 87.

Das hier geschilderte Zusammentreffen fällt in den zweiten Aufenthalt Goethes in Neapel (Mitte Mai bis Anfang Juni 1787). Goethe schreibt am 1. Juni aus Neapel: „Diese letzten Tage überließ ich mich der Gefälligkeit, Menschen zu sehen; ich habe meist interessante Personen kennen lernen und bin mit den Stunden, die ich ihnen gewidmet, sehr zufrieden." Die Mittheilungen, die Gyrowetz hier sowie in Nr. 57 giebt, sind besonders darum werthvoll, weil sie uns über Goethes Verhältniß zur Musik wichtige Aufschlüsse geben. Das Zeugniß, das ihm hier ein Berufsmusiker ausstellt, läßt uns Goethes Äußerungen über Musik, an denen es namentlich auch in seinen Briefen aus Italien nicht mangelt, nun auch im Lichte einer gewissen Fachkenntniß erscheinen.

Nr. 60. I, 88.

Karl Philipp Moritz war 1757 zu Hameln geboren, hatte in Wittenberg studirt, wurde 1776 Lehrer am Waisenhause zu Potsdam, 1780 Conrector am Gymnasium zum grauen Kloster, später Professor an der Kunstakademie, er starb 1793. Vom November 1786 bis zum Herbste 1788 hielt er sich in Italien auf. Seine in philosophisches Gewand gekleidete Selbstbiographie: „Anton Reiser (1785—1790)“ war ein sehr beliebtes Werk und ist noch heute nicht ohne Bedeutung. Goethe schrieb über Moritz in der „Italienischen Reise“: „Es ist ein reiner, trefflicher Mann, an dem wir viele Freude haben.“

Nr. 61. I. 89.

Vermählt war Herder mit Caroline Flachsland seit dem 2. Mai 1773, wo die Trauung in Darmstadt in Goethes Gegenwart stattgefunden hatte. Goethe nennt die Gattin Herders eine Elektra-Natur, die trotz der begeisterten Verehrung und Bewunderung, mit der sie an ihrem Gatten hing, diesen doch durch ihr leidenschaftliches Aufwallen zuweilen mit andern in ein Mißverhältniß brachte.

Am 22. April 1788 hatte Goethe nach einem mehr als halbjährigen (zweiten) Aufenthalte in Rom die ewige Stadt verlassen und hatte die Rückreise über Florenz, Mailand, den Comersee, den Bodensee, Stuttgart und Nürnberg angetreten; am 18. Juni 1788 war er wieder in Weimar eingetroffen. Der Domherr von Dalberg hatte Herder den Vorschlag gemacht, ihn auf einer Reise nach Italien zu begleiten. Am 6. August 1788 trat Herder diese Reise an, nachdem er vorher mit Goethe, in dem der Schmerz über seine Abreise aus Italien noch nachzitterte, köstliche Stunden verlebt hatte.

Nr. 62. I. 89.

In diesem Gespräche giebt sich deutlich die Stimmung zu erkennen, die Goethe gleich nach seiner Rückkehr aus

Italien beherrschte und die in der Sehnsucht nach einem eignen geordneten Hauswesen gipfelte. Im Juli 1788 hatte er Johanna Christiane Sophia Vulpius mit ihrer Tante und Schwester zu sich in sein Haus genommen. Christiane Vulpius war damals 24 Jahre alt (geb. 6. Juni 1764, sie starb d. 6. Juni 1816); sie schuf Goethe eine angenehme Häuslichkeit und waltete, obwohl sich Goethe erst am 19. October 1806 nach der Schlacht bei Jena mit ihr vermählte, als Hausfrau, die ihn mit Liebe und treuer Anhänglichkeit und Fürsorge umgab, in seinem Heim. Am 25. December 1789 gebar sie Goethe einen Sohn: Julius August Walther Goethe. Goethes Zug zum Natürlichen, Herzenswahren, Einfachen, Schlichten gab sich auch in der Wahl seiner Lebensgefährtin kund, und sein Verhältniß zu der geistreichen Frau von Stein löste sich von diesem Augenblicke an. Freilich ließ sich Frau von Stein nun von ihrem gekränkten, leidenschaftlich erregten Herzen zu manchem herben Urtheil über Goethe und Christiane hinreißen, und auch die Mittheilung der Frau Herder in diesem Gespräche: „Die Stein meint, er sei sinnlich geworden" gehört zu diesen scharfen Äußerungen. Aber man sollte doch nun endlich aufhören, Christianes Bild mit den Augen der Frau von Stein anzublicken, und sie vielmehr als das betrachten, was sie war: eine treue, natürlich-wahre, sorgsam waltende und Goethe durch ihre Art beglückende Lebensgefährtin unseres großen Dichters. Friederike steht verklärt vor unsern Blicken, Christiane entstellt durch Haß und Verläumdung, aber beide Gestalten ruhen auf dem nämlichen Grunde, nämlich auf dem einer schlichten, natürlichen, einfachen, wahren Weiblichkeit. Auch Friederike paßte nicht in den städtischen Salon wie Christiane, aber beiden ward des Dichters innigste Liebe zu Theil. Die natürliche Frau stand ihm höher als die geistreiche

Dame. Und wie er Friederike in Dichtung und Wahrheit ein unvergängliches Denkmal gesetzt hat, so hat er Christiane in dem Gedicht: „Die Metamorphose der Pflanzen“ mit tiefer Innigkeit für alle Zeiten verherrlicht. Vgl. hierzu auch Gespr. Nr. 1450, VIII, 249 f. — Charlotte Albertine Ernestine von Stein war die älteste Tochter des Hofmarschalls von Schardt, geb. 25. December 1742; sie war Hofdame zu Weimar und wurde am 8. Mai 1764 mit dem herzogl. Stallmeister Baron Friedrich von Stein, Erbherrn auf Kochberg, im herzogl. Schlosse getraut, gest. 6. Jan. 1827.

Nr. 63. I, 91.

All andern Tag, d. i. jeden andern Tag, einen um den andern.

Nr. 64. I, 92.

Adalbert, Sohn Herders. — Goethe zeigt sich hier bereits in der Verstimmung, die ihn noch auf seiner zweiten italienischen Reise begleitete und die vielfach mit in den venetianischen Epigrammen durchklingt. Die Lösung seines Verhältnisses zu Frau von Stein brachte viel Bitteres für ihn mit sich, da sein Verhältniß zu Christiane ihm von allen Seiten verdacht wurde. Sein ganzes Leben kam ihm in dieser Zeit oft verfehlt vor (vgl. Nr. 29 u. 77 der Venetianischen Epigramme aus dem Jahre 1790). — Zum 28. August 1787 hatte Herder seine Schrift: „Gott. Einige Gespräche über Spinozas System“ Goethe nach Rom gesandt. Goethe schrieb damals (Rom, 28. August): „Mir ist diese Tage manches Gute begegnet, und heute zum Feste kam mir Herders Büchlein voll würdiger Gottesgedanken. Es war mir tröstlich und erquicklich, sie in diesem Babel, der Mutter so vieles Betrugs und Irrthums, so rein und schön zu lesen und zu denken, daß doch jetzt die Zeit ist, wo sich solche Gesinnungen, solche Denkarten verbreiten können und dürfen. Ich werde das Büchlein in meiner Einsamkeit noch oft lesen und beherzigen, auch Anmerkungen dazu machen, welche Anlaß zu künftigen Unterredungen geben können." Und am 6. September schrieb Goethe von Rom aus: „Der Gott leistet mir die beste Gesellschaft. Moritz ist dadurch wirklich aufgebaut worden; es fehlte gleichsam nur an diesem Werke, das nun als Schlußstein seine Gedanken schließt, die immer auseinander fallen wollten: er wird recht brav." Und so findet sich das Werk Herders noch an andern Stellen der „Italienischen Reise" erwähnt, woraus hervorgeht, einen wie tiefen Eindruck diese Schrift auf Goethe gemacht hatte.

Nr. 65. I, 93.

Der vierte Theil von Herders „Ideen zur Philosophie der Geschichte der Menschheit" trägt das Motto: Tantae molis erat, Germanas condere gentes, und handelt von den verschiedensten europäischen und germanischen Völkern, z. B. im 18. Buche von den Westgothen, Sueven, Alanen, Vandalen, Ostgothen, Langobarden, Alemannen, Burgundern, Franken u. s. w.

Nr. 66. 67. I, 93. 94.

Die verwittwete Frau von Seckendorf geb. v. Kalb hatte sich, ohne daß Herder etwas davon gewußt hatte, dem Domherrn von Dalberg als Reisebegleiterin aufgedrängt, und diese schöne Kokette beherrschte den etwas verwachsenen katholischen Domherrn vollständig. Sie war die Wittwe des 1785 zu Ansbach verstorbenen Freiherrn Karl Siegmund von Seckendorf, der seit 1775 Kammerherr in Weimar gewesen war. In Augsburg traf Herder mit den beiden zusammen. Ihm wurde durch diese Frau die ganze Reise verbittert, da sie ihn so behandelte, als ob sie und Dalberg ihn nur duldeten und er nur von ihrer Gnade lebe. Herder, der darüber aufs tiefste empört war, bezahlte von Roveredo aus Wohnung und Kost selbst, obwohl Dalberg ihm ausdrücklich versichert hatte, daß er die gesammten Reisekosten für ihn tragen wolle. Die Art, wie Frau v. Seckendorf reiste, erhöhte den Reiseaufwand auch für Herder ungemein. Herder verwünschte die „verruchte, unvernünftige“ Art der Reise. In Rom trennte er sich von Dalberg und ging dann mit der Herzogin Mutter, die er in Rom getroffen hatte, nach Neapel.

Nr. 69. I, 97 f.

Angelika Kauffmann war am 30. October 1741 zu Bregenz geboren, kam 1763 nach Rom, wo sie sich als Malerin hervorthat, 1769 ging sie nach London, war kurze Zeit vermählt und kehrte 1780 nach Scheidung ihrer Ehe wieder nach Rom zurück, wo sie sich 1782 mit dem Maler Antonio Zucchi verheirathete, sie starb am 5. November 1807. Herder nennt sie die gebildetste Frau in Europa.

Nr. 71. I, 101.

Vgl. Erl. zu Nr. 66. — Philipp Christoph Kayser (so ist auf S. 103, Z. 7 v. u. statt: Kaiser zu lesen) war der Sohn eines Frankfurter Organisten, geb. am 10. März 1755, war seit 1774 Musiklehrer in Zürich, wo er 1823 starb. — Herder befolgte den Rath seiner Frau (s. o.) und forderte endlich von Dalberg 1000 Thaler für den Aufenthalt in Italien, da sein Geld nicht mehr reiche, und 600 Thaler zur Rückreise; Dalberg versprach ihm die entsprechende Anweisung, schickte ihm auch einiges baare Geld.

b. I, 104.

Mit dem Ausdruck „der kleine Mensch“ spielt Goethe auf die kleine, verwachsene Gestalt Dalbergs an. — Herder war übrigens auch auf Goethe, der doch seine Frau so treu und gut berathen hatte, höchlichst erbittert, eine Folge seiner allgemeinen tiefen Verstimmung.

Nr. 72. I, 104.

Goethes und Herders verschiedene Anlage und Natur tritt recht deutlich bei ihrem Aufenthalte in Italien hervor. Goethe hatte mit voller Frische und lebendiger Sinnlichkeit in den Genüssen, die Italien in Natur, Kunst und Leben bot, geschwelgt, er hatte mit den Künstlern ein frohes Leben geführt, und sein eigenes Schaffen war lebhaft angeregt worden. Herder dagegen wird durch die Leichtlebigkeit und Sinnlichkeit der Italiener zum Widerspruch herausgefordert, in Rom fühlt er sich bedrückt, er verkehrt zwar auch mit Künstlern, aber ohne auf ihre leichte Art, das Leben zu nehmen, mit einzugehen; in Neapel richtet sich sein Sinn im Gegensatz zu seiner lebensprudelnden Umgebung auf das Überirdische und Unsinnliche. Von Rom aus schreibt er am 20. December: „Eine große Gleichgiltigkeit oder Gleichmüthigkeit hat sich meiner bemächtigt, die ich eben nicht für Weisheit ausgeben will, weil sie Natur der Dinge ist. Ich wollte, ich hätte meinen Lauf geendigt. Der Herzog hat bei Trippel meine Büste in Marmor bestellen lassen; es ist Ehre für mich; ich kann aber auch nicht sagen, daß ich große Freude dran hätte. Die Kunst und die Unsterblichkeit in ihr wird mir auch gleichgiltig.“ Und später einmal schreibt er von Neapel aus: „Ich lebe in der Sinnlichkeit von außen so ätherisch unsinnlich, daß ich selbst keinen Begriff davon in Deutschland gehabt hätte. . . . . Mein innerer Zustand ist Sehnsucht zurück nach den Meinen und nach dir, meine Liebe. . . . Überhaupt denke ich jetzt über diesen Punkt ganz sonderbar, theils weil ich gesund und immer beschäftigt, theils weil ich mit Euch, Weib und Kindern, als ein verständiger Mensch mein Leben zu endigen gedenke. Ich fühle es, Buhlereien schicken sich nicht mehr für meine Jahre, und sie sind mir durch die Umstände meiner Reise ganz fremd geworden. Wo alles sinnlich ist, wird man unsinnlich; man sucht mit seiner Seele etwas, das man nicht mit den Sinnen findet." Daß aber auch Herders Auffassung keineswegs unrichtig war, lehrt uns Goethes zweite italienische Reise, in der Goethe vielfach mit Herders Anschauungen in Übereinstimmung steht und der Ausspruch Carolinens: „Goethe gedeiht am besten in Rom" seine Einschränkung und Begrenzung erhält.

Nr. 74. I. 105.

Johann Cornelius Rudolf Ridel, geb. zu Hamburg am 25. Mai 1759, war der Verlobte der Schwester von Lotte Kestner; auf Goethes Veranlassung wurde er 1787 als Landkammerrath nach Weimar berufen, wobei ihm zugleich die Erziehung des Erbprinzen übertragen werden sollte, 1794 wurde er Kammerrath, starb als Kammerdirector am 16. Januar 1821.

Der Antiquar Hirt ist **Alois Ludwig Hirt**, der 1759 zu Bella in Baden geboren war; er lebte 1782 bis 1796 in Italien, wo ihn Goethe kennen lernte (vgl. Goethes Italienische Reise, zweiter Römischer Aufenthalt, November), kehrte dann nach Deutschland zurück, wurde später Hofrath und starb 1837 in Berlin. — **Friedrich Bury** war ein Maler aus Hanau, mit dem Goethe gleichfalls in Italien vielfach zusammen gewesen war und der jetzt die Herzogin Mutter in Italien mit begleitete.

Nr. 75. I, 106.

Johannes von Müller, geb. 3. Januar 1752 in Schaffhausen, 1772—74 Professor am Gymnasium daselbst, 1786 Hofrath und Bibliothekar, 1788 Geh. Legationsrath, 1791 geadelt, 1807 westfälischer Minister und Staatssecretär in Cassel, 1808 Staatsrath und Generaldirector des öffentlichen Unterrichts, gest. 29. Mai 1809. Sein bedeutendstes Werk sind die Geschichten schweizerischer Eidgenossenschaft.

Nr. 76. I, 107 f.

Der Domherr v. Dalberg, mit dem Herder reiste, war der Bruder des späteren Kurfürsten zu Mainz und Reichserzkanzlers Karl Theodor Anton Maria von Dalberg (seit 1802 Kurfürst, 1810—1813 Großherzog von Frankfurt).

Nr. 82. I, 112.

Luise von Göchhausen war Hofdame der Herzogin Amalie in Weimar, wo sie 1807 starb. Sie pflegte gegen Ende des Jahrhunderts und später sogenannte Freundschaftstage abzuhalten, Morgengesellschaften an den Sonnabenden in derjenigen Zeit, innerhalb deren die Herzogin Mutter ihre Hofhaltung nach Weimar verlegte. Hier kamen die hervorragendsten Personen Weimars zusammen. Luise von Göchhausen hatte damals bereits die Fünfzig überschritten; sie war aber noch immer lebenslustig, freilich wurde sie auch ihres scharfen und boshaften Witzes wegen gefürchtet. Über Eleonore v. Kalb s. Erl. zu Nr. 157.

Nr. 84. I, 114.

Über die Abhandlung: „Über die bildende Nachahmung des Schönen, von Karl Philipp Moritz, Braunschweig 1788" s. Goethes Italienische Reise, Hempel 24, 489 ff.

Nr. 85. I, 115.

Goethes Satire: „Ein Fastnachtsspiel, auch wohl zu tragiren nach Ostern, vom Pater Brey, dem falschen

Propheten“ bildete den dritten und letzten Theil des „Neu=eröffneten moralisch=politischen Puppenspiels“ (der erste Theil war: „Künstlers Erdenwallen“, der zweite: „Das Jahrmarktsfest zu Plundersweilern“). Es war etwa im Winter 1772—1773 entstanden, die Anregung dazu entstammte dem Darmstädter Kreise. Daß Caroline Herder sich gerade jetzt, 1789, mit Goethe über dieses Stück aussprach, dazu gab die Anregung wohl der Umstand, daß in diesem Jahre das „Puppenspiel“ von Goethe im achten Bande seiner „Schriften“ neu herausgegeben wurde (vgl. Erl. zu Nr. 55). Züge für den „Pater Brey“ entnahm Goethe vor allem dem hessen=darmstädtischen Rathe Leuchsenring, einem Schriftsteller, dessen Süßlichkeit und „kränkliche Empfindsamkeit“ namentlich Herder wiederholt getadelt hatte, den aber Herders Braut damals wider den Willen ihres Bräutigams hochschätzte. Zwischen Leuchsenring und Herder, der empört war über die geistige Herrschaft, die Leuchsenring über Karoline Flachsland immer mehr sich zu erringen verstand, kam es infolgedessen zum Bruche, und Goethe parodirte das Verhältniß Leuchsenrings zu Herder und Herders Braut im Pater Brey, sodaß er in Leonora Herders Braut, in Balandrino Herder selbst darstellte, selbstverständlich mit der vollen Freiheit des Dichters, die sich Goethe ja auch hier in diesem Gespräche wahrt.

Nr. 86. I, 116.

Über das Sia ammazzato vgl. Goethe, Das Römische Karneval, Moccoli: „Nun wird es für einen jeden Pflicht, ein angezündetes Kerzchen in der Hand zu tragen, und die Favoritverwünschung der Römer „Sia ammazzato“ hört man von allen Ecken und Enden wiederholen. „Sia ammazzato chi non porta moccolo!“ „Ermordet werde, der kein Lichtstümpfchen trägt!“ ruft einer dem andern zu, indem er ihm das Licht auszublasen sucht.“ (Hempel 16, S. 326 f.)

Nr. 89. I, 119 f.

b. Johann Jacob Griesbach, geb. zu Butzbach 1745, seit 1775 Professor der Theologie in Jena, 1781 Kirchenrath, 1784 Geh. Kirchenrath, gest. 1812. — Weitere Gespräche mit Caroline Herder aus diesen Jahren s. Nr. 1448—1451. VIII, 248 ff.

Nr. 92. I, 122.

Vgl. hierzu die Anmerkung: Gespräche VIII, S. 397, nach der dieses Gespräch wohl zu streichen ist.

Nr. 94. I, 126.

Karl Aug. Böttiger war am 8. Juni 1760 zu Reichenbach in Sachsen geboren, in Schulpforta gebildet, studirte in Leipzig Philologie, war 1781 Hauslehrer in Dresden, 1784 Rector in Guben, 1790 in Bautzen, 1791 wurde er von Herder als Director des Gymnasiums nach Weimar berufen. Er war eng befreundet mit Wieland, gab unter Bertuchs Namen von 1795—1803 das „Journal des Luxus und der Moden“ heraus, ebenso leitete er unter Wielands Namen in der Hauptsache in den Jahren 1797—1809 den „Deutschen Mercur“, war Mitarbeiter zahlreicher Zeitschriften u. s. w., 1804 ging er als Studiendirector und Hofrath nach Dresden, gest. am 17. November 1835. Goethe und Schiller nannten ihn in ihrem Briefwechsel in den Jahren 1798 und 1799 (z. B. Nr. 440, 578, 580) Ubique: als „Herrn Überall“ bezeichnet ihn Goethe in seinem Gedichte: Triumvirat (Hempel 3, 295). Böttigers handschriftlichen Nachlaß gab sein Sohn Karl Wilhelm B. unter dem Titel: „Literarische

Zustände und Zeitgenossen, Leipzig, Brockhaus 1838" heraus. Über Goethes späteres Verhältniß zu Böttiger vgl. namentlich auch Gespr. Nr. 1489. VIII, 294f.

Nr. 95. I, 128.

Schon im Jahre 1790 war Goethe zu der Überzeugung gelangt, daß Newtons Farbenlehre nicht richtig sei. Seine „Beiträge zur Optik" erschienen 1791 (Erstes Stück) und 1792 (Zweites Stück). In diesen hatte er sich noch nicht so deutlich und entschieden gegen Newton ausgesprochen (vgl. § 56 der Beiträge zur Optik) wie hier im kleinen Kreise und später in seiner Farbenlehre.

Nr. 96. I. 129ff.

Die Nachforschungen über Joseph Balsamo, gen. Graf Cagliostro stellte Goethe im April 1787 in Palermo, dem Geburtsorte Cagliostros, an (vgl. Ital. Reise, Palermo, d. 13. und 14. April 1787). In dem ersten Bande der neuen Ausgabe seiner Schriften ließ er 1792 diese Nachforschungen erscheinen (Goethes neue Schriften. Berlin. Bei Johann Friedrich Unger, S. 243 bis 384), unter dem Titel: „Des Joseph Balsamo, genannt Cagliostro Stammbaum. Mit einigen Nachrichten von seiner in Palermo noch lebenden Familie." Diesen Aufsatz fügte er in der Ausgabe letzter Hand im 29. Bande an die Italienische Reise an. Vgl. auch den „Großkophta".

Nr. 97.

Auf des Herzogs Wunsch nahm Goethe im August und September 1792 an dem Feldzuge nach Frankreich theil (Gespräche aus dieser Zeit mit einem preußischen Artillerieoffizier s. Nr. 1453 u. 1454. VIII, 251ff.); auf der Rückreise weilte er im Winter 1792 fünf Wochen bei Jacobi in Pempelfort.

Nr. 98. I, 136.

Zu Goethes Stolz, Ehrgeiz und Eitelkeit vgl. man, was er über sich selbst in den „Biographischen Einzelheiten“ (Hempel 27, 298) sagt: „Ich habe niemals einen präsumtuöseren Menschen gekannt als mich selbst, und daß ich das sage, zeigt schon, daß wahr ist, was ich sage. Niemals glaubte ich, daß etwas zu erreichen wäre; immer dacht' ich, ich hätt' es schon. Man hätte mir eine Krone aufsetzen können, und ich hätte gedacht, das verstehe sich von selbst.“ Dazu stimmt auch sein Gedicht: „Königlich Gebet“, das mit den Worten beginnt: „Ha, ich bin der Herr der Welt!“

Nr. 99. I, 138.

Christian Konrad Wilhelm von Dohm (geb. 1751 zu Lemgo, gest. 1820) gab mit Boie das „Deutsche Museum“, eine treffliche Monatsschrift (1776—1791) heraus, schrieb eine Schrift über die bürgerliche Verbesserung der Juden, 1781; er war ein hervorragender preußischer Staatsmann, am bekanntesten sind seine „Denkwürdigkeiten“ 1814—1819.

Nr. 101. I, 139.

„Daß er aus dem Reich ist“, d. i. aus der freien Reichsstadt Frankfurt. — David Veit wurde zu Breslau d. 8. November 1771 geboren; theils in seiner Heimath, theils in Berlin erzogen, studirte er 1793 in Göttingen, dann in Jena, wurde in Halle Doctor der Medicin und unternahm darauf mit Abraham Mendelssohn eine Reise nach Paris. Dann ließ er sich in Hamburg als Arzt nieder. Hier verkehrte er bald in den geistvollsten und einflußreichsten Kreisen, wurde mit Friedrich Heinrich Jacobi bekannt, hielt Vorlesungen über Anthropologie u. s. w.; er starb in Hamburg am 15. Februar 1814.

Nicht ohne Werth ist die Beschreibung der Persönlichkeit Goethes, die Veit in dem nämlichen Briefe an Rahel giebt, der das angeführte Gespräch enthält. „Das Erste, was mir an ihm auffiel und Sie zu wissen verlangen," schreibt Veit, „war seine Figur. Er ist von weit mehr als gewöhnlicher Größe, und dieser Größe proportionirt dick, breitschulterig. Wenn Sie meinen Onkel Salomon Veit kennen, so haben Sie die Ähnlichkeit der Figur; aber Goethe ist doch noch größer und stärker. Die Stirn ist außerordentlich schön, schöner als ich sie je gesehen; die Augenbraunen im Gemälde vollkommen getroffen, aber die völlig braunen Augen mehr nach unten zugeschnitten als dort. In seinen Augen ist viel Geist, aber nicht das verzehrende Feuer, wovon man soviel spricht. Unter den Augen hat er schon Falten und ziemlich beträchtliche Säcke; überhaupt sieht man ihm das Alter von vierundvierzig bis fünfundvierzig recht eigentlich an, und das Gemälde ist in der That zu jugendlich; es müßte denn wahr sein, was man in Weimar allgemein behauptet, daß er während seinem Aufenthalt in Italien merklich gealtert habe. Die Nase ist eine recht eigentliche Habichtnase, nur daß die Krümmung in der Mitte sich recht sanft verliert. Der Mund ist sehr schön, klein und außerordentlicher Biegungen fähig; nur entstellen ihn, wenn er lächelt, seine gelben, äußerst krummen Zähne. Wenn er schweigt, sieht er recht ernsthaft, aber wahrhaftig nicht mürrisch, und kein Gedanke, keine Spur von Aufgeblasenheit. Auch dem Dümmsten müßte Aufgeblasenheit an einem Menschen mißfallen, der in Sprache und Manier so ganz simpel wie jeder Geschäftsmann ist. Das Gesicht ist voll, mit ziemlich herabhängenden Backen. Im ganzen ist das Gemälde wohl getroffen; aber es macht doch einen sehr falschen Begriff von ihm: Sie würden ihn gewiß nicht erkennen. Er hat eine männliche, sehr braune Gesichtsfarbe, die Farbe der Haare ist etwas heller. Er trägt das Vorderhaar ratzenkahl abgeschoren, an den Seiten ausgekämmt und völlig anliegend, einen langen Zopf; weiß gepudert. Die Binde im Porträt verstehe ich gar nicht. Lips muß ihn haben putzen wollen. Seine Binde ist eine von den unter gesetzten Männern ganz gewöhnlichen, hinten zugeschnallt, vorne glatt und dünn, und wegen dem übergelegten Hemdkragen wenig zu sehen. Die Wäsche fein, mit wenig vorstehendem Jabot. Kleidung: ein blauer Überrock mit gesponnenen Knöpfen, doppeltem Kragen (der eine über die Schultern, der stehende nicht recht hoch), eine schmalgestreifte Weste von Manchester oder ähnlichem Zeuge und — vermuthlich Beinkleider; der Überrock bedeckte sie; kalblederne ordinäre Stiefel. Alles zusammen genommen kann er ein Minister, ein Kriegsrath, ein Geheimrath, allenfalls ein Amtmann sein, nur kein Gelehrter und gewiß kein Virtuose. In Berlin würde ihn jeder einheimisch glauben." Veit bemerkt noch ausdrücklich zu seiner eingehenden Schilderung: „Ich habe ihn, indeß er meinem Onkel verschiedene Fragen vorlegte, von der Seite und in dem Spiegel recht starr angesehen."

Veit besuchte auch Wieland und Herder.

Nr. 102. I, 141.

Johann Isaak Freiherr von Gerning, geb. 14. November 1767 zu Frankfurt am Main, war ein Sohn des Entomologen und herzogl. sachsen-gothaischen Hofrathes Johann Christian Gerning, studirte in Jena Geschichte und Staatswissenschaften und ging 1793 (nach der hier erwähnten Zusammenkunft mit Goethe in Frankfurt) über Weimar nach Italien. In Neapel gewann er sich das volle Vertrauen des Königs, mit der Königin trat er in einen dauernden Briefwechsel. Von Neapel wurde Gerning auf den Congreß nach Rastatt geschickt; bald darauf zog er sich aber vollständig ins Privatleben zurück und brachte bis 1802 jedesmal drei Wintermonate in Weimar zu. Den Antritt des neuen Jahrhunderts feierte er durch sein „Säculargedicht, Leipzig 1800." Nach 1802 wohnte er meistens in Frankfurt. 1804 wurde er vom Landgraf von Hessen-Homburg zum Geh. Rathe ernannt und 1818 vom Großherzog von Hessen in den Freiherrnstand erhoben. In den letzten Jahren seines Lebens war er Hessen-Homburgischer Gesandter in London und starb am 21. Februar 1837 in Frankfurt a. M. — Goethe schätzte besonders Gernings Kunstsammlung in Frankfurt a. M. und gedenkt dieser in seinen Reiseberichten von 1814 und 1815. Das dichterische Hauptwerk Gernings war ein didaktisches Gedicht in vier Gesängen: „Die Heilquellen am Taunus 1813". Andere kleinere Gedichte und Sprüche von ihm finden sich z. B. in dem „Taschenbuch für Freunde und Freundinnen des Schönen auf das Jahr 1812, Mannheim bei Tobias Löffler"*), z. B. S. 42: An die Muse; S. 45: Natur; S. 50: Der Adler; S. 58: Die Muse; S. 219: Die Lauscherin. Zahlreiche Briefe Gernings stehen in den von Heinrich Düntzer herausgegebenen „Ungedruckten Briefen aus Knebels Nachlaß" (Zur deutschen Literatur und Geschichte, Nürnberg, Bauer und Raspe 1858). Dort stehen auch Briefe Gernings an Goethe, z. B. als Anhang zu Nr. 157, 187a. Ein Brief Gernings an Goethe wird auch im Goethe-Jahrbuch VI, 120 mitgetheilt. Briefe Goethes an Gerning sind uns sechs bekannt.

*) In diesem Taschenbuch findet sich auch der zweite Druck von Goethes Johanna Sebus (S. 8), der in der Weimarer Ausgabe nicht erwähnt und nicht zur Vergleichung herangezogen worden ist. Dieser zweite Druck stammt aber schon aus dem Jahre 1810; denn das oben angeführte Taschenbuch ist nichts anderes, als das unter verändertem Titel herausgegebene „Heidelberger Taschenbuch auf das Jahr 1810".

Im Jahre 1788 hatte Gerning ein Gedicht in Hexametern verfaßt: „An Goethe in Rom", das mit den Worten schließt:

Fahre doch bald zurück, schon winken die wartenden Musen,
Und die Grazien winden dir schon unsterbliche Kränze.

Dieses Gedicht veröffentlichte er in den „Gemeinnützlichen Blättern für das Großherzogthum Frankfurt und dessen Umgebung" 1811 Nr. 49. In denselben Blättern besprach er Goethes Pandora, die 1810 erschienen war. Überhaupt war er auf den verschiedensten Gebieten als Schriftsteller thätig. 1803 veröffentlichte er seine „Reise durch Österreich und Italien" unter vielem Beifall u. a.

Goethe war, wiederum auf den Wunsch des Herzogs, am 12. Mai 1793 von Weimar abgereist, um der „Belagerung von Mainz", die er ja wie die Campagne in Frankreich in einem tagebuchartigen Berichte geschildert hat, beizuwohnen. Er ging von Weimar zunächst nach Frankfurt, wo er einige Zeit verweilte, und blieb dann vom 26. Mai bis zum 28. Juli vor Mainz. Dann ging er nach Mannheim, Heidelberg und wieder nach Frankfurt. Hier fand jetzt die Zusammenkunft mit Gerning statt. Gegen Ende August traf Goethe wieder in Weimar ein.

Das Gedicht „Das Wiedersehn" steht bei Hempel 2, 52. Es gehört zu den „Elegien" und beginnt:

Süße Freundin, noch einen, nur *einen* Kuß noch gewähre
Diesen Lippen! Warum bist du mir heute so karg?

Nr. 105. I, 143.

In der Familie des Bankiers Simon Moritz Bethmann (gest. 1782) hatte Goethe in seiner ersten Jugendzeit verkehrt, hatte auch mit den Gebrüdern Bethmann z. B. auf der italienischen Reise geschäftlich zu thun gehabt. Über Sophie s. d. Register.

Nr. 108. I, 144ff.

Johann Jacob Hottinger, Professor und Chorherr in Zürich, hatte schon 1775 in dem von ihm verfaßten „Sendschreiben u. s. w. von einem Züricherischen Gelehrten" Lavater angegriffen und verspottet. Hottinger ließ z. B. in dieser Schrift einen Züricher Bürger über Lavater äußern: „Woher kommt diesem Solches? Ist dieser nicht der Lavater, dessen Brüder und Schwestern bei uns wohnen und beten?" (Vgl. v. Löper, Anmerkungen zu Dichtung und Wahrheit, Hempel 23, 189.) — Karl Leonhard Reinhold war ein flüchtiger katholischer Geistlicher, er war jetzt Professor der Philosophie in Jena und Wielands Schwiegersohn, vermählt mit Sophie Wieland. Er war 1758 in Wien geboren, seit 1785 weimarischer Rath, seit 1787 Professor in Jena, 1794 Professor in Kiel, wurde 1815 dän. Etatsrath und starb am 10. April 1823.

Goethes Abhandlung über das os intermaxillare, den Zwischenkieferknochen, die er schon im Jahre 1784 abfaßte, wo er den Zwischenkieferknochen entdeckte, wurde von ihm erst 1820 veröffentlicht. Sie steht bei Hempel unter dem Titel: „Dem Menschen wie den Thieren ist ein Zwischenknochen der obern Kinnlade zuzuschreiben." 33, S. 221—254. — Peter Camper ist der bekannte holländische Anatom (1722—1789); Johann Friedrich Blumenbach (1752—1840) war Professor der Medicin und Inspector der Naturaliensammlung in Göttingen 1776, Hofrath 1788, Obermedicinalrath 1816, einer der hervorragendsten Naturforscher. Justus Christian von Loder, geb. 1753 in Riga, war seit 1778 Prof. d. Medizin in Jena, seit 1782 Geh. Hofrath, später wurde er Prof. und Geh. Rath in Halle (1803), dann Leibarzt und Staatsrath in Moskau 1810, gest. 1832. Er stand mit Goethe in regster wissenschaftlicher Verbin=

dung und unterstützte ihn bei seiner Abhandlung über das os intermaxillare namentlich in Bezug auf die wissenschaftliche Terminologie: 1794 und 1795 hörte Goethe Loders Vorträge über Anatomie.

Nr. 112. I, 152.

Johann Heinrich Meyer war am 16. März 1759 in Zürich geboren, kurz nach seiner Geburt siedelte seine Mutter nach Stäfa über: dort wurde Johannes Cölla sein Lehrer in der Malerei, 1778—1781 hatte Meyer Unterricht bei Füßli in Zürich, 1781 wieder bei Cölla, 1784 ging er mit dem jungen Heinrich Cölla nach Italien (—1788), 1792 wurde er auf Goethes Verwendung Professor der Zeichenschule in Weimar, 1807 Director, gest. 1832 in Jena. Die Zahl der Briefe Goethes an Meyer beträgt über vierhundert: der erste Brief ist vom 19. September 1788.

Nr. 113. I, 152f.

Von Schillers Maltesern, einem großartig angelegten Drama, sind nur der Plan und einzelne Bruchstücke vorhanden; Schiller hat das Drama nicht ausgeführt (s. Plan u. Fragmente bei Schiller, Hempel 16, 61ff.). — Die Horen gab Schiller 1795—1797 heraus.

Nr. 114. I, 153f.

Christian Gottfried Schütz, geb. zu Duderstädt 1747, war seit 1779 Professor der Poesie und Beredsamkeit in Jena 1779, begründete mit Bertuch die „Allgemeine Literaturzeitung“ 1785, wurde 1789 Hofrath, 1804 Professor in Halle, wo er 1832 starb.

Über den Vorzug der deutschen Schrift vor der lateinischen, für den hier Goethe und Schiller eintreten, vgl. einen Brief von Goethes Mutter vom 12. März 1798, in dem sie schreibt: „sie (die lateinischen Lettern) sind wie ein Lustgarten, der Aristokraten gehört, wo niemand als Noblesse — und Leute mit Stern und Bändern hineindürfen, unsere deutsche Buchstaben sind wie der Prater in Wien wo Kayser Joseph drüber schreiben ließ vor alle Menschen — wären deine Schriften mit den fatalen Aristokraten gedruckt, so allgemein wären sie bey all ihrer Vortrefflichkeit nicht geworden — Schneider — Nähterinnen — Mägde alles ließt es — jedes findet etwas das so ganz vor sein gefühl paßte u. s. w. Was hat Hufland übel gethan sein vortreffliches Buch mit den vor die größte Menschenhälfte unbrauchbaren Lettern drucken zu laßen — sollen den nur Leute von Standt aufgeklärt werden? soll den der Geringe von allen guten ausgeschloßen sein — und daß wird er — wenn dieser neumodischen Fratze nicht einhalt gethan wird. Von dir mein lieber Sohn hoffe ich, daß ich nie solches menschenfeindliches Produkt zu sehen bekomme. —" (Rob. Keil, Frau Rath, Nr. 122.)

Nr. 115. I, 155 ff.

Christian Gottfried Gruner, geb. in Sagan 1744, war seit 1773 Prof. der Medicin in Jena, seit 1776 Hofrath, gest. 1815.

Nr. 116—118. I, 161 ff.

Joh. Heinrich Voß (1751—1826) hatte seine Odyssee-Übersetzung 1781 erscheinen lassen, seinen „Homer", der außer der umgearbeiteten Odyssee nun auch die Ilias-Übersetzung enthielt, 1793. — Über das Verhältniß des Klopstock'schen Hexameters zu dem Voßens und Goethes vgl. namentlich Victor Hehns Aufsatz über Goethes Verskunst (Goethe-Jahrb. VI).

Nr. 126. I, 172 ff.

Rahel Antonie Friederike Levin (1771—1833) wurde später die Gattin des historischen Schriftstellers

Karl August Ludwig Philipp Varnhagen von Ense (1785—1858). — Goethes Aufsatz „Literarischer Sansculottismus“ Hempel 29, 237 ff. In dem Berliner „Archiv der Zeit und ihres Geschmackes (März 1795)“ war ein Aufsatz über „Prosa und Beredsamkeit der Deutschen“ erschienen, in dem der Verfasser die Armseligkeit der Deutschen an vortrefflich klassisch-prosaischen Werken bedauerte. Goethe trat nun in den Horen (1795, 5. Stück) in dem erwähnten Aufsatze dieser unreifen Kritik entgegen. Hervorzuheben sind besonders Goethes Worte: „Wir sind überzeugt, daß kein deutscher Autor sich selbst für klassisch hält und daß die Forderungen eines jeden an sich selbst strenger sind als die verworrenen Prätensionen eines Thersiten, der gegen eine ehrwürdige Gesellschaft aufsteht, die keineswegs verlangt, daß man ihre Bemühungen unbedingt bewundere, die aber erwarten kann, daß man sie zu schätzen wisse.“ Der Aufsatz ist überhaupt einer der bedeutsamsten, den Goethe geschrieben hat, besonders dadurch, daß Goethe darin die Bedingungen untersucht, unter denen ein klassisches Werk in einem Volke entstehen und ein klassischer Autor aufkommen kann.

Nr. 129. I, 180.

Richter in Hof ist Jean Paul Friedrich Richter (1763—1825), der, in Wunsiedel geb., sich damals in Hof aufhielt, ehe er nach Leipzig und Weimar ging, wo er in Herders Kreise verkehrte. 1795 erschien sein Hesperus.

Nr. 130. I. 180.

Jos. Schreyvogel war 1768 zu Wien geb., hielt sich längere Zeit als Mitarbeiter an verschiedenen Zeitschriften in Jena auf und wurde 1802 an Kotzebues

Stelle Hoftheatersecretär in Wien, legte diese Stelle aber 1804 nieder und errichtete ein Kunstcontor; 1814 trat er von diesem zurück und wurde Theatersecretär und Dramaturg des Burgtheaters. Als Schriftsteller nannte er sich Thomas oder Karl August West und bearbeitete z. B. „das Leben ein Traum“ nach Calderon. Er starb am 28. Juli 1832. — Über das Verhältniß Goethes zu Schreyvogel giebt ein Brief Böttigers Andeutungen. Am 30. October 1796 schrieb Böttiger in einem Briefe: „Sein (Schreyvogels) neuer Lovelace, der zu Ostern bei Vieweg erscheint, wird gewiß großes Aufsehen und Goethe, der ihn zuletzt in Jena überall aufletschte, noch bitterer gegen ihn machen.“ (Goethe-Jahrb. I, 319.)

Nr. 133. I, 182.

Heinrich Eberhard Gottlob Paulus, geb. am 1. September 1761 zu Leonberg bei Stuttgart, besuchte das Stift zu Tübingen, studirte in Göttingen orientalische Sprachen und wurde 1789 als Professor der orientalischen Sprachen nach Jena berufen; 1793, nach Döderleins Tode, wurde er Professor der Theologie. Seine philologisch-kritischen Arbeiten über das Neue Testament, die Psalmen, Jesaias u. a. machten ihn berühmt. 1803 ging er als Professor nach Würzburg, 1811 nach Heidelberg, gest. 10. August 1851. Sein Frau Caroline Paulus war die Tochter seines Onkels, des württembergischen Oberamtmannes Gottlieb Friedrich Paulus, sie war 1767 zu Schorndorf geboren, seit 1789 mit ihm vermählt, gest. 1844. Sie war eine gewandte Romanschriftstellerin. — In engere Beziehung zu Goethe trat Paulus, wie er selbst berichtet (vgl. Reichlin-Meldegg, H. E. G. Paulus und seine Zeit I, 335), nicht lange nach seinem Eintreffen in Jena 1789.

Nr. 134. I, 183.

Zeile 4 lies: Sodomitereien. Vergleiche die Äußerung Goethes: „Chinesische, ägyptische, indische Alterthümer sind immer nur Kuriositäten, . . . zu sittlicher und ästhetischer Bildung werden sie uns wenig fruchten.“ Hempel 19, 112.

Nr. 135. I, 185.

Aug. Wilhelm Iffland, geb. 19. April 1759 zu Hannover, war ursprünglich für das Studium der Theologie bestimmt, ging aber im 18. Lebensjahre heimlich nach Gotha, wo er sich unter Ekhof für das Theater ausbildete, 1779 ging er an das Theater zu Mannheim, 1796 wurde er Director des Nationaltheaters in Berlin, 1811 Generaldirector der königl. Schauspiele, gest. am 22. September 1814. Seine Stücke: „Die Jäger“, „die Hagestolzen“, „die Advocaten“, „die Aussteuer“ u. a. waren sehr beliebt. Persönlich bekannt war Goethe mit Iffland schon im December 1779 in Mannheim geworden auf der Rückkehr von der zweiten Schweizreise. (Vgl. Hempel, 27, 306. 550.)

Nr. 137. I. 186.

Friedrich Wilhelm Gotter war durchaus französisch geschult und pflegte noch als einer der letzten die Tragödie in Alexandrinern. Seine Tochter Pauline war die zweite Frau Schellings. Über Gotters dichterische Begabung hat Goethe sonst nicht so günstig wie hier geurtheilt; wie er schon in seiner Jugend Gotters Versificier-Talent bespöttelte, so hielt er ihn auch späterhin nur für einen Verfertiger zierlicher Reime ohne Schöpferkraft (vgl. A. Kestner, Goethe und Werther S. 62, 64, 122, 216 u. a.). Günstiger lautet sein Urtheil über Gotter in Dichtung und Wahrheit (III, 12. Buch). — Über Gotters Singspiel „Die Geisterinsel“ vgl. Schillers

Brief an Goethe vom 17. August 1797: „Aus dem Gotterischen Nachlaß erhalte ich*) seine Oper „Die Geisterinsel", die nach Shakespeares „Sturm" bearbeitet ist. Ich habe den ersten Act gelesen, der aber sehr kraftlos ist und eine dünne Speise. Indessen danke ich dem Himmel, daß ich einige Bogen in den „Horen" auszufüllen habe, und zwar durch einen so classischen Schriftsteller, der das Genie- und Xenienwesen vor seinem Tode so bitter beklagt hat. Und so zwingen wir denn Gottern, der lebend nichts mit den Horen zu thun haben wollte, noch todt darin zu spuken." Und in dem 8. Stück der Horen 1797 bemerkt Schiller zu dieser Oper: „Die Oper ist von Herrn Fleischmann in Meinungen kraft eines förmlichen und ausschließenden Vertrags mit dem Dichter, in Musik gesetzt und noch bei Lebenszeiten des letzteren zu Ende gebracht worden. Die Ausführung hatte den ganzen Beifall des verstorbenen Dichters."

Nr. 138. I, 187.

Karl Wigand Maximilian Jacobi, gewöhnlich kurz Max Jocobi genannt, war der Sohn F. H. Jacobis, er war am 10. April 1775 zu Düsseldorf geboren, studirte 1793—1795 in Jena, verkehrte während dieser Zeit und später viel in Goethes Hause, trieb mit ihm Anatomie u. s. w., 1797 Dr. der Medicin in Erfurt, dann als Arzt in München, 1812 Oberarzt in Salzburg, dann Obermedicinalrath in Düsseldorf. Max Jacobi that sich namentlich in späterer Lebenszeit durch seine geschickte Behandlung Irrsinniger hervor und richtete eine Irrenanstalt in Siegburg b. Bonn ein, über die er in einem langen Briefe vom 5. Mai 1825 Goethe Bericht erstattet. Er starb in Siegburg am 18. Mai 1858. — Böttigers Urtheil über Goethes Hermann und Dorothea s. in B.s

*) Durch A. W. Schlegel.

„Literarischen Zuständen und Zeitgenossen“ I, 70—80. Er nennt es „die einzige Odyssee, die in unsern Tagen noch möglich schien.“

Nr. 140. I, 187 f.

Christian Felix Weiße war am 28. Januar 1726 zu Annaberg geboren, wurde 1761 Obersteuersecretär in Leipzig, er besaß das Rittergut Stötteritz b. Leipzig, gest. 16. December 1804. Er gab viele Jahre hindurch die „Bibliothek der schönen Wissenschaften und freien Künste“ heraus, schrieb Trauer- und Lustspiele und begründete die erste Jugendschrift: den Kinderfreund (1774—1784, 24 Bde.). — Heinrich Karl Abraham Eichstädt, geb. 8. August 1772 zu Oschatz, studirte in Leipzig, wurde 1793 Privatdocent, 1795 Professor d. Philosophie, 1797 wurde er nach Jena als Mitarbeiter Schützes an der „Allgemeinen Literatur-Zeitung“ berufen, 1801 wurde er zum Hofrath, 1804 zum Professor der Beredsamkeit und Oberbibliothekar der Universität Jena ernannt, gest. auf seinem Rittergute Benndorf am 4. März 1848. Goethes Briefe an Eichstädt, herausgegeben von W. v. Biedermann, in denen besonders von der unter Eichstädts Leitung neubegründeten „Jenaischen Literaturzeitung“ die Rede ist, zeigen uns Goethe namentlich als Kritiker und vielseitigen Gelehrten.

Nr. 141. I, 188.

Einen Brief Goethes vom 22. Februar 1797 an Dr. jur. Schleusner in Jena, der für den Geschichtsforscher Reinhold von Sivers (1760—1835) Bücherankäufe in Jena besorgte, theilt Strehlke, Goethes Briefe II, 178, mit. Goethe hatte auf Schleusners Wunsch einen Aufsatz über die bedeutendsten Werke, die über Kunstgeschichte unterrichten, verfaßt und sandte diesen an Schleusner mit einem Begleitbriefe. Schleusner war Assistent der Allgemeinen Literaturzeitung, Secretär und Redacteur des Intelligenzblattes.

Nr. 143. I, 189.

Vgl. zu dieser Erzählung Nr. 1445. VIII, 246.

Nr. 145. I, 190.

Karl Gustav von Brinkman, schwedischer Staatsmann und Dichter, war auf dem Gute Nacka in der Landeshauptmannschaft Stockholm geboren, studirte in Upsala, Halle, Leipzig und Jena, 1792 Legationssecretär in Dresden, dann in Paris, Berlin, London, 1810 Hofkanzler in Stockholm, 1839 geadelt, gest. 25. December 1847. Seine ersten Gedichte erschienen Leipzig 1789. Von der Schwedischen Akademie wurde 1821 seine Dichtung: „Die Welt des Genius" mit dem ersten Preise gekrönt.

Nr. 146. I, 191.

Die Familie Gore war eine englische: Charles Gore, der vertraute Freund des berühmten Landschaftsmalers Philipp Hackert, war am 5. December 1729 zu Horkstow in Yorkshire geboren, war anfänglich Kaufmann, heirathete eine reiche Erbin, gab nun die kaufmännische Laufbahn auf, blieb mit seiner Familie in Yorkshire bis zum Tode seines Vaters und beschäftigte sich namentlich mit Mechanik und Schiffbaukunst, unternahm dann große Reisen und lebte zuletzt (seit 1791) in Weimar, wo er am 22. Januar 1807 starb. Seine ältere Tochter Elise war ihm im Tode vorausgegangen; Emilie war seine jüngere Tochter. Über Charles Gore s. Goethes Aufsatz in seinem „Philipp Hackert". Hempel 32, 20ff.

Nr. 147. I, 191.

Böttiger bemerkt hierzu (Lit. Zust. u. Zeitgenossen I, 221): „Das Genie hat sich zu Boden gesetzt und klares

Wasser schwimmt oben. Als Goethe zuerst nach Weimar gekommen war, bat er sich oft selbst bei Wielanden Abends zu Gaste*). Denn der Herzog, mit welchem Goethe alle Mittage aß, speiste Abends nur selten, außer wenn er alle seine Umgebungen mit delicaten Bratwürsten tractirte, die in unendlicher Menge gemacht werden mußten. Damals war das Wort unendlich überall wiederkehrendes Stichwort. Wenn Goethe Abends bei Wieland essen wollte, so schickte er seinen Bedienten (der beiläufig in allem seinen Meister nachahmt, so ging, den Kopf schüttelte, sprach u. s. w.) vorher ins Haus und ließ sich eine unendliche Schüssel unendlicher Borsdorfer Äpfel (gedämpft) ausbitten. . . . Als Goethe mit dem Herzoge von Lavater zurückkam, war ihm jedes hübsche Mädchen ein Müßchen (das schweizer. Diminutiv von Maus)." — Im Gegensatze zu dem Lieblingsworte Klarheit, das Goethe gegen Ende des achtzehnten Jahrhunderts viel gebrauchte, steht das Wort Dumpfheit, das in der ersten Weimarer Zeit sein und des Herzogs Lieblingswort war. So schrieb Goethe im August 1776 in dem Gedicht: „Dem Schicksal";

Du hast für uns das rechte Maß getroffen
In reine Dumpfheit uns gehüllt,
Daß wir, von Lebenskraft erfüllt,
In holder Gegenwart der lieben Zukunft hoffen.
(Der junge G. III, 143.)

„Ich und der Herzog theilen unsere Dumpfheit wenigstens" schrieb er an die Frau von Stein (vgl. A. Schöll, Goethes Briefe an Frau v. Stein, I, S. 48, auch 108 u. a.). Seiner Dumpfheit gegenüber stellt er das Glück, „zwischen Behagen und Mißbehagen in ewig

---

*) Vgl. hierzu Goethes Brief an Joh. Fahlmer vom 14. Februar 1776: „Mit Wieland führ ich ein liebes häusliches Leben, esse Mittags und Abends mit ihm, wenn ich nicht bei Hofe bin." D. junge G. III, 135.

klingender Existenz" zu schweben (a. a. O. I, 48). Und wie er von Dumpfheit redete, so sprach er in jener Zeit gern von „Erdgefühl und Erdgeruch" (Brief an den Herzog aus Leipzig, Ostermesse 1776 u. a.). Noch im Jahre 1784 spricht er in der „Zueignung" von dem „Wehen banger Erdgefühle". Die Dumpfheit entstammt der Erde, sie gleicht dem Dämmer, der über den Wiesen webt, dem Nebel, der die Erde umhüllt: die Klarheit entstammt dem Himmel, der Sonne. So singt der Dichter in der Zueignung:

> Auf einmal schien die Sonne durchzudringen,
> Im Nebel ließ sich eine Klarheit sehn:

und:

> Aus Morgenduft gewebt und Sonnenklarheit,
> Der Dichtung Schleier aus der Hand der Wahrheit.

Und im zweiten Theile des Faust (1. Act, 1. Scene) heißt es:

> Im Dämmerschein liegt schon die Welt erschlossen,
> Der Wald ertönt von tausendstimm'gem Leben,
> Thal aus, Thal ein ist Nebelstreif ergossen;
> Doch senkt sich Himmelsklarheit in die Tiefen.

Und gerade an dieser Stelle des Faust schildert er die Wandlung der Dumpfheit, d. i. des unklaren Dämmerlebens des Geistes und Herzens, zur Klarheit, d. i. des „reinen Verhältnisses zu den Dingen", wie Goethe so gern sagt, des Bezwingens der eigenen unklaren Leidenschaften (vgl. sein Gedicht: Die Geheimnisse), der Erfüllung des unbestimmten Sehnens und Hoffens. Man könnte die Klarheit, von der Goethe spricht, auch mit des Dichters eigenen Worten als den „unendlich reinen Mittelzustand ohne Freud und Schmerz" bezeichnen (Briefe an Frau v. Stein I, 61).

Nr. 148. I, 192f.

Georg Christian Otto, geb. 9. December 1763 als zweiter Sohn des Vesperpredigers Heinrich O. in Hof, besuchte mit Jean Paul das Gymnasium zu Hof, dann die Universität Leipzig, wo er anfangs Theologie, später die Rechtswissenschaft studirte. Dann übernahm er in Hof die Verwaltung eines Fabrik- und Handelsgeschäftes, bald aber widmete er sein Leben ausschließlich der Wissenschaft. Jean Paul, der damals Lehrer in Töpen, dann in Schwarzenbach bei Hof war, erhielt durch den reichen Freund manche Unterstützung. Christian Otto war aber zugleich auch sein Rathgeber bei der Abfassung seiner Werke, die Themen empfing Jean Paul von ihm und gab die Arbeiten vor der Drucklegung ihm zur Durchsicht. Der Briefwechsel zwischen beiden fällt besonders in die Jahre 1790—1804 und wurde nach ihrem Tode in vier Bänden (1829—1833) herausgegeben. Seit 1799 lebte Otto hauptsächlich in Bayreuth, wo er am 7. Febr. 1828 starb.

Nr. 150. I, 193.

Anton Genast (eigentl. Kynast) war 1765 zu Trachenberg in Schlesien geboren, seit 1791 Hofschauspieler und Regisseur in Weimar, trat 1817 von seiner Schauspielerthätigkeit zurück und starb 1831. Sein Sohn war Eduard Genast, der am 15. Juli 1797 zu Weimar geboren wurde und dort 1866 starb. Die Thätigkeit Anton Genasts als Regisseur rühmt Goethe in den Tag- und Jahresheften 1803, wie er diesem auch bei der Abgabe seiner Regie zwei Handzeichnungen mit Versen (unter dem Titel: „Doppelte Erinnerung") widmete:

Zur Erinnerung trüber Tage
Voll Bemühen, voller Plage.

Zum Erinnern schöner Stunden,
Wo das Rechte war gefunden.
(Hempel 2, 428.)

„Wallensteins Lager" sollte die Wintervorstellungen des Weimarer Theaters eröffnen und zugleich zur Einweihung des durch den Baumeister Thouret erneuerten Bühnenhauses dienen. Schiller hatte zwar Wallensteins Lager bereits vollendet, es mußte aber, um einen Abend zu füllen, vielfach erweitert werden: zu diesem Zwecke wurde die Kapuzinerpredigt eingefügt. Die Aufführung selbst fand am 12. October 1798 statt. Den Wachtmeister spielte Weihrauch, den Kürassier Vohs, der auch den Prolog sprach.

Nr. 152. I, 195.

August Wilhelm von Schlegel, der Sohn des Consistorialrathes und Dichters Joh. Adolf Schlegel in Hannover, war am 5. September 1767 in Hannover geboren, studirte in Göttingen, war Docent in Jena seit 1796, begründete die Zeitschrift: „Athenäum", ging 1801 nach Berlin, reiste seit 1805 mit Frau von Staël durch Italien, Frankreich, Schweden u. a., seit 1818 Professor in Bonn, wo er am 12. Mai 1845 starb. Gerade in den Jahren 1797—1801, nachdem Goethes „Wilhelm Meister" in so trefflicher Weise den Hamlet besprochen hatte, übersetzte Wilhelm Schlegel sechzehn Shakespearesche Stücke in fünffüßigen Jamben und verdrängte dadurch die von Eschenburg verbesserte Wieland'sche Prosaübersetzung des Shakespeare. Zu Goethe tritt er seit 1796 in nähere Beziehung, er steht in den Jahren 1796—1804 mit ihm in ziemlich regem Briefwechsel, Goethe läßt ihn seine „Venetianischen Epigramme", „Römischen Elegien", die „Weissagungen des Bakis" u. a. durchsehen und verwendet auch seine metrischen und inhaltlichen Änderungen.

Man denkt bei Goethes Verhältniß zu den Brüdern Schlegel gewöhnlich nur an das harte Urtheil, das er in dem Briefe an Zelter vom 26. October 1831 abgab, doch war dieses Verhältniß in den Jahren 1796—1804 ein wesentlich anderes. Vgl. hierzu auch Gespr. Nr. 1462. VIII, 269. — Sein Bruder Karl Wilhelm Friedrich von Schlegel war am 10. März 1772 geboren, war gleichfalls Docent in Jena (1800—1801), lebte später in Berlin, 1802 in Dresden, dann in Paris, trat in Köln zur römisch-katholischen Kirche über, ging 1808 nach Wien, gest. 11. Januar 1829 auf einer Reise zu Dresden. Er stand zu Goethe nie in so enger Beziehung wie Wilhelm Schlegel.

Nr. 153. I, 197.

Amalie von Imhoff, spätere Frau von Helvig, war die Nichte der Frau von Stein. Die „Schwestern von Lesbos“ erwähnt Goethe auch in seinen „Tag- und Jahresheften 1799“. Vgl. hierzu: Gespr. Nr. 1459. VIII, 267, sowie den Quellennachweis zu 1458 u. 1459: VIII, 409.

Nr. 154. I, 198.

Wieland stimmte Goethe bei. Böttiger fährt in seiner Aufzeichnung fort: „Darum sei Aristophanes der Gott der alten Komödiendichter, sagte Wieland, und darum hätten wir eigentlich kein Lustspiel mehr. Es ist auch wahr, fuhr Wieland fort, daß selbst der strengste, ernsthafteste Mann, sobald er es unbemerkt thun darf, bei einem glücklichen Einfall aus dieser Fundgrube des Witzes, der den Bettler wie den König belustigt, seine Stirn entrunzelt, und daß diesem Universalmittel aus Demokrits Apotheke eigentlich kein Sterblicher widerstehen kann.“ — Löbell hat in seiner Schrift: „Die Entwickelung der deutschen Poesie von Klopstocks erstem Auftreten bis zu Goethes

Tode" (Braunschweig 1856, 3 Bd.) dem vorliegenden Gespräche zwischen Goethe und Wieland, deren Aussprüche er durchaus für treu wiedergegeben hält (woran wohl auch nicht zu zweifeln ist), eine ausschlaggebende Bedeutung verliehen für den Abschnitt seines Werkes: „Über die Darstellung der sinnlichen Liebe in der Poesie, mit besonderer Rücksicht auf Wieland" (Bd. II, S. 68 ff., insbesondere S. 115). Unter dem Gesichtspunkte des vorliegenden Gespräches, in dem Wieland noch sagt: „Darum ist eben mein Aristophanes kein solcher Schweinigel, als ihn unsere Überverfeinerung achten will," ist auch die Stelle aus dem Briefe Wielands an den Freiherrn von Retzer in Wien zu betrachten, worin Wieland, als 1808 der erste Theil von Goethes Faust erschienen war, dieses Werk mit Rücksicht auf die Walpurgisnacht als ein solches bezeichnet, „worin unser Musaget mit dem berühmten Höllen-Brengel an diabolischer Schöpfungskraft und mit Aristophanes an pöbelhafter Unfläterei um den Preis zu ringen scheine." Auch der Ausspruch Rousseaus, daß in den verdorbensten Ländern die Ausdrücke am gewähltesten und die Ohren am strengsten seien, war Goethe und Wieland bekannt.

Nr. 156. I, 199.

a. Die Aldobrandini'sche Hochzeit war ein Wandgemälde, das nach Goethes und Meyers Annahme aus der Zeit des Kaisers Titus, nach der jetzt üblichen Meinung aus der Zeit des Kaisers Augustus stammte; den Namen trägt es von seinem ersten Besitzer, dem Fürsten Aldobrandini, von dem es aber später an die Familie Borghese überging, zuletzt kam es in den Vatican. Das bei Goethe aufgestellte Bild ist die Copie von Heinrich Meyer, die am 17. October 1797, als Goethe auf seiner Schweizerreise in Stäfa weilte, an diesem Orte eintraf (vgl. in Goethes Schrift „Aus einer Reise in die Schweiz im Jahre 1797“ den Brief des Dichters an Cotta vom 17. October 1797, sowie an Böttiger vom 25. October 1797). In dem Briefe an Cotta schreibt Goethe, daß das Bild „von einem geschickten Meister mit Leichtigkeit und Leichtsinn auf die Wand gemalt“ sei.

b. Zu der angeführten Äußerung Goethes, daß er seinen Werther zehn Jahre nach dessen Schöpfung nicht gelesen habe, stimmt das, was Böttiger in den „Liter. Zuständen u. Zeitgen. I, S. 66“ berichtet: „Goethe arbeitet seine Gedichte alle erst im Kopfe aus, wo er sie fest eingeprägt mit sich herumträgt. Sind sie so weit vollendet, läßt er sie niederschreiben, und da kann er die niedergeschriebenen noch acht Tage lang feilen und verbessern. Dann ist es ihm aber unmöglich, wieder dazu zurückzukehren. Sie sind ihm gleichsam zum Ekel geworden und es kostet ihm die größte Überwindung, noch einmal auf sie zurückzukommen. Ganz anders bei Wielanden.“ Auch was Goethe an Knebel in Bezug auf die Achilleis schreibt, gehört hierher: „Wer bei seinen Arbeiten nicht schon ganz seinen Lohn dahin hat, ehe das Werk öffentlich erscheint, der ist übel daran.“

Nr. 157. I, 200.

Eleonore, geb. Marschalk v. Ostheim, war im Jahre 1782 auf Betreiben ihres Oheims, des Kammerherrn von Stein auf Nordheim, mit dem Kammerpräsidenten von Kalb vermählt worden, der bekanntlich vom Herzog abgesetzt wurde und an dessen Stelle dann Goethe als Kammerpräsident (1782) getreten war: sie war die Schwester der Charlotte von Kalb. Das traurige Geschick Eleonorens, das uns Charlotte in ihren „Gedenkblättern“ (hgg. von E. Palleske, Stuttgart 1879) geschildert hat, ist von Schillerforschern als Grundlage für einige Personen und Züge des Schillerschen Trauerspiels „Kabale und Liebe“ angesehen worden, indem man annimmt, daß der Präsident von Kalb den Namen für den Hofmarschall von Kalb in dem Theaterstück geboten habe, Eleonore dagegen den Namen für die „Gräfin von Ostheim“, die in der 7. Scene des I. Actes Ferdinand von seinem Vater als Gattin vorgeschlagen wird.

Nr. 158. I, 200ff.

Riemer bemerkt in seinen „Mittheilungen über Goethe“ I, S. 65: „Auch Tadel vertrug er.“ „Man könne ihm (Goethen) viel Wahres sagen“ schreibt Schiller an Humboldt (Nr. XIV.). — Über Macdonald bemerkt Böttiger (I, 239 Anm.): „James Macdonald, ein edler hochgebildeter Schotte, der mit seinem jüngern Vetter wegen des Mounierschen Instituts in Weimar war und den Tisch bei Böttiger hatte. Er war in den Zirkeln von Herder und Wieland sehr geschätzt.“

Nr. 159. I, 201.

Heinrich Steffens war am 2. Mai 1773 zu Stavanger in Norwegen geboren, war später Professor der Mineralogie, der Physik und der philosophischen Naturlehre in Halle (1804) und dann in Berlin (1831), wo er am 13. Februar 1845 starb; von ihm ist das Werk: „Grundzüge der philosophischen Naturwissenschaften“. — Über Loder vgl. Erl. zu Nr. 108.

Nr. 160. I, 203.

Über Schelling s. Erl. zu Nr. 170.

Nr. 161. I, 203.

Johann Friedrich Unger war 1750 zu Berlin geboren, war Buchhändler und Xylograph, und starb am

26. December 1804 in Berlin; er war der Verleger von „Goethes neuen Schriften“, die 1792—1800 in sieben Bänden erschienen.

Nr. 162. I, 204.

Johann Ludwig Tieck war am 31. Mai 1773 in Berlin geboren, studirte in Halle und Göttingen namentlich romanische Sprachen, lebte in Berlin, Jena, Dresden, München, Italien, London u. s. w., seit 1820 war er Hofrath und Dramaturg in Dresden, seit 1841 Vorleser König Friedrich Wilhelms IV. in Berlin, wo er am 28. April 1853 starb. Goethe war mit ihm im Sommer 1799 bekannt geworden. Als Tieck 1801 nach Dresden zu übersiedeln willens war, weilte er längere Zeit in Weimar, wie er denn auch später wiederholt nach Weimar kam. Der Prinz Zerbino war ein von Tieck verfaßtes satirisches Literatur-Drama, in dem er gegen die falschen Strömungen der damaligen Zeit ankämpfte.

Nr. 163. I. 204.

Benjamin Johnson, gew. kurz Ben Johnson genannt, war 1574 in Westminster geboren, war holländischer Soldat, studirte später in Cambridge, zeichnete sich als Bühnendichter aus, war mit Shakespeare befreundet, wurde 1616 Hofpoet und starb 1637 als Magister in Oxford.

Nr. 164. I, 205.

Das große Drama Tiecks führte den Titel: „Leben und Tod der heiligen Genovefa“ (1799). In den „Tag- und Jahresheften 1799“ schreibt Goethe: „Tieck las mir seine Genovefa vor, deren wahrhaft poetische Behandlung mir sehr viel Freude machte und den freundlichsten Beifall abgewann.“ Noch in seinem letzten Briefe an

Tieck vom 9. September 1829, also dreißig Jahre später, gedenkt Goethe der hier erzählten Vorlesung der Genovefa. In diesem Briefe finden sich auch die schönen Worte, die Goethes Verhältniß zu Tieck trefflich kennzeichnen. „Wenn ich nun zeither, schreibt Goethe, mich alles desjenigen zu erfreuen hatte, was Ihnen zum Aufbau und zur Ausbildung unserer Literatur fortschreitend beizutragen gelungen ist, und ich manche Winke sehr gut zu verstehen glaubte, um zu so löblichen Absichten mitzuwirken, so bleibt mir, einen reinen Dank zu entrichten, kaum mehr übrig als der Wunsch, es möge fernerhin ein so schönes und eignes Verhältniß, so früh gestattet und so viele Jahre erhalten und bewährt, mich auch noch meine übrigen Lebenstage begleiten."

Nr. 165. I. 206.

Über sein Verhältniß zu Paulus schreibt Goethe an Schiller den 19. Februar 1802: „Mit Paulus, der mir den dritten Theil seines Kommentars über das Neue Testament vorlegte, habe ich eine sehr angenehme Unterhaltung gehabt. Er ist in diesem Wesen so von Grund aus unterrichtet, an jenen Orten und in jenen Zeiten so zu Hause, daß so vieles der heiligen Schriften, was man sonst in idealer Allgemeinheit anzustaunen gewohnt ist, nun in einer spezifischen und individuellen Gegenwart begreiflich erscheint."

Nr. 169. I. 209.

W. G. Gotthardi war in Weimar geboren, verlebte aber einen Theil seiner Kindheit in einem kleinen Dorfe, wo sein Vater ein kleines Gut, das er besaß, eine Zeitlang selbst bewirthschaftete. Gotthardi war sieben Jahr alt, als seine Eltern wieder nach Weimar zurückkehrten und dort aufs neue ihren Wohnsitz aufschlugen. Als ihn seine Mutter das erste Mal mit ins Theater nahm, wurde „Rochus Pumpernickel“ gegeben. Die Mutter selbst hatte auf der letzten Parterrebank Platz genommen, hatte aber den kleinen Gotthardi, damit er besser sehen könne, auf die Brüstung einer der hinter ihrem Sitze befindlichen Logen gehoben, die gerade leer war. Auf dieser Brüstung nahm dann Gotthardi regelmäßig auch in andern Vorstellungen Platz. — „Der Umgang mit Kindern, äußerte Goethe einmal, erhalte ihn froh und jung.“ (Vgl. Gotthardi, Weimarische Theaterbilder S. 34 ff.) — Über die Jagemann s. Erl. zu Nr. 182.

Nr. 170. I, 211.

Friedrich Wilhelm Jos. von Schelling, geb. 27. Januar 1775 zu Leonberg in Württemberg, studirte in Tübingen, kam 1798 nach Jena, wo er Fichtes Schüler und 1800 dessen Nachfolger wurde, 1803 ging er nach Würzburg, 1808 nach München als Generalsecretär der Akademie der Wissenschaften, geadelt, 1820 nach Erlangen, 1827 wieder nach München als Präsident der Akademie der Wissenschaften, 1841 nach Berlin als Wirkl. Geh. Rath, gest. am 20. August 1854 im Bade Ragatz. Die ersten Hefte von Schellings „Zeitschrift für speculative Physik (nicht: „Philosophie“ wie in den Gesprächen S. 211 steht)“ erschienen im Jahre 1800, und Schelling selbst hatte sie Goethe zugesandt. — In der „Allgemeinen Literatur-Zeitung“ waren einige Thesen, die in Bamberg bei Gelegenheit einer Promotion veröffentlicht worden waren, besprochen und hierbei auch hämische Bemerkungen über Schelling gemacht worden. Schelling gab eine sehr derbe Antwort in einer Miscelle über das „Benehmen des Obscurantismus gegen die Naturphilosophie“, die er seiner oben genannten Zeitschrift beifügte. Er verlangte von der Redaction, daß der Name des betreffenden Recensenten öffentlich genannt werde. Aber dieser Aufforderung kam die Redaction nicht nach, sondern sie ließ vielmehr in der „Allgemeinen Literaturzeitung" in einer Recension der Schrift: „Lob der allerneuesten Philosophie" eines damals umlaufenden Gerüchts Erwähnung thun, daß Schelling vor zwei Jahren durch seine ungeschickte medicinische Behandlung den Tod der Auguste Böhmer herbeigeführt habe. Diese unerhörte Beschuldigung erregte Schellings höchsten Zorn, und die Spannung stieg so hoch, daß Schelling es als eine Erlösung aus unangenehmen Verhältnissen betrachtete, als er 1803 nach Würzburg ging. Den Sommer des Jahres 1800 verlebte Schelling nicht in Jena, sondern im Bamberg. (Aus Schellings Leben S. 253 ff.) Zu der Mittheilung, daß Goethe Schellings Schrift „im Ganzen sehr gelobt habe", vergleiche man jedoch Goethe-Schillers Briefwechsel II, 291.

Nr. 171. I, 112.

Heinrich Vohs war früher am kurfürstlichen Theater zu Bonn Schauspieler gewesen (1789), seit 1792 war er Hofschauspieler in Weimar, 1802 wurde er Hoftheaterdirector in Stuttgart, wo er 1804 starb.

Nr. 172. I, 213.

Joh. Jacob Graff, geb. 1768 zu Georgenthal bei Kolmar, sollte ursprünglich Theologie studiren, wurde 1789 in Köln Schauspieler, seit 1793 Hofschauspieler in Weimar, dort gest. 1848. — Johann Friedrich Ferdinand Fleck war von 1783 an bis 1801, wo er starb, in Berlin als Schauspieler thätig. Seine Gattin, Luise Fleck, war gleichfalls eine hervorragende Schauspielerin. Als am 18. Februar 1799 die Piccolomini in Berlin gegeben wurden, spielte Fleck den Wallenstein, seine Gattin die Thekla. Am 17. Mai 1799 wurde Wallensteins Tod in Berlin gegeben, und Fleck spielte auch hier den Wallenstein, eine Leistung, von der Tieck berichtet: „Sowie er (Fleck) auftrat, war es dem Zuschauer, als gehe eine unsichtbare, schützende Macht mit ihm: in jedem Worte berief sich der tiefsinnige stolze Mann auf eine überirdische Herrlichkeit, die nur ihm allein zu theil geworden war: so sprach er ernsthaft und wahr nur zu sich selbst, zu jedem andern ließ er sich herab und schaute auch während des Gesprächs mit jenem in seine Träume hinein. So fühlte man, daß der Feldherr wie in einem großen schauerlichen Wahnsinn lebe u. s. w.“ Ebenso rühmte Tieck Flecks Karl Moor u. a.

Nr. 174. I, 215.

Heinrich Schmidt wurde Schauspieler, stand eine Zeitlang an der Spitze des fürstlich Esterhazy'schen Theaters in Eisenstädt und war später Theaterdirector in Wien und Brünn. Goethe hat auch 4 Briefe an ihn geschrieben (s. Strehlke, Goethes Briefe II, 189).

Nr. 176. I, 220.

Friedrich Immanuel Niethammer war am 26. März 1766 zu Beilstein in Württemberg geboren, seit 1793 Prof. der Philosophie in Jena, 1797 Prof. der Theologie, 1804 Consistorialrath in Würzburg, 1806 in Bamberg, 1807 Centralschul- und Studienrath in München, 1829 Oberconsistorialrath, gest. 1. April 1848.

Nr. 178. I, 221 ff.

Henriette Gräfin von Egloffstein, geb. Freiin von Egloffstein, war 1773 geb., vermählte sich mit dem Grafen von Egloffstein 1789, nach Scheidung dieser Ehe mit dem Freiherrn von Beaulieu-Marconnay 1804, gest.

1864. Ihre Tochter war die Gräfin Julie von Egloffstein (geb. 1792, gest. 1869).

Schon am nächsten Tage traten noch weitere sechs Paare auf Goethes Vermittelung hin für die cour d'amour zusammen: 1. Legationsrath von Wolzogen und Hofräthin Schiller; 2. Schiller und Frau v. Wolzogen; 3. Oberhofmeister v. Einsiedel und Kammerherrin von Egloffstein; 4. Kammerherr Freiherr von Egloffstein und Hofdame von Wolfskeel; 5. Hauptmann Freiherr v. Egloffstein und Hofdame von Imhoff; 6. Hofrath Meyer und Fräulein von Göchhausen. Die beiden Freiherren von Egloffstein waren die Brüder der schönen und geistvollen, damals achtundzwanzigjährigen Henriette von Egloffstein; sie standen im Alter von 35 und 30 Jahren; der ältere der beiden Brüder, der Kammerherr und spätere Hofmarschall (seit 1813), war mit Caroline geb. Freiin von Aufseß vermählt. Wilhelm von Wolzogen war vierzig Jahre alt, seine Gattin Caroline, geb. von Lengefeld, war die Schwester von Schillers Frau und die Verfasserin des vielgelesenen Romanes „Agnes von Lilien". So setzte sich die cour d'amour aus 7 Paaren zusammen. Nach Goethes Tagebuch fand die erste Zusammenkunft am 28. October 1801 statt; das Stiftungslied schickte Goethe am 6. November an die Gräfin Egloffstein. (Vgl. hierzu v. Biedermanns Goethe-Forschungen, Neue Folge S. 411—425.) Goethes Stiftungslied: „Was gehst du, schöne Nachbarin, im Garten so allein u. s. w." war wohl das erste Lied, das dem Kränzchen gewidmet wurde. (Vgl. zu dem ganzen Abschnitt: Goethes Tag- und Jahreshefte, Hempel 27, 74—76 sowie: S. 409 f.: H. Düntzer, Die Stiftung von Goethes Mittwochkränzchen, Goethe-Jahrb. V, 333 bis 342; von Beaulieu-Marconnay, Goethes cour d'amour, Goethe-Jahrb. VI, 59 ff.)

Nr. 179. I, 225 f.

Die Flußgötter. — Für das Jahr 1801 war als Preisaufgabe gestellt worden: Achill auf Skyros (die Entdeckung Achills unter den Töchtern Lykomeds) und: Der Kampf Achills mit den Flußgöttern (nach dem 21. Gesang der Ilias). Die Preisaufgaben wurden in den „Propyläen" veröffentlicht. Schon 1800 war der Preis von 30 Dukaten zwischen dem Maler Joseph Hoffmann (1764—1812) aus Köln und dem Maler Professor Johann August Nahl aus Kassel getheilt worden. 1801 wurde wiederum der Preis zwischen diesen beiden Künstlern getheilt. Nahl (1752—1825) war besonders Geschichtsmaler, Professor an der Akademie zu Kassel war er seit 1792. Vgl. auch die Tag- und Jahreshefte 1801.

Nr. 181. I, 227.

August Friedrich Ferdinand Kotzebue war am 3. Mai 1761 zu Weimar geboren, studirte in Jena und Duisburg, wurde 1780 Advocat, 1781 in Petersburg Secretär beim Generalingenieur und Hoftheaterdirector von Bauer, 1783 Assessor beim Oberapellationstribunal zu Reval, 1785 Präsident des Gouvernementsmagistrats von Esthland und damit zugleich geadelt, 1797—1799 Hoftheaterdichter in Wien, 1799 ließ er sich in Weimar nieder, bei einer Reise nach Livland 1800 wurde er auf falschen Verdacht hin verhaftet und nach Sibirien geschickt, bald darauf wurde er zurückgerufen und wurde Hofrath und Director des Theaters in Petersburg, 1801 ging er als Collegienrath nach Weimar, lebte nun an verschiedenen Orten, wurde 1814 Staatsrath; am 23. März 1819 wurde er in Mannheim von dem überspannten Schwärmer K. L. Sand, einem Candidaten der Theologie aus Wunsiedel, ermordet. Kotzebues technisch außerordentlich gewandt aufgebauten Dramen, die aber oft ohne poetischen und zuweilen auch ohne sittlichen Gehalt waren, beherrschten damals die Bühne. Die Gunst der Mitwelt erhob ihn eine Zeitlang über Schiller und Goethe; selten ist ein Schriftsteller so in seinem Leben von den Mitlebenden gefeiert worden wie Kotzebue, um so schärfer hat ihn die Nachwelt verurtheilt, und noch bei Lebzeiten Kotzebues wurde auf dem Wartburgfeste 1817 seine „Geschichte des deutschen Reichs" verbrannt. Freilich kann man nicht sagen, daß bisher die Thätigkeit Kotzebues eine unbefangene quellenmäßige literarhistorische Darstellung gefunden habe. Selbst hervorragende Literarhistoriker haben wohl nur einzelne Stücke Kotzebues herausgegriffen und nach diesen die gesammte Persönlichkeit beurtheilt. Kotzebue hat aber 211 Theaterstücke verfaßt, von denen doch nur fünf auf einer wirklich unmoralischen Grundlage ruhen (zu diesen fünf gehören die jetzt noch gespielten „beiden Klingsberge"), während 163 Stücke sittlich unbedenklich sind, die übrigen 43 Stücke hie und da einmal eine Zweideutigkeit oder gewagte Situation aufweisen. (Ich entnehme diese Angaben der empfehlenswerthen Schrift: August von Kotzebue. Urtheile der Zeitgenossen und der Gegenwart. Zusammengestellt von W. von Kotzebue. Dresden 1881.) Das Verhältniß Goethes zu Koetzebue hat aber neuerdings eine gründliche Darstellung aus den Quellen erfahren durch Herrn Geheimrath Freiherrn von Biedermann in Dresden in seinem Aufsatze: Goethe und Kotzebue (Goetheforschungen. Neue Folge. Leipzig 1886, S. 245—289; auch in der oben angeführten Schrift: August v. Kotzebue, S. 26 ff., enthalten). Kotzebue, der schon mit sieben Jahren nicht ohne Geschick Verse zu machen wußte, war noch ein Knabe, als Goethe nach Weimar kam. Goethe sah den begabten Knaben nicht ungern in seinem Hause, er erlaubte ihm, in seinem Garten

Sprenkel zu stellen, ließ ihn am Ostereiersuchen theilnehmen, nahm auch Einblick in die Bühnenstücke, die der Knabe verfaßte u. ähnl. Von den späteren schriftstellerischen Leistungen Kotzebues sagt Goethe in dem unten angeführten Aufsatze: „Ich finde noch öfter Anlaß, seine Leistungen, denen man Verdienst und Talent nicht absprechen kann, gegen überhinfahrende Tadler und Verwerfer in Schutz zu nehmen.“ Vgl. auch Gespräch Nr. 458. II, 301, wo Goethe zu Falk sagt: „Übrigens bin ich keineswegs ungerecht gegen sein ausgezeichnetes Talent für alles, was Technik betrifft. Nach Verlauf von hundert Jahren wird sich's schon zeigen, daß mit Kotzebue wirklich eine Form geboren wurde.“ Desgl. Gespr. Nr. 889. IV, 298, sowie Nr. 962. V, 110; Nr. 1498. VIII, 307 f. u. a. Kotzebues dramatische Legende „Der Schutzgeist“, die in fünffüßigen Jamben gedichtet war, richtete Goethe für die Bühne ein; noch in den letzten Stunden seines Lebens beschäftigte ihn dieses Stück, „das er sehr liebte“. Vgl. Gespr. Nr. 1415. VIII, 164. Der Bruch zwischen Goethe und Kotzebue wird hauptsächlich durch Kotzebues Spottsucht, die auch Goethe nicht verschonte, herbeigeführt, sowie durch dessen Oberflächlichkeit und „unerhörte Eitelkeit“ (Vgl. Gespr. Nr. 458. II, 302). Der Haß Kotzebues gegen die Schlegel, die mit Goethe damals eng verbunden waren und im Jahre 1800 gegen Kotzebue das von A. W. Schlegel verfaßte Stück gerichtet hatten: „Ehrenpforte und Triumphbogen für den Theater-Präsidenten Kotzebue“, trug viel dazu bei, daß Goethe sich später vollständig von Kotzebue fernhielt. Mit Titeln und Orden geschmückt erschien Kotzebue im Herbst 1801 wieder in Weimar und fand eine überaus glänzende Aufnahme, als geborner Weimaraner. Man hielt in den höchsten Kreisen Kotzebue für den deutschen Shakespeare, Herder und Frau „begossen und pflegten“ ihn, Wieland erhob ihn, die große Schaar der Durchschnittsschriftsteller pries ihn in lärmenden Worten. Über Goethes Verhältniß zu Kotzebue vgl. auch die „Campagne in Frankreich" Hempel 25, 165, die „Tag- und Jahreshefte" 1802, sowie den Aufsatz: „Kotzebue" in den „Biograpischen Einzelnheiten" (Hempel 27, 331 ff.). Die Haupthelfer Kotzebues waren Böttiger und Merkel. Garlieb Merkel (1776 bis 1850), ein Livländer, hielt sich auf Böttigers Einladung in Weimar auf; von 1803—1806 war er mit als Redacteur an Kotzebues Zeitschrift „Der Freimüthige" (erschien in Berlin) thätig. Gegen Kotzebue hat Goethe eine ganze Reihe scharfer Gedichte und Sprüche gerichtet, die aber nur im Augenblicke des Kampfes entstanden und sämmtlich von ihm geheim gehalten worden sind, sodaß sie zum Theil erst in die Ausgabe der Werke Goethes von 1836 aufgenommen worden sind. Goethes Dichtungen wurden von Kotzebue und seinem Anhange fortwährend herabgesetzt, während Kotzebue und seine Freunde sich gegenseitig in den Himmel hoben. Im „neuen Alcinous" (Hempel 3, S. 289—294) bekämpft Goethe den ganzen Anhang Kotzebues, Böttiger und Kotzebue nennt er „die gründlichsten Schuften, die Gott erschuf" (Hempel 3, 297), nimmt die Schlegel in Schutz gegen Böttiger und Kotzebue (Hempel 3, 295), besonders aber geißelt er den Dreibund: Kotzebue, Böttiger, Merkel, in dem Gedichte:

Triumvirat.

Den Gott der Pfuschereien*) zu begrüßen,
Kam Leichtfuß**), Genius der Zeit, gegangen:
Laß' uns, mein Theurer, aneinander hangen
Wie Klett' und Kleid! Pedanten mags verdrießen.

---

*) Kotzebue.
**) Merkel.

Wir ruhen bald von unsrer einz'gen, süßen,
Planlosen Arbeit mit genährten Wangen;
Wenn Dilettantenskizzen einzig prangen,
Sei ernste Kunst ins Fabelreich gewiesen.

An Schmierern fehlt's nicht, nicht am Lob der Schmierer:
Der rühmt sich selbst, den preiset ein Verleger,
Der Gleiche den, der Pöbel einen Dritten;

Doch fehlt im Ganzen noch ein Rädelsführer,
Ein unermüdlich unverschämter Präger
Papierner Münze. Da trat in die Mitten

Herr Überall*), in Tag- und Monatstempeln
Den Lumpenbrei der Pfuscher und der Schmierer
Mit B . . . r**) zum Meisterwerk zu stempeln.

Auf die Schmähungen, die Kotzebue in seinem „Freimüthigen" fortgesetzt gegen Goethe richtete, hat dieser nie geantwortet. Der gewaltsame Tod Kotzebues erschütterte Goethe (vgl. Tag- u. Jahreshefte 1819), und wiederholt beklagte er, daß Kotzebues Talent sich so zersplittert und in den Dienst des Tagesgeschmackes gestellt hatte.

c. Wie Kotzebue die Schlegel in dem Stücke: „Der hyperboreische Esel, oder die heutige Bildung. Ein drastisches Drama 1799" verspottet hatte, so hatte er auch in seinem Stücke: „Der Besuch oder die Sucht zu glänzen 1801" Goethes Journal: „Die Propyläen" deutlich angegriffen. An diesen Angriff denkt wohl Goethe bei seinem Vorschlage der betreffenden Caricatur.

Nr. 182. I, 229.

Um gegen Kotzebues Einfluß aufzutreten, brachte Goethe die Dramen der Schlegel, die ihm im Kampfe gegen Kotzebue beistanden, auf die Bühne zu Weimar:

*) Böttiger, den Goethe u. Schiller Ubique nannten, vgl. Erl. zu Nr. 94.

**) Die Recensentenchiffre Böttigers.

Gerade hieraus erwuchsen aber Goethe neue Verdrießlichkeiten: Böttiger verfaßte nämlich eine satirische Kritik der Aufführung (vgl. „Über die Aufführung des Jon auf dem Hoftheater zu Weimar“ in Böttigers „Literarischen Zuständen und Zeitgenossen“ I, S. 87ff.), über die Goethe so in Zorn gerieth, daß der bereits fertig gedruckte Bogen des Journals für Luxus und Moden, der Böttigers Kritik enthielt, nicht ausgegeben werden durfte. Über dieses Verhalten Goethes gegenüber Böttiger berichtete Nr. 2 des „Freimüthigen“ in höchst boshafter Weise. — Jon ist von August Wilhelm Schlegel verfaßt.

Caroline Jagemann, spätere Frau von Heygendorff, war zu Weimar am 25. Januar 1777 geboren und kam an die Bühne zu Weimar 1797, der sie bis 1828 angehörte; sie vermählte sich 1809 und starb 1848 zu Dresden.

Nr. 187. I, 232.

Fichte war mit der Regierung in Widerspruch gerathen und wurde 1799 wegen angeblich atheistischer Lehren entlassen, er ging nach Berlin; Schelling wurde sein Nachfolger in Jena. Über die Universitätskreise in Jena schrieb Reinhold an Wieland am 16. März 1801: „Die neueste Philodoxie wird nun durch Schelling, Schlegel, Schad und Niethammer viermal und in viererley Variationen in Jena in besonderen Vorlesungen vorgetragen. Man würde im übrigen Teutschland Mühe haben zu begreifen, wie dieses nach Fichtes Verabschiedung möglich wäre — wenn man nicht wüßte, daß diese Philodoxie den Wilhelm Meister als eine der drey großen Tendenzen des Zeitalters — der reinen Ichlehre an die Seite stellt und den Ruhm von Goethes Kunst als der Einzigen, an das Schicksal der Ichwissenschaft als der Einzigen zu knüpfen die Geschicklichkeit gehabt hat.“ (R. Keil, Wieland und Reinhold, u. Seuffert's Anzeige im Anzeiger f. d. Alterth. XIII, 282).

Nr. 188. I, 232.

Die hauptsächlichsten Änderungen, die Goethe in Kotzebues „deutschen Kleinstädtern“ vornahm und die besonders in Tilgung der Sticheleien gegen Schlegel und Vulpius bestanden s. in dem angeführten Aufsatze v. Biedermanns: Goethe u. Kotzebue S. 37—39.

Nr. 192. I, 235 f.

Johann Daniel Sander (gest. 1825), Buchhändler zu Berlin, einer der Hauptverleger von Kotzebues Schriften, mit Kotzebue eng befreundet. Im „Neuen Alcinous“ widmet ihm Goethe die Spottverse:

Hier an diesem Wege stehen
Die Verleger miteinander;
Diese Mispeln pflanzte Kummer,*)
Diesen Korkbaum schickte Sander.
Sollte dieser Kork nun freilich
Wie der Geber sich verdicken,
Mögen Enkel und Urenkel
Mit dem Weg zur Seite rücken.

Sophie Sander, geb. Diederichs, war mit Sander seit 1787 vermählt, sie stammte aus Pyrmont, gest. 1826.

Zu dem Verhalten Goethes gegen Sander vergleiche man Fr. Tiecks Bericht an Sophie Bernhardi (1802), in dem gesagt wird, daß Caroline Schlegel und Schellings Frau es bewirkt hätten, daß Sander von Goethe „wirklich schmählich behandelt worden sei.“ (G. Waitz, Caroline und ihre Freunde, Leipzig, Hirzel, S. 98.) Über Briefe Goethes an Sander vgl. Strehlke, Goethes Briefe II,

*) Leipziger Buchhändler, der gleichfalls viele Schriften Kotzebues verlegte.

140. Einen Brief Goethes an Sander vom 25. November 1801, s. im Goethe-Jahrb. XI, S. 78, an Frau Sander ebenda vom 15. Januar 1802. Goethe bedankt sich darin für Geschenke für seine Küche, wie für seine Büchersammlung, die er von dem Ehepaar Sander empfangen hatte; in dem Briefe an Sander giebt er zugleich Antwort auf eine Einladung zur Gevatterschaft, die er von Sander erhalten hat, indem er sagt: „Wenn ich nun ferner bedenke, wie wenig mein Zeugniß in der christlichen Kirche bedeuten kann: so muß ich, ohne weiteres Raisonnement, Ihnen eben ganz anheim stellen in wie fern Sie mich zu einem solchen Act einladen dürfen.“ Aus dem Briefe Goethes an Frau Sander geht hervor, daß er die Gevatterschaft annahm, woraus sich ergiebt, daß das Verhältniß Goethes zu dem Ehepaar Sander 1801 und Anfang 1802 kein unfreundliches war; er schreibt sogar an Frau Sander: „In Pyrmont habe ich Ihrer viel gedacht und es ist mir beynahe anschaulich geworden, wie es möglich sey, daß dieser Ort so wundersam-artige Gevatterinnen hervorbringe und bilde.“ Das Zerwürfniß scheint demnach erst im Laufe des Jahres 1802 eingetreten zu sein, woran die wachsende Feindschaft gegen Kotzebue und wahrscheinlich auch der oben angedeutete Einfluß Carolinens und der Frau Schellings besonderen Antheil hatten. Über Herrn und Frau Sander s. auch: Im neuen Reich 1876. — Über Goethes Verkehr mit Frau Sander in Pyrmont s. Tag- und Jahreshefte 1801, Hempel 27, 61.

Nr. 194. I, 237.

Über Schellings Zerwürfniß mit der „Allgemeinen Literaturzeitung“ vgl. Erl. zu Nr. 170. — Christian Gottfried Schütz, geb. 1747 in Duderstädt, seit 1779

Professor der Poesie und Beredsamkeit in Jena, gründete 1785 mit Bertuch die „Allg. Literaturzeitung“, seit 1804 Prof. in Halle, wo er den 7. Mai 1832 starb.

Nr. 195. I, 238.

Der Bildhauer Johann Gottfried Schadow war am 20. Mai 1764 in Berlin geboren, 1789 Rector der Academie der Künste zu Berlin, dort gest. 28. Januar 1850. — Franz Catel war ein hervorragender deutscher Maler, geb. 1778 in Berlin, er lieferte zehn treffliche Illustrationen zu Goethes „Hermann und Dorothea“ (Braunschweig 1799). Mit seinem Bruder Ludwig (Louis) Catel ging er 1807 nach Paris, 1809 begab er sich nach Rom; sein Lieblingsgebiet wurde die Landschaftsmalerei, besonders Neapel und Umgebung stellte er in trefflichen Werken dar, gest. 1856 zu Rom.

Friederike Auguste Konradine Unzelmann, geb. Flittner, war in Gotha 1760 geb., Schauspielerin seit 1777, heirathete den Schauspieler Unzelmann, wurde von diesem geschieden und vermählte sich zum zweiten Male mit dem Schauspieler Bethmann 1803, sie starb in Berlin 1814. Vgl. Tag- u. Jahreshefte 1801 u. 1802. Hempel 27, 72 u. 77. Goethes Beziehungen zur Unzelmann sind ausführlich mitgetheilt von K. E. Franzos in seiner Zeitschrift: Deutsche Dichtung, Bd. IX, Heft 4, 6 u. 10. — Karl Friedrich Zelter war 1758 zu Berlin geboren, wurde 1783 Maurermeister, 1800 Director der Singacademie, 1809 Prof. der Tonkunst, gest. 15. Mai 1833. Zu Goethe trat er in nähere Beziehung dadurch, daß er Lieder des Dichters komponierte, anfangs verkehrten sie nur brieflich miteinander, 1802 kam Zelter einmal nach Weimar, dann wieder 1803 auf vierzehn Tage, woraus sich dann erst das engere Freundschaftsverhältniß ergab. Vgl. „Tag- u. Jahreshefte 1803.“ Goethe hatte in den Propyläen (III. Bd. 2. Stück 1800) in dem Aufsatze: „Flüchtige Übersicht über die Kunst in Deutschland" über das Kunsttreiben Berlins gesagt: „In Berlin scheint außer dem individuellen Verdienst bekannter Meister der Naturalismus mit der Wirklichkeits- und Nützlichkeitsforderung zu Hause zu sein und der prosaische Zeitgeist sich am meisten zu offenbaren. Poesie wird durch Geschichte, Charakter und Ideal durch Porträt, symbolische Behandlung durch Allegorie, Landschaft durch Aussicht, das Allgemein-Menschliche durchs Vaterländische verdrängt. Vielleicht überzeugt man sich bald, daß es keine patriotische Kunst und patriotische Wissenschaft gebe. Beide gehören wie alles Gute der ganzen Welt an und können nur durch allgemeine freie Wechselwirkung aller zugleich Lebenden, in steter Rücksicht auf das, was uns vom Vergangenen übrig und bekannt ist, gefördert werden." Es ist vielleicht nicht überflüssig, wenn diese Worte Goethes hier einmal aus ihrer Vergessenheit hervorgezogen und der Gegenwart vorgehalten werden.

Die Einladungen zur Einsendung von Kunstwerken für die Weimarer Ausstellungen erschienen erst in den Propyläen, dann in einer Extra-Beilage zu dem ersten Vierteljahr der Jenaischen Allg. Literaturzeitung. — Vgl. Gespr. 196.

Nr. 197. I, 240.

Vgl. Gespr. Nr. 170. Nr. 194 u. Erl. dazu.

Nr. 199. I, 243.

Christian Wilhelm von Schütz war am 13. April 1776 in Berlin geboren; er war Herr auf Reichenwalde und Landrath in Ziebingen, später Ritterschaftsdirector der Neumark, gest. 1847. Goethe erwähnt ihn auch in den Tag- und Jahresheften 1808 u. 1817, Hempel 27, 181. 239 f. Schütz dichtete verschiedene Trauerspiele, z. B. Lacrymas, Niobe, Graf v. Gleichen u. a.

Nr. 201. I, 244.

August Bode lebte als Privatgelehrter in Weimar: er war der Sohn des Berliner Astronomen Bode, gest. 1804 in Weimar. Goethe erwähnt ihn in den Tag- u. Jahresheften 1802. Hempel 27, 86.

Ferdinand August Hartmann war 1774 in Stuttgart geb., war Geschichts- u. Porträtmaler, seit 1807 in Dresden, 1824 Director der Kunst-Academie, dort gest. 1842.

Nr. 203. I, 246.

Pius Alexander Wolff war 1784 in Augsburg geb., wurde Hofschauspieler in Weimar 1804, später in Berlin 1816, er schrieb auch Bühnenstücke, gest. 28. August 1828.

Karl Franz Grüner (nicht Christian Gottfried Gr., vgl. auch d. Register) hieß eigentlich Akács, war etwa 1780 in Ungarn geb., wurde Offizier, dann Hofschauspieler in Weimar 1803, später am Theater an der Wien (vgl. Brief Körners an Goethe vom 24. September 1812, Goethe-Jahrb. VIII, 60), dann in Darmstadt, Director des Theaters in Frankfurt am Main 1831, gest. als Theaterkonsulent in Pest 1845.

Mit dem vorliegenden Gespräche vergleiche man, was Goethe in den Tag- und Jahresheften 1803 (Hempel, 27, 89) schreibt, wo er über den Besuch Wolffs und Grüners erzählt: „Ich begann mit ihnen gründliche Didaskalien, indem ich auch mir die Kunst aus ihren einfachsten Elementen entwickelte und an den Fortschritten beider Lehrlinge mich nach und nach emporstudirte, so daß ich selbst klärer über ein Geschäft ward, dem ich mich bisher instinktmäßig hingegeben hatte. Die Grammatik, die ich mir ausbildete, verfolgte ich nachher mit mehreren jungen Schauspielern: einiges davon ist schriftlich übrig geblieben." (Dieses „schriftlich übrig Gebliebene" s. bei Hempel 28. 682—698: „Regeln für Schauspieler"; Eckermann stellte vom 2—5. Mai 1824 im Auftrage Goethes diese Regeln aus des Dichters Papieren zusammen. In diesen „Regeln" finden sich nicht nur Anweisungen über den „Vortrag", sondern auch über „Stellung und Bewegung des Körpers auf der Bühne", sowie über „Haltung und Bewegung der Hände und Arme" u. ähnl.).

Nr. 204. I, 247.

Friedrich Wilhelm Riemer war am 19. April 1774 in Glatz geboren, wurde 1801 Hauslehrer bei W. v. Humboldt, im September 1803 bei Goethe, 1812 wurde er Professor am Weimarer Gymnasium, 1816 gab er seine Professur auf und widmete sich ganz der Weimarer Bibliothek, 1831 wurde er zum Hofrath ernannt, er starb als Oberbibliothekar am 19. December 1845.

Zu a. Das Mechanische hielt Goethe auch in der Kunst für unerläßlich. So sagt er in dem Entwurfe: „Über den Dilettantismus": „Der poetische Dilettantismus kann doppelter Art sein. Entweder vernachlässigt er das (unerläßliche) Mechanische und glaubt genug gethan zu haben, wenn er Geist und Gefühl zeigt: oder er sucht die Poesie bloß im Mechanischen, worin er sich eine handwerksmäßige Fertigkeit erwerben kann, und ist ohne Geist und Gehalt. Beide sind schädlich, doch schadet jener mehr der Kunst, dieser mehr dem Subjekt selbst." (Hempel 28, 180.) „Vom Handwerk kann man sich zur Kunst erheben, vom Pfuschen nie" (Hempel 28, 178).

Zu b. Der Schluß erinnert deutlich an Luthers dem

kleinen Katechismus beigegebene Haustafel, die mit dem Sprüchlein schließt:

> Ein jeder lerne seine Lection,
> So wird es wohl im Hause stehn.

Nr. 206. I, 250.

Anne Germaine Baronin von Stael-Holstein, geb. Necker, war am 22. April 1766 in Paris geb., seit 1786 mit dem Baron v. Stael-Holstein vermählt, der schwedischer Gesandter war, verwittwet seit 1802, lebte dann an verschiedenen Orten Deutschlands, Rußlands und Schwedens, ging 1815 nach Paris zurück, vermählte sich nochmals mit dem Offizier de Rocca und starb zu Coppet am 14. Juli 1817. Sie kam am 14. December 1803 in Weimar an. Vgl. darüber die „Tag- u. Jahreshefte 1803 u. 1804". Hempel 27, 97 f. 101 ff., und in den „Biographischen Einzelnheiten" Goethes Aufsatz „Frau von Stael 1804" Hempel 27, 318—320, sowie Schillers Brief an Goethe vom 21. December 1803. Im Goethe-Jahrb. V, 112 ff. hat Th. Bratranek aus Goethes handschriftlichem Nachlasse sowohl Goethes Briefwechsel mit Frau von Stael (vgl. dazu die Ergänzung Goethe-Jahrb. VIII, 5 ff.), als auch eine Zusammenstellung der Stellen aus Goethes Briefen und Werken gegeben, in denen er über Frau v. Stael spricht.

Schon im Jahre 1795 beschäftigte sich Goethe mit den Werken der Frau von Stael, indem er ihren Essai sur les Fictions für Schillers Horen (Jahrg. 1796. 2. Stück, S. 20—55) übersetzte (vgl. seine Briefe an Schiller vom 6. October—15. December; die Übersetzung selbst unter dem Titel „Versuch über die Dichtungen" s. Hempel 29, 819—843), und behielt sie dann fortgesetzt im Auge. Als Fr. v. Stael nach Weimar kam, befand sich Goethe in Jena, wo er mit dem Programm für die neue

„Jenaische Allgemeine Literaturzeitung“ beschäftigt war, die von 1804 an unter Eichstädts Leitung erschien, da die alte „Allgemeine Literaturzeitung“ mit Schütz 1804 von Jena nach Halle übersiedelte. (Vgl. über diese Vorgänge Goethes Briefe an Eichstädt, sowie die „Tag- und Jahreshefte 1803“ Hempel 27, 91ff.) Erst am 24. December 1803 kam er mit ihr in seinem Weimarer Hause zusammen, wohin er sie durch Frau von Schiller hatte einladen lassen: Schillers waren zu dieser Zusammenkunft auch mit eingeladen. (Vgl. Goethe-Jahrb. IV, 249ff.) Daß Goethe wirklich beabsichtigte, ihren Roman „Delphine“, der 1802 erschienen und in Frankreich verboten worden war, zu besprechen, geht aus seinem Briefe an Eichstädt (vom 13. October 1803) hervor, wo er schreibt: „Delphine von Madame de Stael u. s. w. wollte ich sämtlich übernehmen*), auch sind die Exemplare schon in meinen Händen.“ Über Goethes erste Begegnung mit Frau von Stael vgl. auch Gespräch Nr. 1469. VIII, 275. Für Delphine war namentlich auch Knebel begeistert, vgl. dessen Brief an seine Schwester Henriette vom 26 Januar 1803 (H. Düntzer, Aus Knebels Briefwechsel mit seiner Schwester Henriette. S. 162).

Nr. 209. I, 255.

Vgl. Erl. zu Nr. 206. — Der Begleiter der Frau von Stael war Heinrich Benjamin Constant de Rebecque, geb. 1767 zu Lausanne, lebte als Schriftsteller in Paris, wurde 1802 verbannt, gest. 1830 in Paris. Vgl. über ihn Tag- und Jahreshefte 1804. Hempel 27, 104. 318f. Vgl. a. Gespräch Nr. 1471. VIII, 277.

f. I, S. 259. Daß den deutschen Dichtern das feine Gefühl des Schicklichen fehle, hebt auch Knebel in Anlehnung an Frau v. Stael hervor, indem er am 3. Februar

*) Nämlich zur Recension.

1804 aus Ilmenau an Böttiger schrieb: „Doch meinen Sie ja nicht, daß ich die Deutschen allzusehr herausrühmen will. Es fehlt ihnen allgemein an Geschmack, und hier hat Frau v. Stael nur gar zu recht. Les Allemands manquent de goût etc. Das ist leider der Fall bei unsern größern Dichtern, denen ein gewisser Tact fehlt, den man mehr aus dem Umgang und der Welt als aus der Betrachtung nimmt. Die neueste Eugenie (Goethes Natürliche Tochter) mag sogar hiezu ein kleines Beispiel liefern. — Wieland nehm' ich indessen aus. Seine Fehler sind höchstens nur von einem viel producirenden Geiste." (Knebels literarischer Nachlaß und Briefwechsel III, 65 f.)

Nr. 210. I, 259.

Heinrich Voß, Sohn des Dichters und Philologen Johann Heinrich Voß, war am 29. October 1779 in Otterndorf geboren und seit 1804 Gymnasiallehrer in Weimar, 1806 wurde er Professor der Philologie in Heidelberg, er starb am 20. October 1822. Vgl. über Goethes Verhältniß zu Voß, Vater und Sohn, namentlich: Goethe-Jahrbuch V, 38 ff. 96 ff. Über die Anstellung des jungen Voß schrieb Goethe am 28. März 1804 an Voigt: „Da der junge Voß morgen herüberkommt und man von seiner Anstellung schon im Publikum spricht, auch ihn manche sogar zum Director machen, so gebe ich zu bedenken, ob Sie nicht etwa Hr. v. Wolfskeel auf irgend eine Weise Eröffnung von Serenissimi Intentionen thäten, damit sich der junge Mann in Zeiten bei ihm vorstellen und auch seine Gunst erwerben könne." Zu dem Urtheile des jungen Voß: „Kein Mensch dringt so auf Klarheit der Vorstellung wie Goethe" (S. 261), vergleiche man Goethes Aufsatz: „Bedeutende Förderniß durch ein einziges geistreiches Wort 1822", in dem er sagt: „Herr Dr. Heinroth in seiner Anthropologie spricht von meinem Wesen und Wirken günstig, ja er bezeichnet meine Verfahrungsart als eine eigenthümliche: daß nämlich mein Denkvermögen gegenständlich thätig sei, womit er aussprechen will, daß mein Denken sich von den Gegenständen nicht sondere, daß die Elemente der Gegenstände, die Anschauungen in dasselbe eingehen und von ihm auf das Innigste durchdrungen werden, daß mein Anschauen selbst ein Denken, mein Denken ein Anschauen sei, welchem Verfahren genannter Freund seinen Beifall nicht versagen will." Und gegen den Schluß hin sagt er: „Wend' ich mich nun zu dem gegenständlichen Denken, das man mir zugesteht, so find' ich, daß ich ebendasselbe Verfahren auch bei naturhistorischen Gegenständen zu beobachten genöthigt war. . . . . Durch das Wort gegenständlich ward ich auf einmal aufgeklärt, indem ich deutlich vor Augen sah, daß alle Gegenstände, die ich seit funfzig Jahren betrachtet und untersucht hatte, gerade die Vorstellung und Überzeugung in mir erregen mußten, von denen ich jetzt nicht ablassen kann." (Hempel 27, 351 bis 354.) — Die im vorliegenden Gespräche S. 260 ausgelassene Stelle s. Nr. 1472 VIII, 278 ff.

Zu Goethes Worten, daß „ein lebendiger Geist in der ganzen Gotteswelt nichts als Wunder erblicke und heilige Gottesoffenbarung" (S. 262) vergleiche sein Gedicht: „Bei Betrachtung von Schillers Schädel" (zum 17. September 1826), in dem er zum Schlusse sagt:

Was kann der Mensch im Leben mehr gewinnen,
Als daß sich Gott-Natur ihm offenbare,
Wie sie das Feste läßt zu Geist verrinnen,
Wie sie das Geisterzeugte fest bewahre. Hempel 3, 191.

Nr. 211. I, 264.

a. In allgemeinerer und gerechterer Weise, nur einen Theil der Frauenwelt, jedoch auch einen Theil der Männerwelt treffend, sagt Goethe an einer andern Stelle: „Der Menschenverstand wird mit dem gesunden Menschen rein geboren, entwickelt sich aus sich selbst und offenbart sich durch ein entschiedenes Gewahrwerden und Anerkennen des Nothwendigen und Nützlichen. Praktische Männer und Frauen bedienen sich dessen mit Sicherheit. Wo er mangelt, halten beide Geschlechter, was sie begehren, für nothwendig, und für nützlich, was ihnen gefällt." (Hempel 19, 69.)

Aber die Schilderung der Frauenart, die Goethe in den von Riemer mitgetheilten Worten in dem vorliegenden Gespräche giebt, liegt seiner Anschauung zu Grunde: „Das Publikum will wie Frauenzimmer behandelt sein: man soll ihnen durchaus nichts sagen, als was sie hören möchten." (Hempel 19, 131), wozu man seinen Ausspruch vergleiche: „Tief und ernstlich denkende Menschen haben gegen das Publikum einen bösen Stand." (Hempel 19, 25).

b. Vgl. hierzu Gespräch Nr. 1086. VI, 66—77, und darin namentlich die Worte: „Hat ein Poet den hohen Gehalt der Seele wie Sophokles, so wird seine Wirkung immer sittlich sein, er mag sich stellen wie er wolle." (S. 75.)

d. Vgl. hierzu Gespräch Nr. 1420, 1., wo der Gedanke weiter ausgeführt ist.

Nr. 212. I, 265.

Friedrich Wilhelm Gubitz, Künstler und Schriftsteller, geb. 1786 zu Leipzig, widmete sich besonders der Holzschneidekunst, 1805 Professor der Holz- und Formschneidekunst und Mitglied der Academie zu Berlin, er schrieb zahlreiche Bühnenstücke, gest. 1870.

Zu dem Ausspruche Goethes am Schlusse des Gespräches (I, 269): „Es steckt etwas Verruchtes u. s. w."

vgl. des Dichters Wort: „Gegen die Kritik kann man sich weder schützen noch wehren; man muß ihr zum Trutz handeln, und das läßt sie sich nach und nach gefallen." (Gespräch Nr. 555b. III. 32.) Er nennt diese Kritik, die er hier als **Negation** bezeichnet, auch die **zerstörende**, der er die **productive** entgegensetzt: „Es giebt eine zerstörende Kritik und eine productive. Jene ist sehr leicht; denn man darf sich nur irgend einen Maßstab, irgend ein Musterbild, so bornirt sie auch seien, in Gedanken aufstellen, sodann aber kühnlich versichern, vorliegendes Kunstwerk passe nicht dazu, tauge deswegen nichts, die Sache sei abgethan, und man dürfe ohne weiteres seine Forderung als unbefriedigt erklären, und so befreit man sich von aller Dankbarkeit gegen den Künstler. Die productive Kritik ist um ein gutes Theil schwerer; sie fragt: Was hat sich der Autor vorgesetzt? Ist dieser Vorsatz vernünftig und verständig? und inwiefern ist es gelungen, ihn auszuführen? Werden diese Fragen einsichtig und liebevoll beantwortet, so helfen wir dem Verfasser nach, welcher bei seinen ersten Arbeiten gewiß schon Vorschritte gethan und sich unserer Kritik entgegengehoben hat." Hempel 29, 645f.

Nr. 213. I, 269.

Henry Crabb Robinson (1775—1867), Barrister, d. i. plaidirender Rechtsanwalt, in London, lebte längere Zeit in Jena (1801—1805): er war zu Wattisfield in England geboren*). In seinem „Diary" hat er manches treffende Urtheil über Goethe und die Goethische Dichtung

*) Aber **Talvj** (Therese Auguste Luise v. Jacob), die Übersetzerin serbischer Volkslieder, war nicht, wie verschiedene Goetheforscher, z. B. Geiger, Düntzer, geschrieben haben, seine Gattin, sondern sie war die Gemahlin des Amerikaners **Eduard** Robinson.

abgegeben. Eine mündliche Äußerung Goethes, die Goethes Mutter im Jahre 1802 Robinson erzählte, den Götz von Berlichingen betreffend, hat uns Robinson überliefert (Diary I, 122): Einst sei ihr Sohn ganz erregt nach Hause gekommen und habe ausgerufen: „O Mutter, ich habe ein herrliches Buch in der Bibliothek gefunden, danach will ich ein Stück schreiben. Was für Augen werden die Philister über den Ritter mit der eisernen Hand machen!“ — Wenig schmeichelhaft urteilt über Robinson Heinrich Voß in einem Briefe an Eichstädt (Goethe-Jahrb. VI, 114).

Nr. 214. I, 271.

a. Heinrich Christian Boie, geb. 19. Juli 1744 zu Meldorf, gest. als dänischer Etatsrath 1806. Der ältere Sohn desselben, Friedrich Boie (geb. 1789 in Meldorf, gest. als Etatsrath zu Kiel 1868), kam 1806, nach dem Tode des Vaters, nach Weimar zu Heinr. Voß, der ihn auch mit nach Heidelberg nahm. — Die Worte aus Götz, auf die Voß hindeutet, sind wohl die des Bruder Martin: „Wie mir's so eng ums Herz ward, da ich ihn sah! Er redete nichts, und mein Geist konnte doch den seinigen unterscheiden. Es ist eine Wollust, einen großen Mann zu sehn.“ (1. Act.)

Nr. 226. II, 1.

Johann Franz Marmontel (1723—1799) war Secretär der französischen Academie. Seine moralischen Erzählungen waren berühmt.

Nr. 227. II, 2.

Johann Christian Stark (der Ältere), geb. 1753 zu Oßmannstedt, seit 1779 Prof. der Medicin zu Jena, 1786 Leibarzt, gest. 1811. Vgl. über Goethes Krankheit auch Gespräch Nr. 1488. VIII, 294. Über Goethes Krankheit schrieb Christian August Vulpius an Nic. Meyer in Bremen aus Weimar den 7. März 1805: „Goethe war drei Wochen lang so gefährlich krank wie vor vier Jahren. Doch hat ihm Starke wieder geholfen," und gleich darauf am 8. März 1805: „Über Nacht ist der Geh. Rath von Goethe wieder sehr schlecht und bedenklich krank geworden;" am 19. April 1805: „Goethe war wieder sehr krank, doch ist es nun besser. Er hat uns diesen Winter hindurch stets sehr besorgt für sein Leben gemacht": am 13. Mai 1805: „Nach vielen Leiden und Schmerzen ist Goethe endlich wieder hergestellt, aber am 10. d. M. Abends starb Schiller"; am 20. Mai 1805: „So gesund er (Goethe) auch wieder zu sein schien, so kamen vorgestern seine Krämpfe doch so schrecklich wieder, daß Starke von Jena um Mitternacht herbei mußte. Es hat sich jetzt wieder gegeben, und Starke meint, das Übel wird chronisch werden, doch so, daß es immer nach längeren Pausen wieder käme, um endlich zu verschwinden. Aber bis dahin? — Seine Kräfte gehen sehr darauf. Er hört ungern davon reden, und man muß sich hüten, Briefe sehen zu lassen, in welchen davon gesprochen wird"; am 28. December 1805: „Immer kränkelt er (Goethe). Die Ärzte sagen, er halte sich in Essen und Trinken nicht nach ihren Vorschriften"; am 3. März 1806: „Goethe ist schon wieder krank gewesen. Monatlich kömmt jedesmal sein Übel zurück und macht ihn sehr mürbe. Es sind böse Hämorrhoidal-Zufälle." (Mitgetheilt durch v. Löper im Goethe-Jahrb. II, 415 ff.) Sehr roh äußerte sich nach Oehlenschlägers Briefen an H. C. Oerstedt vom Jahre 1807 Friedrich Schlegel über Goethes Krankheit: „Als ich mit Friedrich über Goethes Krankheit sprach, sagte er kaltgrinsend: ‚Der alte Kerl hat faule Nieren und wirds nicht lange mehr machen.' August Wilhelm sagte mir, trotzdem er wußte, daß ich von Goethe kam und bei ihm beliebt war: ‚Goethe soll sich sehr niederträchtig geäußert haben in der Literaturzeitung u. s. w.‘ Ich hatte alle Fassung nöthig, um ihm nicht eine Maulschelle zu geben, daß der kleine Schwächling unter den Tisch gerollt wäre.“ (Goethe-Jahrb. II, 14 f.) Daß Goethe Luthers gewaltigen Charakter und seine ganze Persönlichkeit sehr hoch schätzte, darüber vgl. Gespräch Nr. 307d. Nr. 582. Nr. 696 u. a., sowie des Dichters Worte, in denen er Luthers That preist:

Freiheit erwacht in jeder Brust,
Wir protestiren all mit Lust.

Auch das Gedicht, mit dem er 1818 seine Zeitschrift „Kunst und Alterthum“ eröffnete, dürfte heranzuziehen sein:

Dem 31. October 1817.

Dreihundert Jahre hat sich schon
Der Protestant erwiesen,
Daß ihn von Papst- und Türkenthron
Befehle baß verdrießen.

Was auch der Pfaffe sinnt und schleicht,
Der Pred'ger steht zur Wache,
Und daß der Erbfeind nichts erreicht,
Ist aller Deutschen Sache.

Auch ich soll gottgegebne Kraft
Nicht ungenützt verlieren
Und will in Kunst und Wissenschaft
Wie immer protestiren.

Wie Goethe die Sprache Luthers überaus hoch verehrte, so vergleicht er sich selbst gern Luther, wie in dem obigen Gedichte, so auch in dem Ausspruche: „Luther erbte die Finsterniß der Pfaffen, und mir ist der Irrthum der Newton'schen Lehre zu Theil geworden.“ (Gespräch mit Eckermann am 2. Mai 1824.

Gespr. V, 74.) Man vergleiche auch Dichtung und Wahrheit III, (Hempel 22, 45), wozu der Ausspruch heranzuziehen ist: „Jeder Übersetzer ist ein Prophet in seinem Volke. Luthers Bibelübersetzung hat die größten Wirkungen hervorgebracht, wenn schon die Kritik daran bis auf den heutigen Tag immerfort bedingt und mäkelt.“ (Hempel 29, 780.) Nimmt man nun dazu die Ausführungen Erich Schmidts, daß das Volksbuch vom Dr. Faust protestantischen Charakter und lutherische Tendenzen habe (eine Anschauung, die sich mit Hermann Grimms Nachweis, daß das Volksbuch sich auch an Augustins Confessiones anlehnt, Preuß. Jahrb. 47, 445 ff., sehr wohl verträgt), so wird man zu der Erkenntniß gedrängt, daß Goethe eine durchaus protestantische Natur war (dies Wort natürlich nicht in eng-confessionellem Sinne verstanden). Wenn Goethe gegen die „verfluchte Teufelsimagination unsers Reformators“ wetterte, so vergaß er, daß der Teufelswahn das gesamte Geistesleben des sechzehnten Jahrhunderts beherrschte (wie gerade das Faustbuch und die Faustsage treffend beweist), keineswegs bloß den Geist Luthers, und daß Luther in dieser Beziehung eben ein Kind seiner Zeit war. Aus den Parallelen zwischen Faust und Luther, wie sie Erich Schmidt zieht, wird uns recht deutlich, welche Bedeutung in der Geschichte der Geistesentwickelung der Menschheit diesem Teufelswahne beizumessen ist. „Ohne den Hintergrund des Protestantismus,“ sagt E. Schmidt (Goethe-Jahrb. III, 87 ff. Zur Vorgeschichte des Goethischen Faust), „ist der Faust des sechzehnten Jahrhunderts nicht zu verstehen. Aus der Befreiung des Forscherdrangs durch die geistigen Großmächte der Zeit ging gesteigert die symbolische Gestalt des Forschertitanen Faust hervor, wie der neuen Kirche allerhand unbotmäßige Schwarm- oder Rottengeister entliefen. Luther selbst vereinigte in sich dämonische

Kräfte mit drastischer Volksthümlichkeit und dem Grobianismus des Jahrhunderts. Er übernahm als ein Mittler, wie deren jede geistige Umwälzung bedarf, die erschütternde Auseinandersetzung des mittelalterlichen und modernen Menschen.*) Diese urkräftige Bauernnatur konnte wohl einmal grollend ihrem Gott den Sack vor die Füße werfen**), aber an Leidenschaft und thätiger Entschlossenheit Faust gleich, ward er der apostolische Krieger seines Herrn und ergriff im drückenden Bewußtsein seiner Sündhaftigkeit und im inbrünstigen Verlangen nach Gnade den Glauben. Der Teufel existirte für ihn so leibhaftig wie für Faust. Auch Luther hatte ein persönliches Verhältniß zu ihm, nur schrieb er ihm keinen Vertrag mit seinem Blut, sondern schleuderte das Tintenfaß gegen ihn, schalt ihn mit launigem Grimm einen Junker Bombart und gab ihm im Stil des Götz von Berlichingen den Abschied. . . . Wie der Lieblingsapostel des Protestantismus, Paulus, von Faustschlägen des Satans berichtet, so faßte Luther seine inneren Kämpfe als ein Ringen mit dem Teufel. Um sich von dem völligen Widerspiel zu überzeugen, vergleiche man eine dialogische Flugschrift von 1523 mit Fausts Pact: ein als Dominicaner verkleideter Abgesandter der Hölle besucht den Gottesstreiter (wie Mephistopheles dem Faust zuerst in der Franciscanerkutte erscheint), um ihn vom antipapistischen Kampf abzubringen, und weiterhin in seiner wahren Gestalt Luther zur Einstellung der

*) Und die „Teufelsimagination" gehörte dem mittelalterlichen Menschen an; so steht Luther deutlich zwischen zwei Welten einer versinkenden und einer erstehenden.

**) Wir sehen in solchen Äußerungen wie: „Ich habe dem lieben Gott die Ohren gehörig gerieben", oder: „Ich habe ihm den Strohsack vor die Thür geworfen" allerdings nicht mit E. Schmidt die Äußerungen der Bauernnatur, sondern vielmehr jenes reinen Kindersinnes, wie er vor allem dem Genius eigen ist.

siegreichen Fehde gegen die Hölle zu bewegen: aber keine Versuchung auch das Angebot des rothen Hutes nicht, verfängt, Luther schlägt ihn durch Gebet in die Flucht. Über Faust triumphirt die Hölle, Luther triumphirt über den alten bösen Feind unter den Posaunenklängen des Schlacht- und Siegeslieds „und wenn die Welt voll Teufel wär und wollt uns gar bezwingen“. Dem reuigen Faust hilft keine wortreiche Klage, Luther fürchtet sich nicht in der Zuversicht: „Ein Wörtlein kann ihn fällen“. — Denselben Gedanken hat Wilhelm Scherer in seiner Geschichte der deutschen Literatur (3. Aufl. S. 301 f.) ausgeführt: „Faust ist vermessen wider Gott wie einst die himmelstürmenden Giganten. Und diese Vermessenheit ruht auf dem Papismus: Faust hat sich zu Rom an dem schlechten Beispiel in seinen Sünden verhärtet; es fehlt ihm der unerschütterliche Glaube an Christus, und die Gnade Gottes hält er für ein unmöglich Ding. Mit Einem Worte: der Faust der Sage ist das Gegenbild Luthers. Luther glaubt: Faust zweifelt. Luther verehrt die heilige Schrift: Faust schiebt sie bei Seite. Luther mißtraut der Vernunft: Faust ist ein Forscher auf eigene Hand. Luther kämpft siegreich mit dem Teufel: Faust unterliegt ihm.“ Es ist ein eigenthümlicher Gang der Geistesentwickelung unseres Volkes, daß die Sage, die der gewaltigsten Dichtung Goethes zu Grunde liegt, der nämlichen „Teufelsimagination“ entsprungen ist, gegen die hier der Dichter des Faust flucht und wettert.

Über Luthers Verhältniß zur Ohrenbeichte ist Goethe nicht hinlänglich unterrichtet. Es ist ihm daraus kein Vorwurf zu machen; denn man nimmt ja gewöhnlich ganz allgemein an, daß die Ohrenbeichte auf dem vierten Laterankoncil (1215) durch Innocenz III. eingeführt und dann dreihundert Jahre später durch Luther beseitigt worden sei. Beides ist nicht richtig. Die Ohrenbeichte gab es schon lange vor Innocenz III., aber auf dem vierten Lateranconcil wurde sie zur Bedingung der Absolution erhoben. Und Luther hatte nichts gegen die Ohrenbeichte oder die Privatbeichte, wie er sie auch nannte, einzuwenden, er wünschte persönlich sogar deren Beibehaltung, aber dagegen kämpfte er, daß sie die Bedingung der Absolution sein solle. Daher heißt auch der 11. Artikel der Augsburgischen Confession: „Von der Beichte wird also gelehret, daß man in der Kirchen Privatam Absolutionem erhalten und nicht fallen lassen soll. Wiewohl in der Beicht nicht noth ist, alle Missethat und Sünden zu erzählen, dieweil doch solches nicht möglich ist, Ps. 18: Wer kennet die Missethat?“ Und in der Apologie der Augsburgischen Confession wird das weiter ausgeführt in den Worten (Art. 6): „Es müssen die Widersacher gar viel ihrer eigenen Lehrer verdammen, so sie wollen sagen, daß Erzählung der Sünde müsse geschehen und von Gott geboten sei. Denn wiewohl wir die Beichte auch behalten und sagen: Es sei nicht unnütz, daß man die Jugend und unerfahrene Leute auch frage, damit sie desto besser mögen unterrichtet werden; doch ist das alles also zu mäßigen, damit die Gewissen nicht mögen gefangen werden, welche nimmer können zufrieden sein, so lange sie in dem Wahn sind, daß man für Gott schuldig sei, die Sünde zu erzählen. Derhalben ist das Wort der Widersacher, da sie sagen: Daß zur Seligkeit noth sei eine ganz reine Beichte, da keine Sünde verschwiegen u. s. w. ganz falsch: denn solche Beichte ist unmöglich. O Herr Gott, wie jämmerlich haben sie so manch fromm Gewissen geplaget und gequälet damit, da sie gelehret, die Beichte müsse ganz rein sein, und keine Sünde ungebeicht bleiben. Denn wie kann ein Mensch immer gewiß werden, wenn er ganz rein gebeicht habe?“ — Ganz eng mit diesem Standpunkte Luthers und seiner

Genossen berührt sich ein Wort Goethes in seinem Aufsatze: „Bedeutende Förderniß durch ein einziges geistreiches Wort". Darin heißt es: „Hierbei bekenn' ich, daß mir von je her die große und so bedeutend klingende Aufgabe: Erkenne dich selbst! immer verdächtig vorkam, als eine List geheim verbündeter Priester, die den Menschen durch unerreichbare Forderungen verwirren und von der Thätigkeit gegen die Außenwelt zu einer innern falschen Beschaulichkeit verleiten wollten. Der Mensch kennt nur sich selbst, insofern er die Welt kennt, die er nur in sich und sich nur in ihr gewahr wird. Jeder neue Gegenstand, wohl beschaut, schließt ein neues Organ in uns auf. Am allerförderſamsten aber sind unsere Nebenmenschen, welche den Vortheil haben, uns mit der Welt aus ihrem Standpunkt zu vergleichen und daher nähere Kenntniß von uns zu erlangen, als wir selbst gewinnen mögen. Ich habe daher in reiferen Jahren große Aufmerksamkeit gehegt, inwiefern andere mich wohl erkennen möchten, damit ich in und an ihnen wie an so viel Spiegeln über mich selbst und über mein Inneres deutlicher werden könnte. Widersacher kommen nicht in Betracht: denn mein Dasein ist ihnen verhaßt, sie verwerfen die Zwecke, nach welchen mein Thun gerichtet ist, und die Mittel dazu achten sie für ebenso viel falsches Bestreben. Ich weise sie daher ab und ignorire sie: denn sie können mich nicht fördern, und das ists, worauf im Leben alles ankommt. Von Freunden aber lass' ich mich ebenso gern bedingen als ins Unendliche hinweisen; stets merk' ich auf sie mit reinem Zutrauen zu wahrhafter Erbauung."

Nr. 230. II, 7ff.

Daß Niemand wagte, die Nachricht von Schillers Scheiden in Goethes Einsamkeit zu bringen, berichtet Goethe selbst in den Tag- u. Jahresheften 1805. Hempel 27, 114.

Nr. 231. II, 9.

Franz Kirms, geb. 1750 in Weimar, seit 1789 Landkammerrath, war seit 1791 Mitglied der Theaterkommission, gest. 1826.

Nr. 233. II, 11.

Friedrich Ernst Daniel Schleiermacher, geb. 21. November 1768 zu Breslau, studirte in Halle 1787, war Hofprediger in Stolpe 1802, wurde 1805 Universitätsprediger und Professor der Theologie in Halle, 1809 in Berlin, gest. 12. Februar 1834. — Johann Joseph Gall war zu Tiefenbrunn in Württemberg 1758 geb., ließ sich als Arzt in Wien nieder, hielt, als Begründer der Schädellehre, an verschiedenen Orten Vorträge über diese, gest. 1822. Über ihn spricht Goethe besonders in den Tag- u. Jahresheften 1803 u. 1805 (Hempel 27, 88. 121ff. vgl. v. Biedermanns Anmerkungen dazu).

Nr. 236. II, 13.

Karl Ernst v. Hagen war in Magdeburg 1749 geb., er war Landrath und Herr auf Nienburg, gest. 1810. — Heinrich Philipp Konrad Henke war am 3. Juli 1752 zu Hehlen in Braunschweig geboren, war seit 1801 Generalsuperintendent von Schöningen, 1803 Vicepräsident des Konsistoriums zu Braunschweig, gest. 1809.

Nr. 239. II, 19.

Johann Diederich Gries war 1775 zu Hamburg geb., seit 1800 Dr. jur., nachdem er in Jena die Rechte studirt hatte, er wurde später zum Hofrath ernannt, dichtete und übersetzte (namentlich aus romanischen Sprachen), gest. 1842 in Hamburg. — Joh. August Apel, der Dichter des Polyidos und anderer Tragödien, war 1771 zu

Leipzig geb., wo sein Vater Bürgermeister war, wurde 1795 Doctor der Rechte, besonders bekannt durch seine Metrik, später Rathsherr zu Leipzig, dort gest. 1816.

Nr. 245. II, 26.

Georg Christoph Lichtenberg war am 1. Juli 1744 zu Oberramstädt bei Darmstadt geboren, seit 1770 Professor der Mathematik und Physik in Göttingen, gest. 25. Februar 1799. Ähnlich urtheilt Goethe über Lichtenberg in den Tag- u. Jahresheften 1795, wo er über dessen „Erklärung der Hogarthischen Kupferstiche“ spricht (Hempel 27, 35). Die abstoßenden, wenn auch mit Meisterschaft dargestellten Caricaturen Hogarths, die Ernst Ludwig Riepenhausen copirte und Lichtenberg erklärte, verurtheilt Goethe in den Worten: „Nur die Tradition, die einen von seiner Nation hochgefeierten Namen auch auf dem Continent hatte geltend gemacht, nur die Seltenheit, seine wunderlichen Darstellungen vollständig zu besitzen, und die Bequemlichkeit, zu Betrachtung und Bewunderung seiner Werke weder Kunstkenntniß noch höheren Sinnes zu bedürfen, sondern allein bösen Willen und Verachtung der Menschheit mitbringen zu können, erleichterte die Verbreitung ganz besonders, vorzüglich aber daß Hogarths Witz auch Lichtenbergs Witzeleien den Weg gebahnt hatte.“ Günstiger urtheilt er in seinem Aufsatze: „Byrons Don Juan“: „Das Deutschkomische im Gegensatz zum Komischen der englischen Poesie) liegt vorzüglich im Sinn, weniger in der Behandlung. Lichtenbergs Reichthum wird bewundert: ihm stand eine ganze Welt von Wissen und Verhältnissen zu Gebote, um sie wie Karten zu mischen und nach Belieben schalkhaft auszuspielen“ (Hempel 29, 757), und am günstigsten in dem Ausspruche: „Lichtenbergs Schriften können wir uns als der wunderbarsten Wünschelruthe bedienen; wo er einen

Spaß macht, liegt ein Problem verborgen" (Hempel 19, 188). Daß Goethes „Sprüche in Prosa" sich vielfach eng mit Lichtenbergs ernsten Sprüchen berühren, hat v. Löper (Hempel 19, 11), nachgewiesen.

Nr. 246. II, 27.

Goethes Ausspruch: „Wir leiden alle am Leben" (Hempel 19, 91, sowie 27, 2. Abth. 82) berührt sich eng mit dem, was er hier „Amboß sein" nennt. Besonders vergleiche man das zweite Kophtische Lied (Hempel 1, 82), wo es zum Schluß heißt:

Du mußt steigen oder sinken,
Du mußt herrschen und gewinnen,
Oder dienen und verlieren,
Leiden oder triumphiren,
Amboß oder Hammer sein.

Nr. 247. II. 27.

Man wird durch den vorliegenden Ausspruch unwillkürlich an die Götter Griechenlands von Schiller erinnert. Auch an andern Stellen hat Goethe sich in ähnlicher Weise ausgesprochen. Man vergleiche namentlich den Aufsatz: „Geistes-Epochen nach Hermanns neuesten Mittheilungen" (nämlich: De mythologia Graecorum antiquissima 1817. Hempel 29, 207ff. 27, 2. Abth. 82).

Nr. 248. II, 28ff.

a. Adam Gottlob Oehlenschläger war am 14. November 1779 zu Frederiksborg bei Kopenhagen geboren, wurde 1810, nachdem er 1805—10 auf größeren Reisen auch Deutschland besucht hatte, Prof. der Ästhetik in Kopenhagen, gest. 1850.

Mit Oehlenschläger war Goethe im September 1805 in Lauchstädt bekannt geworden (vgl. Goethes Brief an

Wolf vom 5. September 1805). Aladdins Wunderlampe kam erst 1808 in deutscher Sprache heraus, und die Tragödie Hakon Jarl erschien erst 1810 in deutscher Übersetzung im Druck. — In Dänemark war Goethes Dichterpersönlichkeit bis zum Ausgange des achtzehnten Jahrhunderts nur in geringem Maße erkannt worden; er galt dort als ein wilder, leidenschaftlicher Geist, vor dem die Jugend zu warnen sei und dessen Werke ein Mißbrauch genialer Kraft seien. Richtete doch noch 1803 der dänische Dichter Jens Baggesen gegen Goethe die Verse:

Muthwillig ist sein Thun, muthwillig all sein Sinnen,
Und Ausgelassenheit sein End' und sein Beginnen.
Wenn and're den Gedanken hin und her
Mühselig suchen, endlich müde finden,
So suchen ihn Gedanken, kreuz und quer
Und finden ihn — doch nur von ungefähr;
(Denn ernstliche Besuche haßt er sehr.)
Und ständs bei ihm, er ließ sich niemals finden.
Er hat dem Pöbel manches Buch geschenkt,
Worin er niemals dacht', und jede Zeile — denkt!

Erst Steffens rief durch seine Vorlesungen über Goethes Werke eine Änderung in den dänischen Anschauungen über Goethe hervor, und Oehlenschläger war einer der ersten, der nun begeistert für Goethe eintrat. Er löste seine engen Beziehungen zu Baggesen und beantwortete dessen Verse gegen Goethe in den allerdings nur in seinem Freundeskreise verbreiteten Zeilen:

Was? Er singt „für den Pöbel?"
Solch wurmzerfreßnes Möbel
Wagt an den Helden sich?
Du Jens*) für Weib und Dirne,
Tief in den Staub die Stirne
Vor Goethe, paßt für dich.

---

*) D. i. Kurmacher.

Von Baggesen hatte nun Oehlenschläger, wie er in seiner Selbstbiographie erzählt, „um Goethes willen vieljährige Verfolgungen zu erleiden."*) (Vgl. hierzu Georg Brandes, Goethe und Dänemark, Goethe-Jahrb. II, 7 ff.)

„Ich hatte nicht viele Autoritäten, aber Goethe war eine" und: „Sie sind der einzige Jetztlebende vor dem ich mein Knie beuge" bekennt Oehlenschläger über sein Verhältniß zu Goethe. Deshalb ging es ihm auch sehr nahe, daß Goethe zunächst von Hakon Jarl nur wenig entzückt war, und erst die im herzoglichen Lustgarten in eine Felswand eingegrabenen Goethischen Verse: „Die ihr Felsen und Bäume bewohnt, o heilsame Nymphen u. s. w." vermochten Oehlenschlägers traurige und verzweifelte Stimmung wieder zu heben. In den Tag- u. Jahresheften 1806 nennt jedoch Goethe Hakon Jarl eine „verdienstliche Tragödie": er hatte sogar den Plan, das Stück in Weimar auf die Bühne zu bringen. Weniger günstig beurtheilte er Aladdin, an dem, wie er in den Tag- u. Jahresheften 1806 schreibt (Hempel 27, 155), „sich nicht alles, besonders im Verlauf der Fabel gutheißen ließ", und den er in einem Briefe an Eichstädt vom 23. September 1808 als ein „problematisches Werk" bezeichnet. Aber Heinrich Voß schrieb aus Heidelberg den 25. April 1810 an Goethe: „Oehlenschläger ist recht meines Vaters Liebling geworden. Nach meinem Dafürhalten macht dieser auf dem tragischen Parnasse Riesenschritte." (Goethe-Jahrb. V, 83.) In einem Briefe an Goethe, den Oehlenschläger am 4. September 1808 von Tübingen aus schrieb (Goethe-Jahrb. VIII, 13), sagt dieser unter anderem:

*) Übrigens hat Oehlenschlägers Schwester Sophia, die an den späteren Minister Anders Sandöe Oerstedt verheirathet war, Baggesen wenige Jahre darauf zu Goethe bekehrt, sodaß dieser seinen Angriff in dem Gedichte „Palinodie" 1808 widerrief, worin er Goethe den „größten aller deutschen Dichter" nennt.

„Meinen Aladdin haben Sie hoffentlich gleich erhalten von Herrn Brockhaus. Nehmen Sie vorlieb, lieber Meister! besser konnte ich es wahrlich nicht machen. Sie sehen ich habe eigentlich das ganze Gedicht umgearbeitet und viele von Ihren Winken benutzt und befolgt. Hat mein extemporirtes Stottern zum erstenmal Ihnen gefallen, so weis ich daß die fleißige Aus- und Bearbeitung Ihnen nicht hat mißfallen können, und daß Sie mir zugestehen werden: ich habe Fortschritte in der deutschen Sprache gemacht, seitdem wir uns leztens sahen." Er bittet dann Goethe auch um eine Recension des Aladdin, Goethe hatte auch die Absicht, eine Recension in der Jenaer Literaturzeitung zu geben, wie aus seinem Briefe an Eichstädt vom 23. September 1808 hervorgeht, es ist jedoch nicht dazu gekommen. Auch den Hakon Jarl arbeitete Oehlenschläger nach Goethes Vorschlägen um (vgl. Oehlenschlägers Brief an Goethe aus Paris 1807, Goethe-Jahrb. VIII, 11). Vgl. auch Gespräch Nr. 1527 (VIII, S. 349 f.), wo Goethe sich gegen den dänischen Philologen und Archäologen P. O. Bröndsted über Oehlenschläger und Baggesen äußert. Außer in Lauchstädt 1805, in Weimar 1806, kam Oehlenschläger noch ein drittes Mal 1809 auf der Rückkehr von Italien mit Goethe zusammen (Gespr. Nr. 433 u. 434. II, 280 ff.). Zu der kühlen Aufnahme, die Oehlenschläger das dritte Mal bei Goethe fand, stimmt das, was Goethe zum Kanzler von Müller äußerte (Gespr. Nr. 567. III, 45 f.).

Bruchstücke aus dem Nibelungenliede hatte schon 1757 Bodmer unter dem Titel „Chriemhilden Rache und die Klage: zwey Heldengedichte aus dem schwäbischen Zeitpuncte. Samt Fragmenten aus dem Gedichte von den Nibelungen und aus dem Josaphat" herausgegeben; dieser hatte auch 1767 unter dem Titel: „Die Rache der Schwester" eine Umdichtung dieser Bruchstücke in

Hexametern gegeben. Beide Veröffentlichungen waren aber damals ohne alle Wirkung geblieben. Die erste Gesamtausgabe der Nibelungen veranstaltete auf Bodmers Anregung hin der Professor Chr. Heinrich Myller am Joachimsthalschen Gymnasium in Berlin, indem er 1782 bis 1784 eine „Sammlung deutscher Gedichte aus dem 12., 13. und 14. Jahrhundert“ herausgab, die auch das Nibelungenlied enthielt. Zu dieser Sammlung hatte Bodmer die meisten Beiträge geliefert. Diesmal fand die Veröffentlichung größere Beachtung. Johannes von Müller war es, der sowohl in den Göttinger gelehrten Anzeigen, als auch in seinen „Geschichten schweizerischer Eidgenossenschaft“ auf die mittelalterliche Dichtung hinwies und das Nibelungenlied das hervorragendste Erzeugniß der Poesie des Mittelalters nannte. Er war der erste, der das Nibelungenlied mit der Ilias verglich. Unter J. v. Müllers Einfluß stand namentlich A. W. Schlegel, der im Athenäum 1799 das Nibelungenlied rühmte. Durch A. W. Schlegel wurde L. Tieck auf die mittelhochdeutsche Poesie aufmerksam; er gab 1803 eine Auswahl von ihm übersetzter „Minnelieder aus dem Schwäbischen Zeitalter“ heraus, der er auch eine Bearbeitung des Nibelungenliedes folgen lassen wollte. Dazu kam er jedoch nicht. Angeregt durch Joh. v. Müller, Schlegel und Tieck führte vielmehr Friedrich Heinrich von der Hagen diesen Plan aus, der ein Bruchstück seiner Übersetzung 1805 in der „Eunomia“ erscheinen ließ, während er 1807 die ganze Übersetzung herausgab. Diese widmete er J. v. Müller als eine „lebendige Urkunde des unverletzbaren Deutschen Charakters, der über alle Dienstbarkeit erhaben, jede fremde Fessel über kurz oder lang immer wieder bricht.“ Die Bruchstücke in der „Eunomia“ waren es, aus denen hier Goethe vorlas. Das hier von Goethe abgegebene Urtheil muß nur als ein beiläufiges betrachtet werden. Eingehender mit dem Nibelungenliede beschäftigt hat sich Goethe erst vom Jahre 1807 an. Er berichtet darüber in den Tag- und Jahresheften 1807 (Hempel 27, 177): „Ein anderes Interesse that sich im letzten Viertel des Jahres hervor: ich wendete mich an die Nibelungen, wovon wohl manches zu sagen wäre. Ich kannte längst das Dasein dieses Gedichts aus Bodmers Bemühungen. Christian Heinrich Müller (Myller) sendete mir seine Ausgabe leider ungeheftet, das köstliche Werk blieb roh bei mir liegen, und ich, in anderem Geschäft, Neigung und Sorge befangen, blieb so stumpf dagegen wie die übrige deutsche Welt: nur las ich zufällig eine Seite, die nach außen gekehrt war, und fand die Stelle, wo die Meerfrauen dem kühnen Helden weissagen. Dies traf mich, ohne daß ich wäre gereizt worden ins Ganze tiefer einzugehen; ich phantasirte mir vielmehr eine für sich bestehende Ballade des Inhalts, die mich in der Einbildungskraft oft beschäftigte, obschon ich es nicht dazu brachte, sie abzuschließen und zu vollenden. Nun aber ward, wie alles seine Reife haben will, durch patriotische Thätigkeit die Theilnahme an diesem wichtigen Alterthum allgemeiner und der Zugang bequemer."*) Nun machte Goethe in seinen Mittwochvorträgen die Damen mit der Dichtung bekannt, er ging unmittelbar an das Original heran, nahm es Zeile für Zeile durch und gab unmittelbar aus dem

*) Eben durch v. d. Hagens Übersetzung, die der Übersetzer an Goethe gesandt hatte. Goethe dankte dafür am 18. October 1807; in einem andern Briefe an F. v. d. Hagen vom 11. September 1811 giebt er der Hagenschen Behandlungsweise seinen Beifall, indem durch diese die Gedichte uns näher gebracht würden „um so mehr als das Rohe und Ungeschlachte, was sich an ihnen findet, zwar dem Charakter jener Zeit angemessen, auch bey der historischen Würdigung wohl nothwendig zu beachten, keineswegs aber zur wahren Schätzung nöthig und dem Genuß durchaus hinderlich ist." (Goethe-Jahrbuch III, 380.)

Urtexte eine verständliche Übersetzung jeder Zeile; er verfertigte sich ein Verzeichniß der Personen und Charaktere, Aufsätze über Lokalität und Geschichtliches, Sitten und Leidenschaften u. s. w. und entwarf sogar zu dem ersten Theile eine Karte.*) „Hierdurch," fährt Goethe in seinem Berichte fort, „gewann ich viel für den Augenblick, mehr für die Folge, indem ich nachher die ernsten anhaltenden Bemühungen deutscher Sprach- und Alterthumsfreunde besser zu beurtheilen, zu genießen und zu benutzen wußte." Schon in den Tag- und Jahresheften 1806 hatte Goethe von seiner „Vorliebe" für die Nibelungen gesprochen, die „einen eigentlichen Nationalantheil gewonnen hätten" (Hempel 27, 155), und in den Tag- und Jahresheften 1809 kommt er wieder darauf zu sprechen in den Worten: „In geselliger Unterhaltung wandte sich das Interesse fast ausschließlich gegen nordische und romantische Vorzeit. Die nach dem Original aus dem Stegreif vorgetragene und immer besser gelingende Übersetzung der Nibelungen hielt durchaus die Aufmerksamkeit einer edeln Gesellschaft fest, die sich fortwährend Mittwochs in meiner Wohnung versammelte. Fierabras und andere ähnliche Heldensagen und Gedichte, König Rother, Tristan und Isolde folgten und begünstigten einander; . . . . zugleich war nichts natürlicher, als daß man deutsche Sprachalterthümer hervorhob und immer mehr schätzen lernte, wozu Grimms Aufenthalt (Wilh. Grimm) unter uns mitwirkte, indes ein gründlich grammatischer Ernst durch des Knaben Wunderhorn lieblich aufgefrischt wurde." (Hempel 27, 187.) Den fortgesetzten lebhaften Antheil Goethes an den altdeutschen Studien bekunden besonders auch die Briefe Wilhelm Grimms an Goethe

*) Vgl. hierzu auch den Brief Goethes an Knebel vom 25. November 1808.

(Goethe-Jahrb. IX, 20ff.), und als im Jahre 1827 Simrocks Nibelungenübersetzung erschienen war, plante er einen Aufsatz über diese, zu dem er ein uns glücklicherweise erhaltenes Schema entwarf, aus dem hier nur folgende Stichworte ausgehoben seien: „Riesenmäßig. . . Die Motive durchaus sind grundheidnisch. Keine Spur von einer waltenden Gottheit. Alles dem Menschen und gewissen imaginativen Mitbewohnern der Erde angehörig und überlassen. Der christliche Cultus ohne den mindesten Einfluß. Helden und Heldinnen gehen eigentlich nur in die Kirche, um Händel anzufangen. Alles ist derb und tüchtig von Hause aus. Dabei von der gröbsten Roheit und Härte. Die anmuthigste Menschlichkeit wahrscheinlich dem deutschen Dichter angehörig. . . . . Der erste Theil hat mehr Prunk, der zweite mehr Kraft. Doch sind sie beide in Gehalt und Form einander völlig werth. Die Kenntniß dieses Gedichts gehört zu einer Bildungsstufe der Nation. Und zwar deswegen, weil es die Einbildungskraft erhöht, das Gefühl anregt, die Neugierde erweckt und, um sie zu befriedigen, uns zu einem Urtheil auffordert. Jedermann sollte es lesen, damit er nach dem Maß seines Vermögens die Wirkung davon empfange. . . . Dies Werk ist nicht da, ein- für allemal beurtheilt zu werden, sondern an das Urtheil eines jeden Anspruch zu machen und deshalb an Einbildungskraft, die der Reproduction fähig ist, ans Gefühl fürs Erhabene, Übergroße, sowie für das Zarte, Feine, für ein weit umfassendes Ganze und für ein ausgeführtes Einzelne. Aus welchen Forderungen man wohl sieht, daß sich noch Jahrhunderte damit zu beschäftigen haben." (Hempel 29, 426—431.) Er räth dann zu einer Übersetzung in Prosa, damit die vielen Flick- und Füllverse wegfielen: ein Vorschlag den er auch in den Noten und Abhandlungen zum West-östlichen Divan machte (Hempel 4, 359): „Hätte man die

Nibelungen gleich in tüchtige Prosa gesetzt und sie zu einem Volksbuche gestempelt, so wäre viel gewonnen worden, und der seltsame, ernste, düstere, grauerliche Rittersinn hätte uns mit seiner vollkommenen Kraft angesprochen. Ob dieses jetzt noch räthlich und thunlich sei, werden diejenigen am besten beurtheilen, die sich diesen alterthümlichen Geschäften entschiedener gewidmet haben."

Mit der griechischen Dichtung wollte aber Goethe die Nibelungen nicht auf gleiche Höhe gestellt wissen. So schreibt er an Knebel am 9. November 1814: „Ich habe an der Homerischen wie an der Nibelungischen Tafel geschmaust, mir aber für meine Person nichts gemäßer gefunden als die breite und tiefe immer lebendige Natur, die Werke der griechischen Dichter und Bildner." Und in den Noten und Abhandlungen zum Divan (Hempel 4, 287) sagt er: „Was wir aber inständig bitten, ist, daß man Firdusi nicht mit Homer vergleiche, weil er in jedem Sinne, dem Stoff, der Form, der Behandlung nach, verlieren muß.... Haben wir Deutsche nicht unsern herrlichen Nibelungen durch solche Vergleichung den größten Schaden gethan? So höchst erfreulich sie sind, wenn man sich in ihren Kreis recht einbürgert und alles vertraulich und dankbar aufnimmt, so wunderlich erscheinen sie, wenn man sie nach einem Maßstabe mißt, den man niemals bei ihnen anschlagen sollte." Ähnlich äußerte sich Goethe in einem Briefe an Fr. Creuzer vom 1. Oct. 1817, sowie in einem Briefe an Boisserée (4. November 1827): „Hier (bei Simrocks Übersetzung des Nibelungenliedes) wird uns nun zu Muthe, wie immer, wenn wir aufs neue vor ein schon bekanntes kolossales Bild hintreten: es wird immer aufs neue überschwänglich und ungeheuer, und wir fühlen uns gewissermaßen unbehaglich, indem wir uns mit unsern individuellen Kräften weder dasselbe völlig zueignen, noch uns demselben völlig gleichstellen können. Das ist dagegen das Eigene der griechischen Dichtkunst, daß sie sich einer löblichen menschlichen Fassungskraft hingiebt und gleichstellt: das Erhabene verkörpert sich im Schönen." Und mit unmittelbarer Beziehung auf die Ilias sagt Goethe in seinem Aufsatze „Urtheilsworte französischer Kritiker" (1817): „Die Franzosen haben durch Einführung mißverstandener alter Lehren und durch nette Konvenienz ihre Poesie dergestalt beschränkt, daß sie zuletzt ganz verschwinden muß, da sie sich nicht einmal mehr in Prosa auflösen kann. Der Deutsche war auf gutem Weg und wird ihn gleich wiederfinden, sobald er das schädliche Bestreben aufgiebt, die Nibelungen der Ilias gleichzustellen." In diesem Urtheile folgten Goethe die Philosophen Hegel (Ästhetik III, 408) und Schopenhauer, die freilich beide nicht einmal eine oberflächliche Kenntniß des deutschen Alterthums und der mittelalterlichen Poesie besaßen. Schopenhauer ging sogar noch weit über Goethe hinaus, der die Kenntniß dieses Gedichts von jedem Gebildeten forderte; in den „Parerga und Paralipomena" sagt dieser Philosoph in dem Aufsatze „Über Sprache und Worte": „Auf Gymnasien sollte keine altdeutsche Literatur, Nibelungen und sonstige Poeten des Mittelalters gelehrt werden: diese Dinge sind zwar höchst merkwürdig, auch lesenswerth, tragen aber nicht zur Bildung des Geschmacks bei und rauben die Zeit, welche der alten, wirklich klassischen Literatur angehört. Wenn ihr, edle Germanen und deutsche Patrioten, an die Stelle der griechischen und römischen Klassiker altdeutsche Reimereien setzt, so werdet ihr nichts anderes als Bärenhäuter erziehen. Nun aber gar diese Nibelungen mit der Ilias zu vergleichen, ist eine rechte Blasphemie, mit welcher die Ohren der Jugend vor allem verschont bleiben sollen." Wir setzen diese Worte Schopenhauers nur hierher, um an diesem Beispiel zu zeigen, wie sich das besonnene, aus lebendigstem, innerstem Antheil hervorgegangene Urtheil Goethes im Laufe der Zeit im Munde eines vollständigen Nichtkenners, der hier nur auf das Nachsprechen angewiesen war, zu einem dreisten Absprechen verdichtete.

Mündliche Äußerungen Goethes über das Nibelungenlied und die altdeutsche Poesie siehe noch: Gespr. Nr. 567. III, 45f. Nr. 662. III, 245., die übrigen s. Register S. 84 unter: Nibelungen.

c. Der Archäolog Martin Friedrich Arendt war 1769 zu Altona geboren und starb 1824 in Venetien. In Weimar hielt er sich vom Januar bis etwa Mitte Februar 1809 auf und hielt Vorträge über skandinavische Dichtung. Durch sein derbes Wesen erregte er Anstoß. Goethe nennt ihn in den Tag- und Jahresheften 1809: „Den wunderlichen Fußreisenden Runen-Antiquar Arendt" (Hempel 27, 187).

Nr. 249. II, 32.

Hierüber schreibt Goethe in den „Tag- und Jahresheften 1806": „Seit 1801, wo ich nach überstandener großer Krankheit Pyrmont besucht hatte, war ich eigentlich meiner Gesundheit wegen in kein Bad gekommen; in Lauchstädt hatt' ich dem Theater zu Liebe manche Zeit zugebracht und in Weimar der Kunstausstellung wegen. Allein es meldeten sich dazwischen gar manche Gebrechen, die eine duldende Indolenz eine Zeitlang hingehen ließ; endlich aber von Freunden und Ärzten bestimmt, entschloß ich mich Karlsbad zu besuchen, umsomehr als ein thätiger und behender Freund, Major von Hendrich, die ganze Reisesorge zu übernehmen geneigt war. Ich fuhr also mit ihm und Riemer Ende Mai's ab. Unterwegs bestanden wir erst das Abenteuer, den Hussiten vor Naumburg beizuwohnen u. s. w." (Hempel 27, 156f.).

Nr. 250. II. 33.

Heinrich Luden (1780—1847) war Professor der Geschichte in Jena und gab u. a. die „Nemesis", eine Oppositionszeitschrift, heraus. Nach Goethes Tagebuch fand das vorliegende Gespräch mit Luden am 10. August statt. Vgl. Gespr. VIII, 398. — Christoph Wilhelm Hufeland war am 12. August 1762 in Langensalza geb., war seit 1783 als Dr. med. in Weimar, dann Professor in Jena 1792, Leibarzt seit 1793, 1801 siedelte er als Geh. Rat nach Berlin über, wo er 1836 starb. Über seine Berufung an die Universität Jena vgl. Goethes Tag- und Jahreshefte 1796 (Hempel 27, 42. und v. Biedermanns Anmerk. dazu 27, 388 f.).

H. Luden glaubte durch die Offenheit, mit der er seine Meinungen aussprach, Goethe verletzt zu haben, wurde aber hierüber von Knebel, Griesbach und Hufeland, denen er den Inhalt seines Gesprächs mit Goethe mittheilte, beruhigt. Er sprach auch Goethe im Jahre 1806 oder 1807 nochmals (vgl. Gespr. Nr. 286. II, 155 ff.) bei Knebel, sowie später 1812 in Knebels Garten (vgl. Gespr. Nr. 566. III, 39 ff.), dann im November 1813, wo Luden das erste Mal in Goethes Hause in Weimar war (Gespr. Nr. 590. III. 97.), außerdem im Frühling 1816 und zum letzten Male 1826 (wieder in Goethes Hause). Vor diesem letzten Zusammentreffen war aber schon wirklich eine Entfremdung zwischen Goethe und Luden eingetreten, die namentlich durch Ludens Theilnahme am Weimarer Landtag, sowie durch seine Aufsätze in der Nemesis u. a. hervorgerufen worden war (vgl. Goethe-Jahrb. II, 257 ff., wo auch ein Brief Goethes an Luden abgedruckt ist, ebenso das. II, 481). In den Tag- und Jahresheften wird Luden nicht erwähnt.

Zu S. 97 f. über Historiker und Dichter vergleiche

Goethes Ausspruch: „Die Frage, wer höher steht, der Historiker oder der Dichter darf gar nicht aufgeworfen werden; sie konkurrieren nicht miteinander, so wenig als der Wettläufer und der Faustkämpfer. Jedem gebührt seine eigene Krone", und: „Die Pflicht des Historikers ist zwiefach: erst gegen sich selbst, dann gegen den Leser. Bei sich selbst muß er genau prüfen, was wohl geschehen sein könnte, und um des Lesers willen muß er festsetzen, was geschehen sei. Wie er mit sich selbst handelt, mag er mit seinen Collegen ausmachen; das Publikum muß aber nicht ins Geheimnis hineinsehen, wie wenig in der Geschichte als entschieden ausgemacht kann ausgesprochen werden." (Hempel 19, 80f.) — Vgl. a. die Briefe Niebuhrs an Goethe, Goethe-Jahrb. VIII, 88ff. sowie die „Lebensnachrichten über B. G. Niebuhr. 3 Bd. Hamb. 1838. 1839", wo Briefe Goethes an Niebuhr mitgetheilt sind. Das Prädicat „Excellenz" hatte Goethe, sowie Voigt 1804 erhalten.

Nr. 252. II, 103.

a. Statt: „Lotteriesprache" ist zu lesen „Coteriesprache" vgl. VIII, 398.

b. Vergleiche hierzu Goethes Worte über Lessing in Dichtung und Wahrheit: „Lessing wurde nach und nach ganz epigrammatisch in seinen Gedichten, knapp in der Minna, lakonisch in Emilia Galotti, später kehrte er erst zu einer heiteren Naivität zurück, die ihn so wohl kleidet im Nathan." (II, 7. Buch. Hempel 21, 53) sowie daselbst: „Eines Werks aber, der wahrsten Ausgeburt des siebenjährigen Krieges, von vollkommenem norddeutschen Nationalgehalt muß ich hier vor allen ehrenvoll erwähnen: es ist die erste aus dem bedeutenden Leben gegriffene Theaterproduction von specifisch temporärem Gehalt, die deswegen auch eine nie zu berechnende Wirkung that:

Minna von Barnhelm .... Die gehässige Spannung, in welcher Preußen und Sachsen sich während dieses Krieges gegen einander befanden, konnte durch die Beendigung desselben nicht aufgehoben werden. Der Sachse fühlte nun erst recht schmerzlich die Wunden, die ihm der überstolz gewordene Preuße geschlagen hatte. Durch den politischen Frieden konnte der Friede zwischen den Gemütern nicht sogleich hergestellt werden. Dieses aber sollte gedachtes Schauspiel im Bilde bewirken. Die Anmuth und Liebenswürdigkeit der Sächsinnen überwindet den Wert, die Würde, den Starrsinn der Preußen, und sowohl an den Hauptpersonen als den Subalternen wird eine glückliche Vereinigung bizarrer und widerstrebender Elemente kunstgemäß dargestellt." (II, 7. Buch. Hempel 21, 64.) Minna von Barnhelm ließ Goethe vom 9. Mai 1793 bis zum 30. December 1815 fünfzehnmal aufführen, Emilia Galotti vom 1. April 1793 bis zum 7. September 1816 zwölfmal, den Nathan vom 28. November 1801 bis zum 14. Juni 1816 fünfzehnmal, im ganzen 42 Vorstellungen Lessingscher Stücke unter Goethes Theaterleitung (dagegen 410 Aufführungen Kotzebuescher Stücke). (Vgl. v. Biedermann, Goethe u. Lessing, Goethe-Jahrb. I, 17 ff.)

Nr. 253. II, 104.

Georg von Reinbeck (1766—1849), geb. in Berlin, 1792—1805 Lehrer am kaiserl. Pageninstitut zu Petersburg, seit 1808 in Stuttgart, 1811 Professor der deutschen Sprache, Litteratur und Ästhetik dort, später Hofrat, 1841 in Ruhestand, schrieb Handbuch der Sprachwissenschaft, Dramen, Novellen u. s. w. — Seine erste Gattin, die 1806 u. 1807 mit in Weimar war, geb. Freiin v. Pallandt (gest. 1816).

Nr. 254. II, 105.

Die Vermählung mit Christiane Vulpius fand am 19. October 1806 statt. Christian August Vulpius (1762 bis 1827), der Bruder Christianens, damals Bibliothekar zu Weimar, schrieb über die drangvollen Tage, die der Schlacht bei Jena folgten, an Nic. Meyer in Bremen aus Weimar den 20. October 1806: „Welch ein Unglück hat uns betroffen! Den 14. wurde die unglückliche Schlacht bei Jena verloren, Abends 5 Uhr ging bei uns die Plünderung an, die 36 Stunden dauerte und mich von allem entblößet hat. Drei Tage waren wir nicht in unserm Hause. Mordgewehre auf uns gezückt, gemißhandelt, beraubt, unendlich unglücklich gemacht. Wir sprechen jetzt gute Seelen um Geld an, und wer hat welches? Denn nicht zehn Häuser, selbst das Schloß nicht, sind verschont geblieben. Die fürchterliche Nacht, Geheul, Gewinsel, Brand — ach Gott! und meine Frau und das Kind, Stunden in kalter Nacht unter freiem Himmel im Park. Etwas Frohes: Gestern hat der Geheimrath Goethe sich mit meiner Schwester trauen lassen. Sein Haus ist verschont geblieben. Er hatte stets Marschälle drin.“ Und am 10. November 1806 schrieb derselbe über die nämliche Zeit an N. Meyer: „Den 15.—17. (October) waren wir im Hause des Geheimen Raths Goethe, und unsere Wohnung war mit allem, was darin war, denen Preis gegeben, die sie besetzen wollten. Und das geschah auch redlich. Gegen sechzehn Mann hausten darin, als mich endlich, da Napoleon Bücher von der Bibliothek verlangt, auf Requisition seines Ingenieurs d'Alma Grenadiere in meine Wohnung einsetzten. Den 18. zog ich ein; aber wie fand ich es? Lassen Sie mich davon schweigen! Dann tägliche Einquartirung, so daß wir einmal zehn Mann hatten und kein Geld, keine Lebensmittel! —

Meine Schwester stand bei, aber — dem Geheimen Rath selbst hat es über 2000 Thaler gekostet; allein 12 Eimer Wein. Er ist nicht geplündert; den ersten Abend hat er's mit Wein und Klugheit abgewendet, dann bekam er sauvegarde, da die Generale Viktor, Marschälle Ney, Lannes, Augereau und andere Offiziere bei ihm logirten; zuweilen 28 Betten in seinem Hause, aber es hat ihn sehr mitgenommen, doch ist er gesund, wofür Gott zu danken ist." (Mitgetheilt durch v. Löper im Goethe-Jahrb. II, 423 f.) Einige Kenntniß der Eigenart Christianens gewähren uns die „Briefe von Goethes Frau an Nicolaus Meyer" (Straßburg 1887 getreu nach den 12 eigenhändigen, jetzt in der Straßburger Bibliothek befindlichen Briefen Christianens, während die von Hirzel Leipzig 1856 herausgegebenen „Freundschaftlichen Briefe von Goethe und seiner Frau an Nicolaus Meyer" vielfache Ungenauigkeiten und Änderungen bieten, vgl. Goethe-Jahrb. VII, 304 ff.), sowie ihre Briefe an ihren Sohn: Goethe-Jahrb. X, 5 ff. 13. 18 ff. 23. 27 ff. 32 ff. 39. Jedenfalls spricht aus diesen Briefen ein schlichter, gerader Sinn und eine einfache herzliche Natürlichkeit; sie bestätigen auch, daß sie eine treffliche Wirthin und Mutter war und auch ihren gesellschaftlichen Verpflichtungen nachkam. Über das Verhältniß Goethes zur „Vulpia" vgl. dessen eigene treffende Äußerung Gespr. Nr. 396c. II, 248.

Nr. 260. II, 108.

b. Man vergleiche hierzu Goethes Aussprüche: „Gewisse Bücher scheinen geschrieben zu sein, nicht damit man daraus lerne, sondern damit man wisse, daß der Verfasser etwas gewußt hat" (Hempel 19, 32), sowie: „Wir broschiren jetzt alles und haben nicht leicht vor dem Einbande noch seinem Inhalte Respect" (Hempel 19, 47) und: „Eigentlich lernen wir nur von Büchern, die wir nicht beurtheilen können. Der Autor eines Buches, das wir beurtheilen könnten, müßte von uns lernen." (Hempel 19, 66).

Nr. 261. II, 109.

Christiane Kotzebue, geb. Krüger, war August v. Kotzebues Mutter. Sie hatte sich in die Streitigkeiten, die zwischen Kotzebue und Goethe ausgebrochen waren (vgl. Erl. zu Nr. 178), eingemischt und hatte damals Goethe brieflich über sein Verhalten gegen ihren Sohn zur Rede gestellt. Goethe trug dies, wie aus dem vorliegenden Gespräche hervorgeht, weder ihr noch ihrem Sohne nach. Schreibt doch Kotzebues Mutter an ihren Sohn am 14. October 1808: „Wenn neue Stücke von dir gegeben werden, hat er die ersten Proben bei sich und hört nicht auf, die Schauspieler zu ermahnen, gut zu spielen" und am 12. Juli 1815: „Der ‚Rehbock' gefällt Goethe sehr" u. s. w. Vgl. Gespräch Nr. 629. III, 1815.

Nr. 265. II, 112ff.

b. Hierzu vergleiche man aus Goethes Entwurf: „Über den sogenannten Dilettantismus oder die praktische Liebhaberei in den Künsten" folgende Sätze: „(In der lyrischen Poesie) ist eine größere Gefahr als bei andern Künsten, eine bloße dilettantische Fähigkeit mit einem echten Kunstberufe zu verwechseln, und wenn dies der Fall ist, so ist das Subjekt übler daran als bei jeder andern Liebhaberei, weil seine Existenz völlige Nullität hat; denn ein Poet ist nichts, wenn er es nicht mit Ernst und Kunstmäßigkeit ist. . . . . Alle Dilettanten sind Plagiarii. Sie entnerven und vernichten jedes Original schon in der Sprache und im Gedanken, indem sie es nachsprechen, nachäffen und ihre Leerheit damit ausflicken. So wird die Sprache nach und nach mit zusammengeplünderten Phrasen und

Formeln angefüllt, die nichts mehr sagen, und man kann ganze Bücher lesen, die schön stilisirt sind und gar nichts enthalten. Kurz, alles wahrhaft Schöne und Gute der echten Poesie wird durch den überhandnehmenden Dilettantismus profanirt, herumgeschleppt und entwürdigt." (Hempel 28, 179 f.)

c. Jacques Delille (1738—1813) war besonders als didaktischer Dichter in Frankreich berühmt. Seine Übersetzung von Virgils Georgica, sowie sein Lehrgedicht Les Jardins, ou l'art d'embellir les paysages begründeten zuerst seinen Ruhm. Bekannt ist die Erzählung, daß er auf Befehl Robespierres seinen Dithyrambe sur l'immortalité de l'âme dichtete.

e. 1806 schreibt Goethe über Wielands Übersetzung der Horazischen Epistel an die Pisonen in den Tag- und Jahresheften, daß sie ihn „wirklich auf eine Zeitlang von andern Beschäftigungen ableitete," und er bemerkt dazu: „Dieses problematische Werk wird dem einen anders vorkommen als dem andern und jedem alle zehn Jahre auch wieder anders." (Hempel 27, 155.) — Mit anderen Gefühlen las Goethe den Horaz, als 1782 und 1786 Wielands Übersetzung der Episteln und Satiren erschienen war, vor der italienischen Reise: „Gott sei Dank", schreibt er am 12. October 1786 aus Venedig, „wie mir alles wieder lieb wird, was mir von Jugend auf werth war! Wie glücklich befinde ich mich, daß ich den alten Schriftstellern wieder näher zu treten wage! Denn jetzt darf ich es sagen, darf meine Krankheit und Thorheit bekennen. Schon einige Jahre her durft' ich keinen lateinischen Autor ansehen, nichts betrachten, was mir ein Bild Italiens erneute; geschah es zufällig, so erduldete ich die entsetzlichsten Schmerzen. Herder spottete oft über mich, daß ich all mein Latein aus dem Spinoza lerne: denn er hatte bemerkt, daß dies das einzige lateinische Buch war, das ich las;

er wußte aber nicht, wie sehr ich mich vor den Alten hüten mußte, wie ich mich in jene abstrusen Allgemeinheiten nur ängstlich flüchtete. Noch zuletzt hat mich die Wieland'sche Übersetzung der Satiren des Horaz höchst unglücklich gemacht; ich hatte kaum zwei gelesen, so war ich schon verrückt. Hätte ich nicht den Entschluß gefaßt, den ich jetzt ausführe, so wär' ich rein zu Grunde gegangen: zu einer solchen Reise war die Begierde, diese Gegenstände mit Augen zu sehen, in meinem Gemüth gestiegen." Und am 17. November 1786 schrieb er von Rom aus an Wieland: „Die Übersetzung Deiner Satiren lese ich hier mit dem größten Vergnügen, Abends, wenn wir von unserm Lauf zurückkommen." In seiner Rede „zum Andenken des edlen Dichters, Bruders und Freundes Wieland" (18. Februar 1813) vergleicht Goethe Horaz mit Wieland: „War er (Wieland) jedoch mit den Griechen durch Geschmack nah verwandt, so war er es mit den Römern noch mehr durch Gesinnung. Nicht daß er sich durch republikanischen oder patriotischen Eifer hätte hinreißen lassen, sondern er findet, wie er sich den Griechen gewissermaßen nur andichtete, unter den Römern wirklich Seinesgleichen. Horaz hat viel Ähnliches von ihm: selbst kunstreich, selbst Hof- und Weltmann, ist er ein verständiger Beurtheiler des Lebens und der Kunst." Vgl. ferner: Gespr. Nr. 210. I, 261f. — Nr. 923. V, 19. — Nr. 1076. VI, 36, wo er Béranger mit Horaz und Hafis vergleicht. Im allgemeinen hat Goethe die sprachlichen und rednerischen Vorzüge des Horaz vollkommen anerkannt, besonders seinen Weltblick und seine weltmännische Art, die Dinge zu sehen und zu behandeln gerühmt, ihm aber doch das wahrhaft Poetische, das eigentlich Schöpferisch-Dichterische abgesprochen, weshalb er auch seinen Satiren und Episteln vor den Oden den Vorzug gab.

Nr. 268. II. 116.

Friedrich Ludwig Zacharias Werner, geb. 18. November 1768 zu Königsberg in Preußen, war Kammersecretär in Warschau, seit 1805 Geh. Secretär in Berlin, 1811 trat er in Rom zur katholischen Kirche über, wurde 1814 Priester und trat 1821 in den Orden der Redemptoristen ein, gest. 1823 in Wien. Seine Tragödien: Söhne des Thales 1803, Martin Luther oder die Weihe der Kraft 1806 u. a. gehen ganz in den Bahnen der Romantiker. Übrigens verwarf und widerrief er seinen „Martin Luther" in der Tragödie: „Die Weihe der Unkraft" 1814. Sein Trauerspiel: „Der vierundzwanzigste Februar", eine grauenhafte Schicksalstragödie, gab den Anstoß zu Houwalds, Müllners u. a. ähnlichen Werken. Goethe erklärte den „vierundzwanzigsten Februar" nach Henriette von Knebels Mittheilung (Brief an ihren Bruder vom 22. Februar 1810) für eine der „vorzüglichsten Geistesoperationen" und rechnete es unter die „geistigsten Producte" Werners. Dazu stimmt, was er in den „Tag- und Jahresheften 1809" schreibt: „Werners bedeutendes Talent zu begünstigen, bereitete man eine Aufführung des „Vierundzwanzigsten Februar" mit großer Sorgfalt vor" (Hempel 27, 189) und daselbst 1810: „Der vierundzwanzigste Februar von Werner, an seinem Tage aufgeführt, war vollends ein Triumph vollkommener Darstellung. Das Schreckliche des Stoffs verschwand vor der Reinheit und Sicherheit der Ausführung; dem aufmerksamsten Kenner blieb nichts zu wünschen übrig." (Hempel 27, 195.) Vgl. Gespräch Nr. 457. II, 299f. — Warum das Stück, das doch schon zu Beginn des Jahres 1809 vorbereitet wurde, erst am 24. Februar 1810 aufgeführt wurde, darüber siehe Goethe-Jahrb. I, 239ff.

Über Werners Sonette schreibt Goethe Anfang April 1808 an Cotta: „Werner ist nun von uns abgegangen. Eben von ihm rühren einige Sonette her, die man wohl unter das beste wird zählen müssen, was in deutscher Sprache gedichtet worden.“ (Welti, Geschichte des Sonettes in der deutschen Dichtung.) Und Zacharias Werner schrieb 1809 an Johanna Schopenhauer: „Dem großen Goethe versichern Sie meine innigste Anbetung.“ (Goethe-Jahrb. X, 159.) Aber das allgemeine und abschließende Urtheil Goethes über Zacharias Werner ging dahin, daß er ihn zu jenen Geistern rechnete, deren ganzes Schaffen und Treiben „durchaus ins Form- und Charakterlose gehe“ (in den Briefen an Zelter), wie er auch in den Tag- und Jahresheften 1820 schreibt, daß ihm „Werners Maccabäer und Houwalds Bild, jedes in seiner Art, unerfreulich entgegentraten“ (Hempel 27, 264). — Werners „Martin Luther“ war am 11. Juni 1806 von Iffland in Berlin auf die Bühne gebracht worden, und Goethe bemerkt darüber in den „Tag- und Jahresheften“ 1806: „Aufmerksamkeit erregte im Ganzen der von Iffland zur Darstellung gebrachte Doctor Luther, ob wir gleich zauderten, denselben gleichfalls aufzunehmen.“ (Hempel 27, 146.) Übrigens sahen die Berliner Studenten in Werners „Weihe der Kraft“ eine Entweihung Luthers, und der Buchhändler Johannes Frommann, der von Ostern 1817 bis Herbst 1818 in Berlin studirte, pfiff mit 21 Genossen das Stück aus, wofür sie freilich sämmtlich einen Tag Carcer erhielten. Über Frau Schopenhauer s. Erl. zu Nr. 285.

Nr. 269. II, 116ff.

Karl Ludwig Fernow, geb. 19. November 1763 zu Blumenhagen in der Uckermark, war anfangs Apotheker, widmete sich aber 1794—1802 in Rom der Kunst, wurde dann 1802 Professor der Philosophie in Jena und 1804 Bibliothekar der Herzogin Amalie, gest. in Weimar 1808. Goethe schreibt über ihn in den „Biographischen Einzelheiten" 1804: „Fernows Gegenwart war höchst erfrischend und belehrend, indem er für Kunst und italienische Sprache viel Anregendes mitgebracht hatte" (Hempel 27, 319) und in den „Tag und Jahresheften" 1806: „Der große Vortheil, mit einem Manne zu wohnen, der sich aus dem Grunde irgend einem Gegenstande widmet, ward uns reichlich durch Fernows dauernde Gegenwart. Auch in diesem Jahre brachte er uns durch seine Abhandlung über die italienischen Dialekte mitten ins Leben jenes merkwürdigen Landes." (Hempel 27, 155f.) —

Das vorliegende Gespräch ist sehr wichtig, weil es uns zeigt, daß kurz nach der entscheidenden Schlacht bei Jena in Goethe der Gedanke entstand, in dem allgemeinen Zusammenbruch aller Dinge um jeden Preis die deutsche Cultur und Literatur zu retten. In diesem Gedanken allein fand Goethe Beruhigung in jener Zeit der allgemeinen Verwirrung, und aus ihm heraus erwuchs 1808 der Plan Goethes, eine Gesellschaft deutscher Männer zur Rettung der deutschen Cultur zu gründen. Von diesem Plane haben wir Kenntniß durch einen Brief von Woltmanns an den Senator Schmidt in Bremen vom 1. October 1808, in dem es heißt: „Herr von Goethe trägt sich mit der Idee, in dem bevorstehenden Winter einen Congreß ausgezeichneter deutscher Männer in Weimar zu Stande zu bringen, damit sie über Gegenstände der deutschen Cultur sich gemeinschaftlich berathen. Eben in diesem Zeitpunkt, wo Deutschland sich aufgelöset und seine Art von einem fremden Sonn gedrängt fühlt, ist es vorzüglich rathsam die Bande der deutschen Cultur und Literatur, wodurch wir bisher einzig als eine Nation bewahrt sind, auf alle Weise fest zusammenzuziehn." (Goethe-Jahrb. VI.

116.) Über Goethes Vaterlandsliebe vgl. auch sein Gespräch mit Luden: Gespr. Nr. 590. III, 103ff.

Nr. 273. II, 121.

Nicht der Chemiker Friedrich Ferdinand Runge, der sich auch mit Botanik beschäftigte und 1821 die „Materialien zur Phytologie“ erscheinen ließ, kann hier (wie das Register angiebt) gemeint sein: denn dieser war erst 1795 in Hamburg geboren und Goethe lernte den „jungen Chemikus Namens Runge“ erst 1820 kennen (Tag- und Jahreshefte 1820), sondern die Worte beziehen sich auf den Geschichtsmaler Philipp Otto Runge (wie auch Gespräch Nr. 285b. II, 145; Nr. 332. II, 189 und Nr. 526. III, 8., wonach die Angabe im Register zu berichtigen ist). Dieser war 1777 zu Wolgast in Pommern geboren, wollte ursprünglich Kaufmann werden, seit 1804 Maler in Hamburg, wo er 1810 starb. Runge hatte sich eingehend mit Farbenlehre beschäftigt und einen Brief Runges über diese wissenschaftliche Frage druckt Goethe in seinem „Entwurf einer Farbenlehre“ (Hempel 35, 316—322) mit ab, wie er auch Runges Schrift: „Farbenkugel oder Construction des Verhältnisses aller Mischungen der Farben zu einander und ihrer vollständigen Affinität“ (1809 Manuscript, gedruckt 1810) wiederholt anerkennend erwähnt (z. B. Hempel 27, 186; 36, 356). Der Ausdruck „Rungische allegorisch-symbolisch-mystische Pflanzenmetamorphose“ bezieht sich gar nicht auf etwas Botanisches, sondern auf Runges Zeichnungen: die vier Tageszeiten, die besonders durch ihre Blumen und Arabesken Goethes Aufmerksamkeit erregten. 1806 hatte Otto Runge diese Zeichnungen an Goethe gesendet (nicht 1808, wie Goethe in den Tag- und Jahresheften irrthümlicher Weise annimmt), und am 10. November 1806 hatte Goethe dem Maler brieflich gedankt. In den „Tag-

und Jahresheften" bemerkt Goethe über diese Zeichnungen „Runge, dessen zarte, fromme, liebenswürdige Bemühungen bei uns guten Eingang gefunden hatten, sendete mir die Originalzeichnungen seiner gedanken- und blumenreichen Tageszeiten, welche, obgleich so treu und sorgfältig in Kupfer ausgeführt, doch an natürlichem unmittelbarem Ausdruck große Vorzüge bewiesen." (Hempel 27, 183f.) Und Brentano schreibt 1807: „Goethe hat die vier Rungeschen Tageszeiten und sein von ihm selbst gezeichnetes Portrait in seiner Stube hängen und lobt den Meister wie das Werk ganz außerordentlich." (Heinrich Zimmer, Joh. Georg Zimmer und die Romantiker, S. 180.) Auch in einem Briefe an Knebel vom 3. Mai 1808 rühmt Goethe die Zeichnungen Runges, der leider dem Tode entgegengehe. Vgl. a. Gespräch Nr. 526. III, 8. Der Ausdruck „allegorisch-symbolisch-mystische" Pflanzenmetamorphose berührt sich eng mit Goethes Aufsatz „Vier große Blätter in Kupfer, stehend Folio, Umrisse nach Herrn Philipp Otto Rungens Zeichnungen", den Goethe wohl im November oder December 1806 für das erste Quartal der Jenaischen Allgemeinen Literaturzeitung 1807 verfaßte (vgl. Goethes Briefe an Eichstädt, S. 299.: v. Biedermann hat zuerst diesen Aufsatz Goethe zugeschrieben und zwar mit Recht, was auch durch das vorliegende Gespräch bestätigt wird). In diesem Aufsatze sagt nämlich Goethe: „Wenn man diese Kunstwerke mit anderen vergleichen will, so muß man sie zum Geschlecht der Arabesken zählen. Wenn aber bei diesen beinah alles Denkbare, was Formen hat, mit Geschmack angewendet werden kann, so halten sich gegenwärtige Kompositionen in dem Kreise der Blumen, Kinder und Frauen. Auch hat der Künstler, gewiß einer der geistvollsten unsres Zeitalters, einen Sinn in die Folge sowie Bedeutung ins Einzelne gelegt, dergestalt, daß die Blätter nicht allein angenehm fürs Auge, sondern auch zugleich aufregend für den inneren Sinn zu wirken, geeignet sind; ja, die Bedeutung geht durchs Allegorische ins Mystische hinüber. Ob wir uns gleich nicht anmaßen, den ganzen Sinn dieser mitunter räthselhaften Blätter zu entfalten, so läßt sich doch im Ganzen davon sagen, daß sie sich zunächst auf die vier Tageszeiten beziehen und alle Empfindungen, die mit diesem vierfachen Wechsel in Verbindung stehen, hervorrufen. . . . . Sollen wir etwas vom Einzelnen sagen, so kann man behaupten, daß die weiblichen drapirten Figuren ganz im Geiste des Correggio angegeben seien, lieblich, weiblich, zart, so wie die Kinder in süßer Naivetät. Die verschiedenen Blumen und Blätter sind mit einfacher Zeichnung meisterhaft bedeutend dargestellt u. s. w." (Hempel 28, 798.) Auch Sulpiz Boisserée nennt, ganz Goethes Ausdrucksweise annehmend, in einem Briefe an Melchior Boisserée vom 6. Mai 1811 (Sulpiz Boisserée I, 113 ff.) Runges Arabesken „symbolisch-allegorische Darstellungen von Morgen, Mittag, Abend und Nacht." In dem vorliegenden Gespräche spielt Goethe auf die merkwürdige Verbindung von Blumen- und Menschenleben in Runges Zeichnungen an und nennt diese „Pflanzenmetamorphose"; vielleicht war er überhaupt durch Runges Zeichnungen erst zu dem vorliegenden Ausspruche veranlaßt worden.

Nr. 275. II, 122.

Jean Pauls „Levana oder Erziehungslehre" wurde Ende 1806 mit der Jahreszahl 1807 auf dem Titel ausgegeben (wie es jetzt noch buchhändlerischer Brauch ist, die Ende eines Jahres erscheinenden Werke bereits mit der neuen Jahreszahl zu versehen).

Nr. 276. II. 122.

Vergleiche hierzu Goethes Wort:

Gleichnisse dürft Ihr mir nicht verwehren;
Ich wüßte mich sonst nicht zu erklären,

wozu auch die Worte aus Faust II. Theil heranzuziehen sind:

Alles Vergängliche
Ist nur ein Gleichniß.

Tycho de Brahe und Newton stellt Goethe auch in den „Sprüchen in Prosa" 993. u. 994 nebeneinander. Man lese hierzu die Charakteristik Tychos (Hempel 36, 162) und Newtons (Hempel 36, 297—303).

Nr. 279. II, 125.

Vergleiche hierzu Goethes Aussprüche: „Der Irrthum ist recht gut, so lange wir jung sind; man muß ihn nur nicht mit ins Alter schleppen." (Hempel 19, 35.) „Es giebt Menschen, die gar nicht irren, weil sie sich nichts Vernünftiges vorsetzen." (Hempel 19, 53.) „Die Irrthümer des Menschen machen ihn eigentlich liebenswürdig" (Gespr. Nr. 300. II, 168), und:

Wer nicht mehr liebt und nicht mehr irrt,
Der lasse sich begraben. (Hempel II, 261.)

Er spricht auch gern von „fruchtbaren Irrthümern." — Aber er verwirft auch an andern Stellen den Irrthum durans:

Vier Jahreszeiten. Herbst 49. 50. (Hempel 2, 170.)

Schädliche Wahrheit, ich ziehe sie vor dem nützlichen Irrthum.
Wahrheit heilet den Schmerz, den sie vielleicht uns erregt.

Schadet ein Irrthum wohl? Nicht immer. Aber das Irren,
Immer schadets; wie sehr, sieht man am Ende des Weg's.

Vgl. auch Sprüche in Prosa Nr. 179. 269. 781. 782. 937. 969. u. a. Aber seiner Weisheit letzter Schluß tritt doch zu Tage in seinem Gedichte: Vermächtniß (1829. Hempel 3, 191), in den Worten:

„Was fruchtbar ist, allein ist wahr."

Nr. 280. II, 126.

Joh. Christoph Friedrich Haug (1761—1829) war Hofrath und Bibliothekar in Stuttgart, er war besonders Epigrammatiker (z. B. zweihundert Hyperbeln auf Herrn Wahls große Nase).

Nr. 281. II, 127.

Caroline Bardua stammte aus Ballenstedt; sie war Malerin, F. A. Wolfs Schwiegersohn Körte hatte sie Goethen empfohlen, der sich ihrer 1805—1810, als sie ihrer weiteren Ausbildung wegen in Weimar weilte, sorglich annahm. Sie ging dann nach Dresden. Einen der Bardua gewidmeten Stammbuchvers Goethes (Weimar d. 12. Mai 1807) s. Hempel III, 326. Vgl. auch: „Jugendleben der Malerin Caroline Bardua, von Walter Schwarz, Breslau 1874."

Nr. 285. II, 129 ff.

a. Johanna Henriette Schopenhauer, geb. Trosiener, war am 5. Juli 1770 in Danzig geboren, ließ sich im October 1806 in Weimar nieder, wo Goethe mit ihr in lebhaften Verkehr trat, sie war damals schon durch ihre Romane berühmt, gest. 18. April 1838 in Jena. Ihre gesammelten Schriften erschienen 1830—31 in 24 Bänden. Sie war die Mutter Arthur Sch.s, der 1806, da er Kaufmann werden sollte, in Hamburg zurückgeblieben war, aber im Juni 1807 das Gymnasium zu

Gotha bezog; Ende des Jahres 1807 kam er jedoch schon nach Weimar, um durch Privatstudium sich für die Universität vorzubereiten und studirte dann 1809—1811 in Göttingen. — Johann Stephan Schütze war 1771 zu Olvenstädt bei Magdeburg geboren, lebte als Dr. phil. in Halle, dann in Weimar seit 1804, gest. 1839.

S. 131. Daß Goethe nicht aus Theilnahmlosigkeit an den Geschicken des Vaterlandes bemüht war, den Krieg von sich abzuhalten, sondern aus ganz andern Gründen (weil ihn das Geschick des Vaterlandes zu tief erregte), geht aus dem hervor, was in den Erl. zu Nr. 269 gesagt ist. — Das große Räthsel, das Goethe in die Welt ausgesandt, ist das Räthsel: „Ein Bruder ists von vielen Brüdern" (Hempel 2, 262), das Goethe Ende Januar 1802 an Schiller geschickt hatte zur zweiten Aufführung von Schillers Turandot, in die im Anfang bei jeder Aufführung drei neue Räthsel eingelegt wurden. („Es wird das Interesse vermehren, schrieb Schiller am 21. Januar 1802 an Iffland, wenn bei wiederholten Repräsentationen zuweilen mit den Räthseln changirt wird.") Goethe hatte dieses Räthsel schon in die Ausgabe seiner Werke von 1806 mit aufgenommen und es so „in die Welt ausgesandt". — Calderons standhaften Prinzen erwähnt Goethe auch in den „Tag- u. Jahresheften 1806 (Hempel 27, 163), 1810 (H. 27, 195) und 1811 (H. 27, 198: „Der standhafte Prinz ward mit allgemeinem Beifalle aufgeführt und so der Bühne eine ganz neue Provinz erobert"). Goethe rühmt dieses Drama schon im Jahre 1804, wo er es durch Schlegels handschriftliche Übersetzung zuerst kennen lernte (vgl. Brief an Schiller vom 28. Januar 1804). Vgl. auch Gespr. Nr. 285b. II, 149ff. 153. — S. 138. „Wenn die Leute glauben, ich wäre noch in Weimar u. s. w." Vgl. hierzu unsere Einleitung zu den Erläuterungen.

b. S. 145. Über Runge vgl. Erl. zu Nr. 273. — S. 147: Adele war die Tochter der Johanna Schopenhauer, sie war 1796 zu Hamburg geboren, gest. in Bonn 1849. Goethe erwähnt sie in den „Tag- und Jahresheften 1821" (Hempel 27, 282). Die „jüngste Conta" war eine Tochter des Legationsrathes, späteren Präsidenten der Landesdirection Karl Friedrich Anton von Conta. — S. 148. VI. „Am Donnerstag, d. 5. Februar u. s. w." Dieser Brief ist vollständiger als von Düntzer veröffentlicht worden von G. v. Loeper, in dessen Besitz er sich jetzt befindet, im Goethe-Jahrb. IV, 327 ff. Johanna Schopenhauer datirte den Brief Weimar d. 12. Februar 1806, verschrieb sich aber in der Jahreszahl, wie v. Löper a. a. O. annimmt, der Brief ist vom 12. Februar 1807. Johanna schreibt: „Bei Goethen wars den Abend wie ich dir schrieb ganz allerliebst, er hat einige junge Schauspieler die er oft bey sich deklamiren läßt um sie für ihre Kunst zu bilden, eingeladen und las mir mit ihnen eine seiner frühesten Arbeiten ein Stück voll Laune und Humor, die Mitschuldigen betitelt, vor. Er hatte selbst die Rolle eines alten Gastwirths darin übernommen, was bloß mir zu Ehren geschah, sonst thut er das nicht. Ich habe nie was Ähnliches gehört, er ist ganz Feuer und Leben, wenn er deklamirt, niemand hat das ächt Komische mehr in seiner Gewalt als er. Zwischendurch meisterte er die jungen Leute, ein paar waren ihm zu kalt. „Seid Ihr denn gar nicht verliebt?" rief er komisch erzürnt, und doch war's ihm halber Ernst, „seyd Ihr denn gar nicht verliebt? Verdammtes junges Volk! Ich bin 60 Jahr alt und ich kanns besser." Wir blieben bis halb 12 zusammen, ich saß bey ihm und die Bardua auf der andern Seite, wir beyde sind seine Lieblinge. Am Donnerstag darauf bestand mein Zirkel u. s. w." (nun folgt die hier in den Gesprächen mitgetheilte Stelle, aber mit folgenden Varianten: „so will ich denn einen Bericht von einer Naturmerkwürdigkeit mittheilen"*); — „daß man unter Freunden sich dergleichen wechselseitig mittheilt und weil wir eben so ganz unter uns sind" — und damit fing er u. s. w. — an zu lesen; — die Bardua muß so lange draußen bleiben; — welche die Bardua von draußen gewaltig berennte; — „Halten, halten Sie Ihren Posten wohl": — „Ihr Schaden": — „als hier": — das Gespenst von der Kandener Straße**) (er hält viel von diesen Gedichten und er las es u. s. w.)."

Die „Geschichte von einer Mamsell, die in die Wochen gekommen war", die Goethe „aus einem Briefe" vorlas, ist einem Briefe entnommen, den Heinrich Voß den 31. Januar 1807***) an Goethe aus Heidelberg schrieb. Da diese Erzählung zugleich ein merkwürdiger Beitrag zur Sittengeschichte jener Zeit ist, sei sie hier abgedruckt: „Ich muß Ihnen noch von einer Krankengeschichte Bericht ertheilen, schrieb H. Voß, die hier nicht bloß unter den Ärzten, sondern auch bei uns Layen viel Aufmerksamkeit erregt hat, und einen Beweis abstattet, wie geheimnißvoll die Kräfte der Natur wirken. Unser Professor Weidenbach, ein Leipziger Gelehrter, der vor einigen Jahren beim Freiherrn von Münch Hofmeister war, verliebte sich in die schwerreiche Tochter des Hauses und die Eltern versprachen sie ihm, sobald er ein Amt erhielte, das der Familie Ehre brächte. Er wird darauf Privatdocent in

*) Sicher richtig statt: „eine Naturnothwendigkeit" bei Düntzer.

**) Richtig: „an der Kanderer Straße", wie Gespräche II. 149 steht.

***) Hierdurch bestätigt sich v. Löpers Annahme, daß Johannas Brief aus dem Jahre 1807 ist.

Heidelberg und endlich Professor der Philosophie. Michaelis geht er nach A. um seine Braut heimzuholen. Wie ganz anders findet er diese, als er sie vor 14 Monaten verlassen hatte! leidend an den Folgen einer Verhizung und darauf eingetretenen kalten Fiebers: der Unterleib ist geschwollen und verhärtet, es zeigen sich unverdächtige Spuren der Wassersucht, und das Übel wächst täglich. Der trostlose Bräutigam erwirkt sich von den Eltern die Erlaubniß, sie nach Heidelberg führen zu dürfen, wo Creuzers sich erbieten, sie bis zur Wiederherstellung aufzunehmen. Ackermann wird ihr Arzt: nach der dritten Untersuchung zeigt sich, daß sie nicht bloß Wasser, sondern auch ein Gewächs im Unterleib habe. Bald mehren sich die Schmerzen so, daß das Mädchen einmal nach Mitternacht halb wahnsinnig aus dem Hause läuft, und zu ihrem Bräutigam eilt. Dieser läßt sie statt seiner in seinem warmen Bette ruhn, und wird ihr getreuer Krankenwärter. Starke Digitalisdecocte, die das Mädchen einnehmen muß, helfen nichts. Nach drei Tagen wird es dem Mädchen höchst unruhig im Leibe, fast wie einer Schwangeren, die Schmerzen nehmen immer zu — parturiunt montes, et nascitur ridiculus — doch keine Maus, kein Gewächs, auch nicht dies und jenes, sondern ein frischer, gesunder, derber Junge. Bräutigam und Braut sahen sich darauf $^5/_4$ Stunde an, ohne ein Wort zu reden; keiner kann begreifen, wie das zugehe. Endlich besinnt sich die Braut einer Schäferstunde mit einem französischen Offizier kurz nach der Belagerung von Ulm, und bittet ihren Bräutigam mit Thränen um Vergebung. Diese Geschichte hat uns viel Spaß gemacht, nur der Rudolfi nicht, der dies Beispiel nicht in ihren Erziehungsplan paßt. Jetzt sind Braut und Bräutigam sehr vergnügt mit einander, und freuen sich des Unterpfandes ihrer Liebe. Sie werden nun von hier gehen, und dann auf einem der Güter des Herrn von Münch einen fröhlichen Lebenswandel beginnen." (Vgl. Goethe-Jahrb. V. 60 f.)

Hebels „alemannische Gedichte" waren 1803 erschienen. Goethe hatte die zweite Auflage (1804) in der „Jenaischen Allgem. Literaturztg. Nr. 37. den 13. Februar 1805, Sp. 289—294" angezeigt und sie „angelegentlich allen Freunden des Guten und Schönen" empfohlen. Auch dort hebt er: „das Gespenst an der Kanderer Straße" hervor, von dem er sagt, „daß in seiner Art nichts Besseres gedacht noch gemacht worden ist." (Hempel 29, 421.) Vgl. a. „Tag- u. Jahreshefte 1811" (Hempel 27, 203), sowie die Anmerkung v. Biedermanns zu Hempel 29, 418. —

S. 151. IX: Exsern ist mundartlicher Ausdruck für: „hart quälen, nachdrücklich tadeln", auch: ärstern, äsvern.

Nr. 286. II, 155 ff.

Vgl. zu diesem Gespräche jedoch Nr. 590. III, 103 ff., wo Luden dann selbst sagt: „Nur das Eine will ich bemerken, daß ich in dieser Stunde auf das Innigste überzeugt worden bin, daß diejenigen im ärgsten Irrthum sind, welche Goethe beschuldigen, er habe keine Vaterlandsliebe gehabt, keine deutsche Gesinnung, keinen Glauben an unser Volk, kein Gefühl für Deutschlands Ehre oder Schande, Glück oder Unglück."

Während Luden auf der Hochzeitsreise weilte, war, sofort nach der Schlacht bei Jena, seine Wohnung in Jena von den Franzosen und dem Straßenpöbel vollständig ausgeraubt und alles darin zertrümmert worden. Am 14. März 1807 schrieb Goethe an Luden: „Mit vieler Theilnahme gedenke ich stets des Unfalls, der Sie betroffen hat und wünsche in der Folge Ihnen manches Freundliche und Nützliche erzeigen zu können," und ebenso bezeigt er in einem Briefe vom 18. October 1807 Luden seine Theilnahme an dessen unglücklichem Schicksal (Goethe-Jahrb. II, 481 f.).

Nr. 287. II, 157.

a. Au pied de la lettre oder à la lettre bekannter französischer Ausdruck für: buchstäblich, wortgetreu.

Nr. 288. II, 158.

Gegen die Überschätzung der Mathematik hat Goethe oft gesprochen. Man vgl. seinen Aufsatz: „Über Mathematik und deren Mißbrauch, sowie das periodische Vorwalten einzelner wissenschaftlicher Zweige" (Hempel 34, 130 ff.), ferner seine Aussprüche: „Es ist vieles wahr, was sich nicht berechnen läßt" (Hempel 19, 186), oder: „Die Mathematik vermag kein Vorurtheil wegzuheben, sie kann den Eigensinn nicht lindern, den Parteigeist nicht beschwichtigen, nichts von allem Sittlichen vermag sie," (Hempel 19, 204) oder: „Wir müssen erkennen und bekennen, was Mathematik sei, wozu sie der Naturforschung wesentlich dienen könne, wo hingegen sie nicht hingehöre, und in welche klägliche Abirrung Wissenschaft und Kunst durch falsche Anwendung seit ihrer Regeneration gerathen sei" (Hempel 19, 219) u. a. Immer verlangt er Trennung der Physik von der Mathematik (Hempel 19, 198. 218). „Die Mathematiker, sagt er ein andermal, sind wunderliche Leute: durch das Große, was sie leisteten, haben sie sich zur Universalgilde aufgeworfen und wollen nichts anerkennen, als was in ihren Kreis paßt, was ihr Organ behandeln kann." (Hempel 19, 217) u. s. w. Und in den „Zahmen Xenien" sagt er:

Das ist eine von den alten Sünden:
Sie meinen, Rechnen das sei Erfinden,
Und weil sie so viel Recht gehabt,

Sei ihr Unrecht mit Recht begabt!
Und weil ihre Wissenschaft exakt,
So sei keiner von ihnen vertrakt.
(Hempel 2, 384.)

Namentlich sein Kampf gegen Newtons Farbenlehre brachte ihn immer wieder in neue Gegnerschaft zur Mathematik und den Mathematikern, deren Werth er wohl anerkannte, jedoch auf ihr Gebiet eingeschränkt wissen wollte (vgl. Hempel 19, 218 Spr. 1009, sowie Spr. 1010 u. a.).

Nr. 289. II, 159.

Riemers Tagebücher, denen die vorliegende Äußerung und eine große Zahl noch folgender Aussprüche Goethes entnommen ist, beginnen 1807 und enden mit dem Jahre 1845; in ihnen finden sich eine große Menge von Mittheilungen über Goethe und Aussprüche Goethes. Sie wurden von R. Keil 1886 und 1887 auszugsweise in der „Deutschen Revue" veröffentlicht.

Nr. 291. II, 159 f.

„Außerordentliche Menschen wie Napoleon" u. s. w. Das Wort berührt sich zufällig aufs engste mit Napoleons Bestreben, „den Deutschen höhere Begriffe von Moral beizubringen", nach denen sein Thun und Handeln auch vor ihrer Moral bestehen könne. Talleyrand erzählt in seinen Memoiren (I, 301 f.), daß Napoleon Corneilles Cinna gerühmt habe in den Worten: „Cinna, da handelt es sich um große politische Interessen, und dann die Gnadenscene mit Augustus, das wirkt! Ich habe früher den ganzen Cinna auswendig gewußt, aber ich kann nur nicht gut declamiren. Remusat, wie heißt es doch im fünften Act:

Die Staatsverbrechen, die der Krone gelten,
Verzeiht der Himmel, wenn sie uns gelingen

Und wie geht es dann weiter? Holen Sie doch mal den Corneille!" — Es ist nicht nöthig, Sire, entgegnete Remusat, ich weiß die Verse auswendig: sie lauten so:

Und auf dem hohen Platz, den er uns gab,
Wird, was geschah, gerecht, was kommen wird,
Erlaubt. Der, dem's gelingt, ist schuldlos stets,
Und unantastbar bleibt das, was er that."

„Vortrefflich! rief der Kaiser, so etwas ist für die Deutschen, die mir noch immer den Tod des Herzogs von Enghien vorwerfen, eine kleinliche Moral! Man muß den Deutschen höhere Begriffe von Moral beibringen. Für Alexander paßt das freilich nicht; die Russen verstehen so etwas überhaupt nicht. Aber für die Deutschen, mit ihren transscendentalen Ideen, ist das so recht was."

Nr. 295. II, 162f.

b. Ähnlich sagt Goethe (Hempel 19, 173. Spr. 794): „Man begreift nicht leicht, daß in der großen Natur das geschieht, was auch im kleinsten Zirkel vorgeht. Dringt es ihnen die Erfahrung auf, so lassen sie sichs zuletzt gefallen. Spreu, von geriebenem Bernstein angezogen, steht mit dem ungeheuersten Donnerwetter in Verwandtschaft, ja, ist eine und ebendieselbe Erscheinung."

Nr. 296. II, 163f.

Aus der vorliegenden Betrachtung erwuchs der Spruch in „Ottiliens Tagebuche": „Die Leidenschaften sind Mängel oder Tugenden, nur gesteigerte" (Hempel, 15, 153, auch 19, 91).

Nr. 299. II, 167.

Daß Goethe auch Schriften des Erasmus kannte, geht unter andern aus seinem Briefe an Schiller vom 16. December 1797 hervor, wo er von den Adagien des Erasmus rühmt, daß sie einen großen Schatz von reellem Stoff enthielten.

Nr. 300. II, 167 f.

Zum Schlusse: „Die Irrthümer des Menschen“ u. s. w. vgl. Hempel 19, 59 (Spr. 241).

Nr. 303. II, 169 f.

Zum Schlusse vergleiche R. M. Werner, Lyrik und Lyriker S. 113: „Wenn wir sehen, daß die Liebe sogar bei den Thieren sich in lyrischen Lauten äußert, dann werden wir geneigt sein, in ihr das Urlustgefühl zu erkennen, das nach Ausdruck verlangt. Es giebt Thiere, welche nur während der Brunstzeit Laute finden, während sie sonst stumm erscheinen. Ebenso giebt es Menschen, welchen nur die Liebe das Herz zu öffnen vermag.“

Nr. 308. II, 172.

Jul. Wilhelm Zincgref, geb. 1591 in Heidelberg, gestorben als Doctor der Rechte in St. Goar 1635. Seine Sammlung „Der Teutschen scharfsinnige kluge Sprüch, Apophthegmata genannt“ erschien in Straßburg 1626—1631.

Nr. 310. II, 173.

„Wer einen Stein u. s. w.“ s. in den „Sprüchen in Prosa Nr. 279“.

Nr. 311. II. 173.

Des Landschaftsmalers und Kupferstechers Albert van Everdingen (1621—1675) gedenkt Goethe auch in dem Aufsatze: „Skizzen zu Castis Fabelgedicht: Die redenden Thiere“, wo er besonders dessen Bilder zu Reineke Fuchs rühmt, sowie dessen Fähigkeit, „vierfüßige Thiere und Vögel dergestalt ans gemeine Leben heranzubringen, daß sie, wie es denn auch in der Wirklichkeit geschieht, zu Reisenden und Fuhrleuten, Bauern und Pfaffen gar wohl passend, einer und ebenderselben Welt unbezweifelt angehören“ (Hempel 28, 561ff.).

Nr. 312. II, 174.

Vgl. hierzu Goethes Abhandlung: „Einfache Nachahmung der Natur, Manier, Stil“, wo es heißt: „Gelangt die Kunst durch Nachahmung der Natur, durch Bemühung, sich eine allgemeine Sprache zu machen, durch genaues und tiefes Studium der Gegenstände selbst endlich dahin, daß sie die Eigenschaften der Dinge und die Art, wie sie bestehen, genau und immer genauer kennen lernt, daß sie die Reihe der Gestalten übersieht und die verschiedenen charakteristischen Formen neben einander zu stellen und nachzuahmen weiß: dann wird der Stil der höchste Grad, wohin sie gelangen kann, der Grad, wo sie sich den höchsten menschlichen Bemühungen gleichstellen darf.“ (Hempel 24, 527.)

Nr. 314. II, 174f.

Heinrich von Kleists Amphitryon, eine leichtfertige nach Molière gearbeitete Posse, die mit wenig Glück ins Christliche und Ernste gewendet ist, erschien 1807. Am 2. März 1808 brachte Goethe Kleists „zerbrochenen Krug“ in Weimar zur Aufführung, der aber „gar mancherlei Bedenken erregte und eine höchst ungünstige Aufnahme zu erleben hatte“ (Hempel 27, 163). Die Aufführung wurde nicht wiederholt. Amphitryon und der zerbrochene Krug wurden Goethe „als zwei Werke eines Freundes, die die Billigung des einzigen Richters, den der abwesende Verfasser im Auge gehabt haben könne, erhalten würden", am 31. Juli 1807 von Adam Müller aus Dresden (Kleist hatte sich 1807 in Dresden niedergelassen) übersandt. (Vgl. Goethe-Jahrb. IX, 47 ff., wo auch ein Brief Heinrich v. Kleists an Goethe, Kleists Zeitschrift Phöbus und das Trauerspiel Penthesilea betreffend, mitgetheilt ist. Goethe antwortete Müller noch aus Karlsbad 28. August 1807, dem Dichter Kleist am 1. Februar 1808. Der Brief Kleists an Goethe war erst am 24. Januar 1808 an den Dichter geschrieben, Kleist giebt darin auch seine damalige Wohnung genau an: Dresden, Pirnsche Vorstadt, Rammsche Gasse Nr. 123.) Da das vorliegende Gespräch mit Riemer bereits am 13. Juli 1807 stattfand, so läßt sich daraus schließen, daß Goethe Kleists Amphitryon noch vor Müllers Sendung aus anderer Hand empfangen haben mußte. Das bestätigt sich auch durch Goethes Tagebucheintrag: „Karlsbad, 13. Juli 1807: Gegen Abend Hr. von Mohrenstein, russischer Legations-Secretär, welcher mir den Amphitryon von Kleist, herausgegeben von Adam Müller, brachte. Ich las es und verwunderte mich, als über das seltsamste Zeichen der Zeit." (Nun folgt in Goethes Tagebuch die im vorliegenden Gespräche von Riemer mitgetheilte Stelle, die uns zeigt, daß Riemer, von dessen Hand auch die Stelle im Tagebuch geschrieben ist, nur in ganz geringfügigen Punkten abweicht; es heißt im Tagebuch: „des Amphitryons —; zwischen Gemal und Liebhaber vortreten, also eigentlich nur ein Gegenstand des Geistes, des Witzes und zarter Weltbemerkung —; Der Gegenwärtige, Kleist, geht in den Hauptpersonen —; zwischen die beyden Sosien und Amphitryon.") Dann sei hier noch folgende Stelle angeführt: „Tagebuch, Karlsbad 15. Juli 1807: „Am Schloßbrunnen, mit Oberhofprediger Reinhard, über den neuen mystischen Amphitryon un dergleichen Zeichen der Zeit." (Vgl. auch Goethe-

Jahrb. IX, 95.) Das Weitere siehe im Goethe-Jahrb. a. a. O., dort auch die zwei doppelt erhaltenen Schemata, die Goethe entwarf, um, nach Erich Schmidts Ausdruck, „die schiefe moderne Prägung des Kleist'schen Amphitryon recht sinnfällig darzustellen.“ Vgl. Gespräche VIII, 398.

S. 175. „Wie Falk es genommen“, nämlich in seinem gehaltlosen „Amphitryon, Lustspiel in fünf Acten, 1804“.

Aus späterer Zeit seien hier noch folgende Urtheile Goethes über Kleist angeführt: „Mir erregte dieser Dichter (Kleist), bei dem reinsten Vorsatz einer aufrichtigen Theilnahme, immer Schauder und Abscheu, wie ein von der Natur schön intentionirter Körper, der von einer unheilbaren Krankheit ergriffen wäre.“ (Geschrieben 1826 oder 1827.) Hierzu stimmt, was Goethe am 11. Juli 1827 ins Tagebuch dictirte: „In von der Hagens Tausend und einem Tag, das Märchen von Turandot; tröstend über den Kleistischen Unfug, und alles verwandte Unheil. Wie wohlthätig ist die Erscheinung einer gesunden Natur nach den Gespenstern dieser Kranken (Kleist, Immermann u. a.)“. Vgl. Goethe-Jahrb. IX, 96.

Nr. 316. II, 176.

Gemeint ist der Schäferroman „Daphnis und Chloe“, ein Werk des griechischen Sophisten Longos, der etwa im 5. Jahrh. n. Chr. lebte und in 4 Büchern die Liebe des Hirten Daphnis zu Chloë schildert; die anmuthigen Schilderungen sind in einer ziemlich natürlichen, nicht verkünstelten Sprache gegeben. Der genaue Titel ist: *ποιμενικὰ τὰ κατὰ Δάφνιν καὶ Χλόην*. Der Roman wurde Vorbild für Sal. Geßner u. a. 1810 wurde er von Courier, mit Ergänzung der großen Lücke im ersten Buche, herausgegeben, 1813 von diesem ins Französische übersetzt; auch Passow übersetzte den Roman und übersandte seine Übersetzung

Goethe 1811, wofür ihm Goethe am 11. October dankte. Vgl. a. Gespräch Nr. 1348. VIII, 43f. und Nr. 1354. VIII, 51—56.

„Die Schriftsteller späterer Zeiten u. s. w.“: bezieht sich darauf, daß Longos etwa erst dem 3. oder 5. Jahrh. n. Chr. angehört. — Vgl. Gespräche VIII, 398.

Nr. 319. II, 178.

Vgl. Spr. in Prosa Nr. 281. Der Spruch entstand also in Karlsbad am 30. Juli 1807, durch die Lectüre von Adam Müllers Vorlesungen, von denen Goethe übrigens schon 1806 einen Theil kannte*): denn er schreibt in den „Tag- u. Jahresheften 1806“: „Adam Müllers Vorlesungen kamen mir in die Hände. Ich las, ja studirte sie, jedoch mit getheilter Empfindung: denn wenn man wirklich darin einen vorzüglichen Geist erblickte, so ward man auch mancher unsichern Schritte gewahr, welche nach und nach folgerecht das beste Naturell auf falsche Wege führen mußten.“ (Hempel 27, 155.) Diese „falschen Wege“ nennt Goethe hier Macchiavellismus (d. i. die gewissenlose, selbstsüchtige Staatsklugheit, nach den Grundsätzen, wie sie der florentinische Geschichtsschreiber Nicolo Macchiavelli (gest. 1527) in seiner Schrift il principe (d. i. der Fürst) darlegte; Recht und Sittlichkeit und alles Gute opfert dabei ein solcher Fürst seinem Ich, seinem vermeintlichen Vortheile auf). In Goethes Tage-

*) „Vorlesungen über die deutsche Wissenschaft und Literatur, gehalten zu Dresden im Winter 1806“ von Adam Müller. In Karlsbad 1807 las Goethe aber wohl nicht dieselben Vorlesungen, sondern die von Adam Müller im Anfang des Jahres 1807 gehaltenen Vorlesungen über dramatische Poesie. Er erwähnt die „Lectüre Müllerscher Vorlesungen“ auch im Tagebuch, Karlsbad Juli 1807. Vgl. auch den bekannten Brief an Müller vom 28. August 1807.

buch (Weim. Ausg. III, 3, 250) steht der Spruch auch unter demselben Datum, aber ohne die Parenthese: (oder: Was in der poetischen Production Spinozismus ist). Vgl. v. Löper, Goethe-Jahrb. XI, 137, wo aber fälschlich angegeben wird, daß Riemer geschrieben habe „in der künstlerischen Reflexion"; sowohl Goethes Tagebuch, als auch Riemer haben: „in der kritischen Reflexion".

Adam Heinrich Müller Ritter von Nitterdorf, geb. in Berlin 1779, war zuletzt Regierungsrath und Landeskommissar in Tirol 1813, Generalkonsul in Leipzig 1816, geadelt in demselben Jahre, gest. als Hofrath in Wien 1829. Über Müller äußert sich Goethe noch in einem Briefe an Zelter vom 26. October 1831: „Erstickte doch Friedrich Schlegel am Wiederkauen sittlicher und religiöser Absurditäten, die er auf seinem unbehaglichen Lebensgange gern mitgetheilt und ausgearbeitet hätte, deshalb er sich in den Katholicismus flüchtete und bei seinem Untergange ein recht hübsches, aber falsch gesteigertes Talent, Adam Müller, nach sich zog."

Nr. 320. II, 179.

Reinhard ist der Graf Karl Friedrich von Reinhard, mit dem Goethe (vgl. Tag- u. Jahreshefte 1807, Hempel 27, 168f.) in Karlsbad zusammengetroffen war und seitdem im engsten Verkehr stand. Graf v. Reinhard, Sohn eines Geistlichen, war 1761 zu Schorndorf in Württemberg geb., ging 1786 als bürgerlicher Hauslehrer nach Frankreich, wurde vielfach umhergeworfen, nach mannigfachen Schicksalen Gesandter in Kassel und zum Baron erhoben 1808, zum Grafen erhoben 1829, wo er Gesandter beim Bundestag in Frankfurt war, gest. in Paris 1837. Über Goethes Verhältniß zu ihm s. den „Briefwechsel zwischen Goethe und Reinhard in den Jahren 1807—1832." Am 25. Juli 1807 hatte Reinhard an

Goethe geschrieben: „Von der Corinne habe ich hier den ersten Theil zu Gesicht bekommen, was in ihr liebenswürdig ist, hat Ihr Urtheil herausgehoben. In der Darstellung gesellschaftlicher Verhältnisse und Charaktere ist Fr. v. Stael Meisterin. Ihre Ansicht scheint mir sentimentalischer esprit. Manche Capitel sind französischer Boden mit deutschen Kälbern gepflügt. . . Auch ihr epigrammatischer Stil scheint mir eine Monotonie zu haben, die in die Länge beleidigt. Man greift immer in die Bonbonbüchse."

Nr. 321. II, 179.

a. Friedrich Bouterwek (1766—1828) war Professor der Philosophie in Göttingen, besonders bekannt durch seine „Geschichte der neuen Poesie und Beredsamkeit 1801—1819."

b. S. 180 ff. Vgl. hierzu Goethes Ausspruch: „Der Mensch begreift niemals, wie anthropomorphisch er ist" (Hempel 19, 54), sowie: „Dadurch (durch Fall und Stoß) die Bewegung der Weltkörper erklären zu wollen, ist eigentlich ein versteckter Anthropomorphismus: es ist des Wanderers Gang über Feld. Der aufgehobene Fuß sinkt nieder, der zurückgebliebene strebt vorwärts und fällt, und immer so fort, vom Ausgehen bis zum Ankommen" (Hempel 19, 175), und besonders das Wort, das eine Grundanschauung Goethes in knappster Form darstellt und in dem vorliegenden Gespräche gewissermaßen erläutert wird: „Wir wissen von keiner Welt, als im Bezug auf den Menschen: wir wollen keine Kunst, als die ein Abdruck dieses Bezugs ist." (Hempel 19, 153.) Sollte Goethe damals Pope gelesen haben? Vgl. in Popes Essay on man (2. Epistel): „The proper study of mankind is man.

Nr. 322. II, 182.

Vgl. Goethes Ausspruch: „Übersetzer sind als geschäftige Kuppler anzusehen, die uns eine halbverschleierte Schöne als höchst liebenswürdig anpreisen: sie erregen eine unwiderstehliche Neigung nach dem Original“ (Hempel 19, 61).

Nr. 329. II, 188.

Das „Vorspiel zu Eröffnung des Weimarischen Theaters nach glücklicher Wiederversammlung der herzoglichen Familie“ wurde am 19. September 1807 zum ersten Male aufgeführt. (Henriette v. Knebel an ihren Bruder in dem Briefe vom 30. September 1807, an welchem Tage das Vorspiel zum zweiten Male aufgeführt wurde.) S. dass. Hempel 11, 87 ff. Die nämlichen Worte („Gewalt und Vertilgung u. s. w.“), die in dem vorliegenden Gespräche enthalten sind, schrieb Goethe an Reinhard (Briefw. S. 14). Ausführlicher spricht er über das Stück in einem Briefe an Knebel vom 7. October 1807. — C. A. Vulpius schreibt darüber an Nicol. Meyer in Bremen am 4. October 1807: „Er (Goethe) hat auch ein neues vortreffliches Vorspiel geschrieben, womit die Großfürstin im Theater empfangen wurde. Es schildert dasselbe die Scenen des 14. bis 17. Octobers vorigen Jahres bei uns, ganz treu und lebhaft und die Empfangsscenen dieses Jahres. Sie hätten sehen sollen, wie alle Häuser mit Guirlanden, Kränzen u. s. w. behangen wurden, wie alles so waldlich aussah. Goethe hat es trefflich beschrieben.“ — Vgl. Gespräche VIII, 398.

Nr. 330. II, 188.

Josiah Wedgewood (1730—1795) war der Erfinder des Steinguts. — Vgl. Spr. in Prosa Nr. 272 (Hempel 19, 63).

Nr. 331. II, 189.

Giebt eine treffliche Erläuterung zu Nr. 330. —

Nr. 332. II, 189.

Das Gespräch bezieht sich auf eine Stelle in einem Briefe von Heinrich Voß an Goethe (aus Heidelberg vom 30. September 1807): „Görres ist mir ein wunderlicher Mann. Bei glühender Phantasie die größte Geschmacklosigkeit. Er lehrt hier ganz unerhörte Dinge. Runge*), Tieck, Jean Paul seien die einzigen Dichter. Goethe habe in früheren Jahren einige Anlage gezeigt, sein Wilh. Meister enthalte eine niedrig-ökonomische Ansicht des Lebens, sei zu verwerfen. Schiller verdiene nicht den Namen eines Dichters" (Goethe-Jahrb. V, 69).

Nr. 333. II, 190.

In dieser Zeit arbeitete Goethe den polemischen Theil der Farbenlehre aus, und in diesen Tagen also den Aufsatz „Baco von Verulam" (Geschichte der Farbenlehre, Hempel 36, 148 ff.). Das Wort Philister ist hier in dem Sinne zu fassen wie es Gespräch Nr. 326 von Goethe dargestellt ist.

Nr. 334. II, 190.

Vgl. Spr. in Prosa Nr. 67 (Hempel 19, 31).

Nr. 340. II, 193.

Vgl. Sprüche in Prosa Nr. 410: „Jedes ausgesprochene Wort erregt den Gegensinn."

Nr. 342. II, 194 f.

Die Worte: „Es wird nun auch im Thale licht u. s. w." und: „in denen, wie an den Spitzen der Berge u. s. w."

*) Der Maler Phil. Otto Runge.

erinnern an Schillers Wort: „Ehe noch die Wahrheit ihr siegendes Licht in die Tiefen der Herzen sendet, fängt die Dichtungskraft ihre Strahlen auf, und die Gipfel der Menschheit werden glänzen, wenn noch feuchte Nacht in den Thälern liegt." (Hempel 15, 368.)

Nr. 343. II, 195.

Vgl. Sprüche in Prosa Nr. 265. S. hierzu Gespräch Nr. 405. II, 253. Den Ausdruck servage d'un chevalier hat M. Bernays in der Allemagne der Frau von Stael (2, ch. 18) nachgewiesen.

Nr. 344. II, 196.

Zu dem von Goethe angewendeten Bilde vgl. Gespräch Nr. 265 b. II, 113. Friedrich Wilhelm Ziegler, besonders bekannt durch seine Schrift über Hamlet (Wien 1803), war Schauspieler.

Nr. 345. II, 196.

Friedrich Ludwig Zacharias Werner ist gemeint.

Nr. 348. II, 198.

Das Gespräch über den λόγος war wohl veranlaßt durch die Ausgabe des Faust 1808 (bei Cotta).

Nr. 352. II, 199.

Vgl. hierzu Sprüche in Prosa Nr. 563: „Jüdisches Wesen. Energie der Grund von allem. Unmittelbare Zwecke. Keiner, auch nur der kleinste, geringste Jude, der nicht entschiedenes Bestreben verriethe, und zwar ein irdisches, zeitliches, augenblickliches." — Vgl. Gespräche VIII, 398.

Nr. 354. II, 200.

Friedrich Ludwig Schröder (1744—1816) war Schauspieler, Tänzer, Bühnendichter, Theaterdirector in Hamburg, lebte seit 1798 in Rellingen, wurde aber 1811 nochmals Theaterdirector.

Nr. 356. II, 201.

Thomas Johann Seebeck (1770—1831) war Dr. med. und lebte in Bayreuth, Jena und Nürnberg; er beschäftigte sich viel mit Physik und arbeitete mit Goethe viel über die Farbenlehre (vgl. Tag- und Jahreshefte 1806 ff.). Goethe zerfiel später mit ihm, nachdem Seebeck in Fragen der Farbenlehre von Goethes Auffassung abweichende Ansichten gewonnen hatte. — Georg Anton Friedrich Ast war zuletzt Professor der klassischen Literatur in München. Er hatte unter anderem die Trauerspiele des Sophokles übersetzt, worüber in der Jen. Allgem. Literaturzeit. 1804 eine Auseinandersetzung mit Heinrich Voß (dem Sohne) stattfand, in die auch Goethe eingriff. (S. Hempel 29, 242.)

Nr. 357. II, 202.

a. „Wiewohl die neuesten Dictatoren und Imperatoren unserer Literatur u. s. w." geht auch mit auf Görres, vgl. Erl. zu Nr. 332., außerdem auf die Schlegel u. s. w. — Vgl. zu dem ganzen Gespräche Goethes Aufsatz: „Literarischer Sansculottismus" (Hempel 29, 237 ff.).

b. Aus einem Briefe K. Bertuchs an Böttiger, 21. April 1808. Ästchen wohl Wortspiel mit dem Namen Ast. — Franz Ludwig Karl Friedrich Passow (1786 bis 1833) war Prof. der klass. Sprachen in Breslau. Bertuch fügt seiner Mittheilung an Böttiger die Worte hinzu: „Wenn er (Goethe) doch öfters und auch öffentlich darein wetterte, damit dem Unfug etwas gesteuert werde. Phöbus Apollo erhalte uns noch lange die wenigen älteren Stammherrn unserer Literatur, die mit jedem Peitschenhiebe die wahren bösen Stellen des literarischen Körpers zu treffen wissen."

c. Zu den Worten: „Es seien ja dies alles nur Fetzen und Lappen von seiner Existenz u. s. w." vgl. Gespr. Nr. 410., sowie das in der Einleitung zu den Erläuterungen Gesagte.

Nr. 359. II, 210.

Das Wort ἐνθουσιάζων übersetzt Schiller bekanntlich in den Kranichen mit den Worten: „des Gottes voll": hier steht es überhaupt in dem Sinne: „voll Begeisterung".

Nr. 360. II, 211.

Systole und Diastole, d. h. Zusammenziehn und Ausdehnen. Vgl. dazu Sprüche in Prosa Nr. 362: „Die große Schwierigkeit bei psychologischen Reflexionen ist, daß man immer das Innere und Äußere parallel, oder vielmehr verflochten betrachten muß. Es ist immerfort Systole und Diastole, Einathmen und Ausathmen des lebendigen Wesens," sowie Sprüche in Prosa Nr. 912, wo die Begriffe Systole und Diastole in den verschiedensten Ausdrücken als Grundeigenschaften der lebendigen Einheit umschrieben werden. v. Löper weist auch (Hempel 19, 82) auf Goethes Worte hin: „Die Systole und Diastole des menschlichen Geistes war mir, wie ein zweites Athemholen, niemals getrennt, immer pulsirend." (Hempel 34, 95).

Nr. 363. II, 212.

Zu dem „Plan eines historisch-religiösen Volksbuches und einer allgemeinen Liedersammlung zu Erbauung und

Ergetzung der Deutschen" (vgl. Tag= u. Jahreshefte 1807, Hempel 27, 178 und v. Biedermanns Anmerkung dazu, der Goethes Plan mit Recht ins Jahr 1808 setzte) wurde Goethe durch einen Brief des Doctor Niethammer in München angeregt, der im Auftrage des bayerischen Ministeriums am 28. Juni 1808 geschrieben war, am 8. August bei Goethe eintraf und dem der Vortrag Niethammers „Über das Bedürfniß eines Nationalbuches als Grundlage der allgemeinen Bildung der Nation" beigelegt war. Diesen Vortrag hatte Niethammer am 22. Juni 1808 dem bayerischen Ministerium vorgelegt; er hatte darin ein „Nationalbuch" beantragt, das eine „Sammlung des Vorzüglichsten unserer deutschen Klassiker" sein solle, und nannte Voß und Goethe als die, welche „Homer der Deutschen" zu werden berufen seien. Goethe antwortete kurz schon am 8. August, ausführlich am 19. August 1808. Goethes Gutachten über das Volksbuch findet sich jetzt gedruckt in dem Aufsatze von Ludwig Trost, das deutsche Nationalbuch (Vom Fels zum Meer 1889/90 1. Heft S. 70—72; auch im Goethe=Jahrb. XI, 214 ff.; vgl. auch Goethe=Jahrb. IV, 359, wo v. Löper schon W. v. Biedermanns Vermuthung, daß der Plan ins Jahr 1808 gehört, als richtig nachgewiesen hatte). Hierzu stimmt das vorliegende Gespräch genau. Goethe war dem Vorhaben nicht abgeneigt, Niethammer wollte freudig auf Goethes Vorschläge eingehen, aber der bayerische Ministerialreferent bemerkte zu den betreffenden Acten am 26. Juli 1811: „Beruht nach der Äußerung des Herrn Geheimraths Goethe auf sich."

Nr. 365. II, 213.

Elisabeth Charlotte Constantia Freifrau von der Recke, geb. Gräfin Medem, geb. 1754 zu Schönburg in Kurland, mit dem Freiherrn v. d. Recke 1771 ver=

mählt, 1776 geschieden, gest. 1833 in Dresden. Vgl. Tag- u. Jahreshefte 1808 (Hempel 27, 179) und 1820 (Hempel 27, 267). Sie war die Schwester der Herzogin von Kurland, Tiedge war lange Jahre ihr Hausgenosse.

Nr. 368. II, 214.

Vgl. Sprüche in Prosa Nr. 374: „Wie kann der Charakter, die Eigenthümlichkeit des Menschen, mit der Lebensart bestehen?“ 375. „Das Eigenthümliche müßte durch die Lebensart erst recht hervorgehoben werden. Das Bedeutende will jedermann, nur soll es nicht unbequem sein.“ 587. „Charakter im Großen und Kleinen ist, daß der Mensch demjenigen eine stete Folge giebt, dessen er sich fähig fühlt.“ — Zu dem Schlusse des Gesprächs vgl. Goethes Aufsatz: „Bedeutung des Individuellen“ (Hempel 27, 327) und darin namentlich den Satz: „Es ist gar nicht nöthig, daß einer untadelhaft sei oder das Vortrefflichste und Tadelloseste thue, sondern nur, daß etwas geschehe, was dem andern nutzen oder ihn freuen kann.“

Nr. 369. II, 216.

Vgl. Gespräch Nr. 1192. VII, 40., dazu Sprüche in Prosa, Nr. 602: „Klassisch ist das Gesunde, romantisch das Kranke“, sowie Sprüche in Prosa Nr. 603 u. 604. Die Nibelungen nennt Goethe späterhin „klassisch wie Homer“ (Gespräch Nr. 1192. VII, 40). Überhaupt näherte sich Goethe späterhin der romantischen Poesie etwas mehr. Wie er in seinen gereimten und prosaischen Sprüchen zugleich die Spruchpoesie der Reformationszeit wiederbelebte, so bekannte er (Hempel 2, 350): „Wir sind vielleicht zu antik gewesen, nun wollen wir es moderner lesen.“ Besonders aber giebt Goethes Aufsatz: „Klassiker und Romantiker in Italien, sich heftig bekämpfend" (1820) uns Aufschluß über Goethes allmähliche Wandlung. Dort sagt er (gleichsam ein Bild seiner eigenen Entwickelung entwerfend und sich selbst im Spiegel des fremden Volkes betrachtend: „Eine gar eigene Beobachtung hierüber veranlaßt ein merkwürdiger Fall. Monti, Verfasser von Aristodem und Cajus Gracchus, Übersetzer der Ilias, kämpft eifrig und kräftig auf der klassischen Seite. Seine Freunde und Verehrer stehen dagegen für die romantische Partei und versichern, seine eigenen besten Werke seien romantisch, und bezeichnen solche namentlich, worüber der kostbare Mann höchst verdrießlich und aufgebracht, das ihm zugedachte falsche Lob gar nicht anerkennen will. Und doch ließe sich dieser Widerstreit sehr leicht heben, wenn man bedenken wollte, daß jeder, der von Jugend an seine Bildung den Griechen und Römern verdankt, nie ein gewisses antikes Herkommen verleugnen, vielmehr jederzeit dankbar anerkennen wird, was er abgeschiedenen Lehrern schuldig ist, wenn er auch sein ausgebildetes Talent der lebendigen Gegenwart unaufhaltsam widmet und, ohne es zu wissen, modern endigt, wenn er antik angefangen hat. Ebenso wenig können wir die Bildung verleugnen, die wir von der Bibel*) hergenommen haben, einer Sammlung bedeutender Documente, welche bis auf die letzten Tage einen lebendigen Einfluß hat, ob sie uns gleich so fern liegt und so fremd ist als irgend ein anderes Alterthum. Daß wir sie näher fühlen, kommt daher, weil sie auf Glauben, und höchste Sittlichkeit wirkt, da andere Literaturen nur auf Geschmack und mittlere Menschlichkeit hinleiten. Inwiefern nun die italienischen Theoretiker sich in Güte

*) Die Bibel, Plato und Aristoteles nannte Goethe Gespr. Nr. 355. II, 200 auch zusammen als „hauptsächlich wirkend in der Cultur der Wissenschaften."

vereinigen können, wird die Zeit lehren. Gegenwärtig ist noch keine Aussicht dazu; denn weil, wie nicht zu leugnen ist, in dem romantischen Wesen manches Abstruse vorkommt, was nicht gleich einem jeden klar wird, vielleicht auch mancher Mißgriff obwaltet, den man eben nicht vertheidigen kann, so ist die Menge gleich fertig, wenn sie alles, was dunkel, albern, verworren, unverständlich ist, romantisch nennt; hat man ja auch in Deutschland den edelsten Titel eines Naturphilosophen frecherweise zum Spitz- und Schimpfnamen entwürdigt. Wir thun deshalb sehr wohl, wenn wir auf diese Ereignisse in Italien Acht haben, weil wir wie in einem Spiegel unser vergangenes und gegenwärtiges Treiben leichter erkennen, als wenn wir uns nach wie vor innerhalb unseres eigenen Zirkels beurtheilen." (Hempel 29, 619 f.)

Der Kampf gegen Kotzebues Richtung hatte einst Goethe in enge Verbindung mit den Romantikern gebracht (s. o. S. 80), die Trennung von den Romantikern vollzog sich, wie Minor nachgewiesen hat (Classiker und Romantiker, Goethe-Jahrb. X, 220 f.) zunächst auf dem Gebiete der bildenden Kunst und zwar seit 1805, da Goethe das falsche Gebahren seiner Zeit vor allem mit darin zu erkennen glaubte, daß „alle Poesie zum Drama und alle bildende Kunst zur Malerei" hinstrebe (Briefwechsel mit Schiller I, 344), während die Schlegel „antike und moderne Dichtung wie Plastik und Malerei" von einander trennten und den Malern der Alten vorwarfen, daß sie zu sehr Bildhauer gewesen seien. Seitdem sprach sich Goethe in den verschiedensten Zirkeln scharf gegen die Romantiker aus. 1812 sagte sich Wilhelm Schlegel in den Heidelberger Jahrbüchern von der Kunstrichtung Winckelmanns und der Weimaraner los. Einflüsse der Romantiker auf Goethe und umgekehrt weist Minor in dem angeführten Aufsatze glücklich nach. Wie Goethe in der „Reise am Rhein, Main, Neckar“ die altdeutsche Kunst in liebevoller Weise anerkennt und bewundert (vgl. auch Dichtung und Wahrheit, Hempel 21, 159f. und v. Löpers Anmerkung dazu), ist bekannt. Aber bei aller Verehrung der deutschen Kunst, bleibt auch hier Goethe maßvoll. Er empfiehlt, „daß eine Schule die andere schätze, die außerordentlichen Männer beiderseitig anerkenne, die Fortschritte einander nicht ableugne.“ „Auf diesem Wege, fährt er fort, werden wir die deutsche Kunst des fünfzehnten und sechzehnten Jahrhunderts freudig verehren, und der Schaum der Überschätzung, der jetzt schon dem Kenner und Liebhaber widerlich ist, wird sich nach und nach verlieren.“ (Hempel 26, 335.)

Interessant ist es, daß auch der von der Antike ausgehende Geibel denselben Weg wandelte wie Goethe. Auch er schrieb:

Aber wir möchten dabei (bei der Antike) nicht bleiben,
Das Dichten wieder deutsch betreiben,
Und geh'n, wohin der Sprache Geist
Mit ahnungsvollem Laute weist.

Nr. 370. II, 218.

Johann Baptist Casti (1721—1803), Abbé, Prof. am Seminar zu Montefiascone, 1782 Hofdichter in Wien, dann in Florenz, in Paris seit 1798. Die Castischen Novellen (Novelle galanti) hatte Goethe 1787 in Rom aus dem Vortrage des Dichters selbst kennen lernen; sie gehören zu denen, „von welchen man eine unsittliche Ansteckung befürchten“ kann (Tag- und Jahreshefte 1811, Hempel 27, 204); „nicht sehr ehrbar“ nennt sie Goethe in der italienischen Reise (Hempel 24, 365. 377). — „Das Tagebuch“, ein Gedicht Goethes in Stanzen, entstand im Sommer 1810. Es ist veröffentlicht worden durch Goedeke, H. Kurz u. a. Vgl. Goethe-J. I, 389 u. 437f. Riemer bemerkt in seinem Kalender (Deutsche Revue, XII, Jahrg. Juli u. October) unter dem 30. April 1810: „Tagebuch. Das unter den Paralipomenis befindliche Manuscript ist noch das von meiner Hand und scheint keines weiter zu existiren, sonst würde Goethe dieses genommen haben. Wahrscheinlich als sujet de caution scheint er es von niemand weiter haben kopiren zu lassen". Vgl. auch Gespräch mit Eckermann vom 25. Februar 1824. Gespr. Nr. 927. V, 27ff.

Nr. 371. II, 219f.

Theodor Adam Heinrich Friedrich von Müller (1779—1849) war Kanzler zu Weimar. — C. A. Vulpius schrieb am 28. September 1808 an Nic. Meyer: „Der Geheimrath (Goethe) ist 17 Wochen lang in Karlsbad gewesen. . . . . Nun ist alles nach Erfurt, wo Napoleon d. Gr. angekommen ist. Seinetwegen giebt der Herzog im Ettersberg eine Jagd, die über 8000 Thaler kostet" (Goethe-J. IV, 334). Vgl. a. dessen Brief an August v. Goethe, Weimar 21. September 1808 (Goethe-J. X, 17).*) Die große Jagd in Ettersburg fand am 6. October statt, ebenso der Ball nach dem Theater.

Nr. 372. II, 220ff.

Goethes eigene Aufzeichnung über die Unterredung mit Napoleon s. Hempel 27, 323—327. Goethe zeichnete nur die Unterredung vom 2. October ausführlich auf und zwar erst am 15. Februar. 1824. (Vgl. Gespräch Nr. 613. III, 135 und Nr. 923. V, 20); er schrieb dann sofort an Fr. v. Müller, der ihn dazu gedrängt hatte: „zur Strafe, daß er ihn dazu verleitet,

*) Hier schreibt er: „Der Vater (Goethe) ist recht wohl aus dem Bade gekommen, schmal, und sine Bauch. Er bewegt sich viel leichter".

secretire er das Product." Vgl. nun auch Talleyrands Memoiren, der das Gespräch vom 2. October und 6. October aufzeichnet (s. d. Gespr. unter den Nachträgen in Band IX). Das Gespräch am 6. October fand bei dem Hofballe nach der Aufführung von Voltaires Tod des Cäsar statt; daher die Beziehung auf Cäsars Tod. Daß v. Biedermanns Angabe, daß das Gespräch von den Worten an: „Doch bald wieder auf das Trauerspiel" u. s. w. dem 6. October angehört, richtig ist, bestätigen Talleyrands Memoiren I, 331, wo die Worte Napoleons über das Trauerspiel lauten: „Ein schönes Trauerspiel ist doch ein wahrer Genuß und zugleich eine vortreffliche Schule für höher gebildete Menschen. Von einem gewissen Standpunkt aus könnte man sagen, daß ein Trauerspiel über der Geschichte steht; jedenfalls hinterläßt es einen gewaltigeren Eindruck, und auch das erscheint mir richtig, daß viele Menschen zusammen und auf einmal diesen Eindruck erhalten. Ein Geschichtswerk, das man allein und für sich liest, kann eine solche Wirkung niemals haben." Vom Werther erwähnt Talleyrands Bericht nichts; ebenso erzählt Talleyrand, daß Voltaires Mahomed Napoleons „Lieblingsstück" gewesen sei (I, 321 f.). Vgl. auch Gespräch Nr. 919. V, 6 über Werther. Die besagten Stellen waren übrigens schon von Frau von Stael gemißbilligt worden. Den Plan, den Tod Cäsars in einer Tragödie zu behandeln, hatte Goethe schon im Jahre 1775. Damals schon, am 4. Februar 1775, schrieb der Herzog Karl August zu Sachsen-Meiningen, der am 3. oder 4. Februar Goethe und Herrn von Riese in Frankfurt zur Tafel gezogen hatte, an seine Schwester Wilhelmine: „Er (Goethe) sagte mir, daß er jetzt an zwey Stücken arbeite: der Tod J. Cäsars, ein Trauerspiel, und eine Oper." (Goethe-Jahrb. X, 141.) Vgl. v. Biedermann, Goetheforsch. Neue Folge 164 ff., welcher nachgewiesen hat, daß es sich bei dem „Cäsar“ nicht bloß um einen flüchtigen Gedanken handelte, sondern daß dieser Plan Goethe schon in Straßburg 1770 oder 1771 beschäftigte und Jahre hindurch von ihm gepflegt wurde. In dem 1776 gedruckten zweiten Versuch der „Physiognomischen Fragmente“ von Lavater gab Goethe die Erklärung von zwei Kupferstichen, die Cäsar darstellten, und nennt ihn da den „Inbegriff aller menschlichen Größe“ (vgl. E. von der Hellen, Goethes Antheil an Lavaters Physiognomischen Fragmenten 209 ff.).

Nr. 373. II, 225.

Zu Napoleons Bemerkung, daß das Trauerspiel über der Geschichte stehe, vgl. Erl. zu Nr. 372.

Nr. 375. II, 227.

1808 gab von der Hagen im Verein mit Büsching unter dem Titel „Deutsche Gedichte des Mittelalters“ einen wörtlichen Abdruck verschiedener Handschriften heraus, in denen z. B. der König Rother (nach Tiecks Abschrift) enthalten war.

Nr. 378. II, 228.

Immer wird, nach Goethe, auch das Beste werthlos, wenn es in Einseitigkeit ausartet. Das ist eine Grundanschauung des Dichters.

Nr. 379—381. II, 228 ff.

Über die Zerwürfnisse bei der Bühnenleitung vgl. Tag- und Jahreshefte 1808 (Hempel 27, 184), sowie v. Biedermanns Erläuterungen dazu S. 456. Der Opernsänger Morhard hatte mit der Sängerin Jagemann, die als Geliebte des Herzogs sich glaubte alles erlauben zu dürfen, einen Streit gehabt, und der Herzog hatte, ohne Goethe zu fragen, die Bestrafung Morhards angeordnet.

Goethe wollte infolgedessen von der Leitung zurücktreten, der Herzog gab schließlich nach, um unangenehmes Aufsehen zu vermeiden. Die Acten dieser Streitigkeiten sind veröffentlicht im Anhang zu „Goethes Briefen an Christ. Gottlob von Voigt“ (S. 482—532). Der Titel des verhängnißvollen Stückes, bei dem der Streit am 26. November 1808 zwischen Morhard und der Jagemann ausbrach, hieß: „Sargino oder der Zögling der Liebe. Oper in zwey Aufzügen nach dem Italienischen.“ Goethes Frau berichtet darüber an ihren Sohn August am 30. November 1808: „Der Geheimrath hat das Theater völlig niedergelegt, aber der Herzog will es durchaus nicht zugeben; man schickt täglich sowohl an mich als an den Geheimrath Leute ab, die ihn bereden sollen es nicht aufzugeben; aber sein Entschluß ist fest, daß er es entweder ganz allein haben will oder gar nicht. Ich bin es sehr wohl zufrieden und sehe ein, daß es durchaus nicht anders angeht. Die Sache ist nämlich so. Es hat sollen Sargin gegeben werden, Morhard hat aber so einen fürchterlichen Katarrh bekommen, daß es ohnmöglich war. Die Jagemann hat aber geäußert: „Wenn der Hund nicht singen kann, so soll er bellen, und er muß singen.“ Da das aber nicht möglich war, und Morhard nicht in die Probe kam, so hat sie sich an den Herzog gewendet, und dieser hat Morhard noch wollen denselben Abend über die Gränze bringen lassen, wo ihm denn der Geheimerath nur geschwinde hat Wache geben lassen, um es zu mildern. So stehen jetzt die Sachen. Der Herzog ist am Dienstag nach Jena, und wir wissen nun noch nicht wie es werden wird.“ (Goethe-Jahrb. X, 24.) Daß sich Goethe des Gemaßregelten aufs entschiedenste annahm, dafür waren ihm die Bühnenmitglieder sehr dankbar. Die Acten schließen mit dem 27. December. Am 29. December schrieb Goethe in sein Tagebuch: „Nach Tische Genast. Entscheidung wegen Fortdauer der Regie." Und Christiane von Goethe schreibt am 30. oder 31. December 1808 an August: „Mit dem Theater hat es sich wieder so gut gemacht, da der Herzog Deinem Vater ein Rescript zugeschickt hat, daß er eigenmächtig machen kann was er will; und ich sitze nicht mehr auf meiner alten Bank, welche oben Caroline eingenommen hat, ich sitze in der Loge neben der Schopenhauern. Du kannst also aus diesem Briefe ersehen, daß meine jetzige Existenz ganz anders als sonst ist."

Nr. 383. II, 230.

Beate Elsermann, Schauspielerin, nachmals verehel. Lortzing. Vgl. Gespr. Nr. 359. II, 210.

Nr. 384. II, 231.

Gotthilf Heinrich v. Schubert, Naturforscher, geb. 1781 in Hohenstein, Schüler Schellings, Prof. der Naturwissenschaften in Erlangen 1819, in München 1827, gest. 1860.

Nr. 386. II, 231 f.

Vgl. Gespr. Nr. 352. II. 199. und die Erl. dazu. — Über Baco vgl. Gespr. Nr. 333. II, 199 und Erl. dazu. — Über Zeitschriften s. Gespr. Nr. 269. II, 116 ff.

Nr. 387. II, 233.

Franz Gerhard v. Kügelgen, geb. zu Bacharach 1772, in Dresden seit 1805, Maler und Prof. an der Academie, ermordet am 17. März 1820. Über „die griechische Malerei" vgl. das Urtheil der Schlegel Erl. zu Nr. 369. II, 216, daher Goethes Zorn.

Nr. 388. II, 234.

Ludwig Joachim (Achim) von Arnim, geb. 1781 in Berlin, gest. 1831. Der „Einsiedler“ ist Arnims „Zeitung für Einsiedler“, später „Tröst Einsamkeit“ genannt, die er von 1806—1808 herausgab. Arnim lebte damals in Heidelberg. Mitarbeiter waren: Joseph Görres, Clemens Brentano, Ludwig Uhland, die Brüder Grimm u. a.

Nr. 389. II, 234.

Karl Friedrich Ernst Frommann (1765—1837), Buchhändler in Jena, wo er sich 1798 niedergelassen hatte. Goethe schätzte Frommann und dessen Gattin sehr hoch und verweilte gern im Frommannschen Hause, wo viele hervorragende Persönlichkeiten verkehrten. Die Pflegetochter Frommanns war Minchen Herzlieb (geb. 22. Mai 1789). Vgl. Goethes Sonette Nr. 10 und 17, die an Minchen Herzlieb gerichtet sind (Hempel 1, 214. 218.).

Nr. 392. II, 238.

C. A. Vulpius schreibt am 14. März 1809 an Nic. Meyer: „Daß Arendt ein miserabler Mensch als Mensch war, hat er auch hier bewiesen. Ein undankbarer Raisonneur, halb verrückt und voll Stolz, und dennoch ein Bettler.“

Nr. 396. II, 248.

a. Gaston V., Graf v. Foix, fiel als der letzte seines Geschlechts in der Schlacht bei Ravenna 1512. — b. Der Maler Franc. Mazzola oder Mazzuoli war 1503 in Parma geboren, daher Parmeggianino genannt, gest. 1540.

e. Vgl. hierzu: „Einfache Nachahmung der Natur, Manier, Stil“ Hempel 24, 525. — Das Wort Manier gebraucht Goethe hier, wie in jener Abhandlung,

„in einem hohen und respectabeln Sinne, daß also", wie er sich ausdrückt, „die Künstler, deren Arbeiten nach unserer Meinung in den Kreis der Manier fallen, sich über uns nicht zu beschweren brauchen; es ist uns bloß angelegen, das Wort Stil in den höchsten Ehren zu halten, damit uns ein Ausdruck übrig bleibe, um den höchsten Grad zu bezeichnen, welchen die Kunst je erreicht hat und je erreichen kann." (Hempel 24, 529.)

Nr. 402. II, 252.

Vgl. Sprüche in Prosa Nr. 252. — Über die Geschichte der Wissenschaften vgl. auch Gespräch Nr. 334. II, 190.

Nr. 404. II, 253.

Franz Ludwig von Hendrich, Offizier in Weimar, gest. als Kommandant von Jena 1828.

Nr. 406. II, 254.

Louise Seidler, geb. in Jena 1786, Malerin, später Custodin der großherzogl. Gemäldesammlung in Weimar, gest. 1866. — Den Namen Johanna änderte Goethe bekanntlich im Gedicht selbst in: „Schön Suschen." Das Gedicht hatte Goethe am 1. Juni 1809 vollendet. Vgl. auch Goethes Briefwechsel mit Zelter I, 360.

Nr. 408. II, 256.

Vgl. Sprüche in Prosa Nr. 259 u. 260.

Nr. 410. II, 265.

Statt „Häufungen" muß es heißen: Häutungen. Vgl. die Einleitung zu den Erläuterungen. Vgl. Gespräch Nr. 357c. II, 209.

Nr. 411. II, 266.

a. Vgl. Gespräch Nr. 294. II, 162.

Nr. 412. II, 267.

Der Maler Karl Friedrich Kaaz, eigentlich Katz (1776—1810), lebte vorwiegend in Dresden, war längere Zeit in Italien.

Nr. 413. II, 268.

Zu dem Ausspruch über die Weiber vgl. Gespr. Nr. 265d. II, 113., sowie insbesondere Gespräch Nr. 405. II. 253.

Nr. 414. II, 269.

Silvie, Freiin von Ziegesar, geb. in Drakendorf 1785, gest. 1855, vermählte sich 1814 mit dem Garnisonsprediger und Prof. Fr. Aug. Koethe in Jena.

Nr. 416. II, 271.

e. Schon in den Oden an Behrisch sang der junge Goethe:

Sei gefühllos!
Ein leichtbewegtes Herz
Ist ein elend Gut
Auf der wankenden Erde.

Nr. 419. II, 273.

Aber auch das Wort Friedrichs des Großen, der sich den ersten Diener seines Staates nannte, war Goethe nicht unbekannt. — Vgl. Gespr. Nr. 324b. II, 184: „Der Mann dient, um zu herrschen u. s. w.“

Nr. 420. II, 273.

Johann Jakob Griesbach (1745—1812), Prof. u. Geh. Kirchenrath in Jena.

Nr. 421. II, 274.

Vgl. Sprüche in Prosa Nr. 243. —

Nr. 425. II, 276.

Clemens Brentano (1778—1842) stammte aus Frankfurt, Bruder Bettinas und Arnims Schwager lebte an verschiedenen Orten, längere Zeit auch in Jena. Die „Einsiedlerzeitung" ist Arnims Zeitschrift, vgl. Gespr. Nr. 388. II, 234. Der „Wintergarten" ist eine Sammlung von Novellen, die Arnim (Berlin 1809) herausgab.

Nr. 442. II, 286.

zugtegiren = standhaft ausdauern, ertragen.

Nr. 444. II, 288.

„Seine Frau, die sehr gemein aussieht." Gemein steht hier in dem alten Sinne von alltäglich, gewöhnlich, wie das Wort von den Brüdern Grimm häufig und auch von Goethe zuweilen gebraucht wird, z. B. in dem „Epilog zu Schillers Glocke":

> Und hinter ihm in wesenlosem Scheine
> Lag, was uns alle bändigt, das Gemeine.

Louis E. Grimm, der Bruder Jacob und Wilhelm Grimms, geb. 1790, gest. 1863, war Maler und Kupferstecher. Über L. Grimms Bild der Bettina hatte sich Goethe schon am 3. November 1809 sehr lobend ausgesprochen. — Den Besuch Wilhelm Grimms erwähnt Goethe in den „Tag- und Jahresheften" (Hempel 27, 187). Wilhelm Gr. kam Mitte December nach Weimar, er befand sich auf der Rückreise von Halle, wo er wegen eines Herzleidens eine Kur bei Reil durchgemacht hatte, nach Kassel. Vgl. auch Goethes Brief an Voigt vom 18. Januar 1810, sowie Riemers Brief an Knebel vom

13. December 1809. — Wilhelm Grimm bekam aus Weimar altdeutsche Manuscripte (eine Sammlung Minnelieder und eine Handschrift mit Erzählungen von Teichner), die er am 8. Juni 1810 an Goethe zurücksandte (vgl. W. Grimms Briefe an Goethe im Goethe-Jahrb. IX. 22ff.). Noch zweimal kam W. Grimm mit Goethe persönlich zusammen, das eine Mal im September 1815 (vgl. Gespräch Nr. 662. III. 244), das andere Mal am 19. Juni 1816. Es sei mir gestattet dieses dritte Gespräch W. Grimms mit Goethe, das in der vorliegenden Sammlung v. Biedermanns fehlt, hier nachzutragen. Am 3. Juli 1816 schrieb W. Grimm aus Kassel an den Hofrath Prof. Suabedissen, Erzieher des Prinzen Friedrich von Hessen: „In Kösen hatte ich schon gehört, daß vor kurzem Goethes Frau gestorben sei, ich wußte also nicht, ob er jemand schon sehen wolle, indessen konnte er mich ja abweisen, und ich machte den Versuch. Er nahm mich aber an, und ich habe ihn nie so heiter, freundlich und wohlwollend gesehen. Er sprach über vieles und wenn er in seinem Buche von der Kunst in den Rhein- und Main-Gegenden gegen den heiligen Geist, den Herrn Christus und die Heiligen eine gewisse kalte und humane Artigkeit äußert, so sprach er hier recht schön und warm über das neuerwachte religiöse Gefühl, das nicht wieder untergehen werde, weil man empfunden, daß man ohne das nicht leben könnte, und es war wohl zu sehen, daß er in jenem Buche nur aus einer gewissen Opposition so gesprochen. Gegen die neuen Bekehrer, den Herrn Adam Müller und Fried. Schlegel, sprach er sehr bestimmt, sie wollen uns nehmen, was wir uns erworben haben, und ein rechter Katholik will nichts andres als ein Protestant. Mit Vergnügen erzählte er vom Prinz Anton in Sachsen, daß er durch ein Paar wildlederne Hosen seine Reitknechte zu bekehren suche, die nur ein katholischer über das Ge-

wöhnliche erhalte und die schon manchen verführt habe." *) Hieraus geht hervor, daß Goethes bekannte scharfe Äußerung in der „Reise am Rhein, Main und Neckar" wider die „christelnde Dichtung" sich hauptsächlich gegen die Schlegel richtet und unter diesem Gesichtspunkt aufzufassen ist. Am 1. August 1816 schrieb dann W. Grimm aus Kassel an Goethe jenen inhaltreichen Brief, der mit den Worten beginnt: „Als ich vor kurzem die Ehre hatte, Ew. Excellenz meine Aufwartung zu machen, gaben wohlwollende Äußerungen mir die Erlaubniß, Ihnen das Wenige, was mein Bruder und ich bisher für die altdeutsche Literatur gearbeitet, zuzusenden: wovon ich hier Gebrauch mache." (Goethe-Jahrb. VII, 27 ff.) Auch der „Plan einer deutschen Gesellschaft" wird Goethe von den Brüdern Grimm unterbreitet (s. denselben Goethe-Jahrb. IX, 34 ff., sowie den Begleitbrief W. Grimms vom 20. September 1816), und daß Goethe auf diesen Gedanken einging, bestätigt seine Bemerkung im Tagebuch, 30. September 1816: „Vortrag an Serenissimum über eine zu organisirende Gesellschaft für deutsche Sprache und Literatur", sowie daß er am 2. October Karl August die Actenstücke übersandte (s. Goethe-Jahrb. IX, 45—47). Aber an den Minister Voigt schrieb er am 26. August 1816 (mit Bezug auf den dasselbe Ziel verfolgenden Berliner Plan): „Auch hier ist wunderbar zu sehen, wie der patriotische Enthusiasmus über Zweck und Mittel verblendet: denn wie soll so etwas gethan werden? und wenn es gethan ist, wem solls

---

*) E. Stengel, Private und amtliche Beziehungen der Brüder Grimm zu Hessen. Eine Sammlung von Briefen und Actenstücken als Festschrift zum 100. Geburtstag Wilhelm Grimms, zusammengestellt und erläutert. I. Band: Briefe der Brüder Grimm an hessische Freunde, S. 153. Vgl. a. Goethe-Jahrb. VII, 394.

frommen? Doch sind dergleichen Anstöße und Anlässe möglichst zu benutzen."

Zum Schlusse nur noch die Bemerkung, daß Grimm über Goethe urtheilte, dieser sei „kein vollkommen großer Dichter wie Shakespeare, es klebe seinen Werken zu viel Studium an, viel zeitlich Vergängliches." (Stengel, a. a. O. I, 214.)

Nr. 450. II, 293.

Vgl. über Goethes Verhältniß zu Lessing Erl. zu Nr. 252. II, 103.

Nr. 451. II, 297.

Johann Wilhelm Ritter (1776—1810) lebte als Privatgelehrter in Jena, er entdeckte den Einfluß des galvanischen Stroms auf den Lebensproceß. Im Briefe an Schiller vom 28. September 1800 nennt ihn Goethe „eine Erscheinung zum Erstaunen, einen wahren Wissenshimmel auf Erden."

Nr. 452. II. 297.

Joh. Friedrich Reichardt (1752—1814), Kapellmeister in Berlin 1775—1794, lebte dann vorwiegend in Giebichenstein, eine Zeitlang Salineninspector in Halle, 1807—1808 Hofkapellmeister in Kassel. Er componirte 47 Lieder Goethes, außerdem „Jery und Bätely", Musik zu „Egmont" u. a.

Nr. 457. II, 299.

Vgl. Erl. zu Nr. 268. II, 116, sowie Hempel 27, 195.

Nr. 459. II, 303.

Bernhard Rudolf Abeken (1780—1866), der frühere Hauslehrer von Schillers Kindern, war Gymnasial=

director in Osnabrück. Goethe gedenkt dieses Aufsatzes im Morgenblatt noch im Jahre 1827 gegen Eckermann, vgl. Gespr. Nr. 1075. VI, 33.

Nr. 463. II, 307.

Vgl. Erl. zu Nr. 268. II. 116.

Nr. 467. II, 309.

Vgl. Gespr. Nr. 357b. II, 208.

Nr. 472. II, 316.

Der Ausdruck „das bodenloseste Handwerk" bezieht sich auf das Sprichwort: „Handwerk hat goldenen Boden."

Nr. 479. II, 320.

Mit der Änderung: „Nemo contra Deum etc." ist das hier angeführte Wort bekanntlich das Motto zum vierten Theile von Dichtung und Wahrheit. Vgl. auch Goethes Erklärung des Spruches in Dichtung und Wahrheit IV, 20. Buch (Hempel 23, 103).

Nr. 483. II, 322f.

d. Vgl. hierzu Sprüche in Prosa Nr. 690: „Die Kunst ruht auf einer Art religiösem Sinn, auf einem tiefen unerschütterlichen Ernst; deswegen sie sich auch so gern mit der Religion vereinigt"; und in dem Aufsatze „Neue Unterhaltungen über verschiedene Gegenstände der Kunst": „Die Kunst hat einen idealischen Ursprung, man kann sagen, sie sei aus und mit der Religion entsprungen. In den ältesten Zeiten diente die Kunst jederzeit der Religion, indem sie gewisse strenge, trübe, seltsame und gewaltsame Vorstellungen ausbildete." (Hempel 28, 800.) Vgl. auch Gespräch Nr. 601b. III, 124.

Nr. 495. II, 327 f.

Kaspar David Friedrich (1774—1840), Landschafts- und Historienmaler, erst in Berlin, dann in Dresden, wo er seit 1815 Professor an der Kunstacademie war. Vgl. Tag- u. Jahreshefte 1808. Hempel 27, 184.

Nr. 502. II, 332 f.

Über Niethammer vgl. Erl. zu Nr. 363.

Nr. 507. II, 336.

Vgl. Dichtung u. Wahrheit II, 7. Buch: „Bei diesem Umgange wurde ich durch Gespräche, durch Beispiele und durch eignes Nachdenken gewahr, daß der erste Schritt, um aus der wässrigen, weitschweifigen, nullen Epoche sich herauszuretten, nur durch Bestimmtheit, Präzision und Kürze gethan werden könne.“ (Hempel 21, 53 ff.) — Über Systole und Diastole vgl. Erl. zu Nr. 360.

Nr. 511. II, 345.

Filippo Neri (1515—1595), Priester, Heiliger seit 1622, gründete den Orden zum Oratorium in Rom.

Nr. 520. III, 1 f.

Sulpiz und Melchior Boisserée. Sulpiz Boisserée war geb. am 2. August 1783 in Köln, lebte seit 1810 als Kunstforscher und Sammler in Heidelberg, wurde 1816 von der Universität Heidelberg zum Dr. phil. ernannt, später bayerischer Oberbaurath, begründete als „Generalkonservator der plastischen Denkmäler des Reichs“ die Wiederherstellung des Kölner Domes, gest. 2. Mai 1854 zu Bonn. — Melchior Boisserée, Bruder des vorigen, war geb. in Köln am 23. April 1786, gleichfalls Kunstsammler und Forscher, anfangs in Köln, seit 1810 in Heidelberg, später in Stuttgart und München, wo er die Glasmalerei wiederherstellte, gest. in Bonn am 14. Mai 1851. Ihre Gemäldesammlung, die besonders ältere deutsche Malerschulen enthielt, wurde 1827 von König Ludwig I. von Bayern erworben und in der alten Pinakothek untergebracht. Über die Sammlungen der Brüder Boisserée spricht Goethe außer in der „Reise am Rhein, Main und Neckar“ auch an vielen Stellen der „Tag- und Jahreshefte“, in Dichtung und Wahrheit, sowie in zahlreichen Aufsätzen (vgl. z. B. Hempel 29, 331 ff. 28, 357 ff. u. a.). Die Bekanntschaft Goethes mit den Brüdern Boisserée hatte Graf Reinhard im Jahre 1810 vermittelt (vgl. Reinhards Brief an Goethe vom 16. April 1810, sowie den Brief Boisserées vom 8. Mai 1810). Zwei Gedichte Goethes: „An Sulpiz Boisserée“ s. Hempel 3, 163 u. 335.

Nr. 525. III, 4ff.

Sulpiz Boisserée weilte vom 3.—12. Mai 1811 in Weimar. Er brachte Originalrisse des Kölner Doms, des Straßburger Münsters und einzelner Theile dieser Bauwerke, sowie Federzeichnungen von Peter von Cornelius (1783—1867) nach Goethes Faust mit. Vgl. Tag- und Jahreshefte 1811 (Hempel 27, 199). „Und so ward ein treuer Sinnes- und Herzensbund mit dem edlen Gaste geschlossen, der für die übrige Lebenszeit folgereich zu werden versprach“, bemerkt Goethe a. a. O. Vgl. a. Dichtung und Wahrheit II, Neuntes Buch (Hempel 21, 160): „Vorzüglich belobe ich hier den wackern Sulpiz Boisserée, der unermüdet beschäftigt ist, in einem prächtigen Kupferwerke den Kölnischen Dom aufzustellen als Musterbild jener ungeheuren Conceptionen, deren Sinn babylonisch in den Himmel strebte und die zu den irdischen Mitteln dergestalt außer Verhältnis waren, daß sie nothwendig in der Ausführung stocken mußten.“

Nr. 528. III, 10ff.

Mit Recht bemerkt von Löper über die durch Boisserées Besuch angeregte Rückwendung Goethes zu seiner eigenen Jugendschrift „Von deutscher Baukunst 1772“: „Goethe war von zwei Empfindungen ergriffen: die Freude, seine jugendlichen Bestrebungen auf dem Gebiete der Baukunst von Boisserée in großem Maßstabe aufgenommen, „sein leidenschaftliches Vorausgreifen“ der Verwirklichung entgegengeführt zu sehn war von einer Art Reue begleitet, „den Werth dieser Gebäude nachher ganz aus den Augen verloren zu haben.“ (Hempel 21, 379.) Daher kommt es, daß Goethe war „wie ein angeschlossener Bär.“ Unmittelbar auf Boisserées Anregung ist daher die bekannte Stelle über das Straßburger Münster in „Dichtung und Wahrheit“ (Hempel 21, 155—157) mit zurückzuführen. Schrieb doch Boisserée am 20. December 1812 an Goethe: „Sie haben, vielverehrter, großer Freund, in Ihrer Biographie bei der altdeutschen Baukunst meiner Bemühungen dafür auf eine Weise gedacht, die mir mit tiefer Rührung alle Erinnerungen jener glücklichen Tage hervorruft, in welchen ich einen so guten Theil Ihres Herzens gewonnen.“

Nr. 530. III, 14.

„Gemischter Neid und Stolz des furchtsamen Alters.“ Hierin liegt eine unzutreffende Beurtheilung Goethes durch Boisserée, der Goethe doch noch nicht hinreichend kannte um die bewegende Kraft der reinen und großen Natur Goethes, die alles Unwahre, Unredliche, Kleinliche, Einseitige aufs entschiedenste abstieß, zu entdecken. Gerade der Neid lag Goethes Natur durchaus fern; niemals wird man auch nur eine einzige Thatsache aus Goethes Leben angeben können, aus der man beweisen könne, Goethe sei neidisch gewesen. Der Neid war seiner Natur geradezu entgegengesetzt, und sein eigenes Wort ist aus seinem tiefsten Innern und damit zugleich aus dem tiefsten Grunde der Wahrheit und Natur hervorgegangen:

„Ich, Egoist! — Wenn ich's nicht besser wüßte!
Der Neid, das ist der Egoiste;
Und was ich auch für Wege geloffen,
Aufm Neidpfad habt Ihr mich nie betroffen."
(Hempel 2, 334.)

Nr. 531. III, 15.

Angelo Quaglio (1778—1815) war Zeichner und Maler in Köln, der zu dem Unternehmen der Gebrüder Boisserée vortreffliche Zeichnungen lieferte. Vgl. Goethes „Reise am Rhein, Main und Neckar" (Hempel 26, 273).

Nr. 535. III, 19.

Vgl. Sprüche in Prosa Nr. 261, mit der von G. v. Löper dort gegebenen Erläuterung.

Nr. 536. III, 20.

Vgl. Sprüche in Prosa Nr. 315 und G. v. Löpers Anmerkung dazu.

Nr. 542. III, 20.

Lorenz Oken, eigentlich Laurentius Ockenfuß (1779—1851) war Professor der Naturwissenschaft in Jena, später in Zürich. Zum Antritt seiner Professur in Jena 1807 hatte er ein Programm geschrieben: „Über die Bedeutung der Schädelknochen", das in auffälliger Weise mit Goethes 1790—1791 in Venedig gemachter Entdeckung übereinstimmte, daß der Schädel aus Rückenwirbeln gebildet sei. Goethe schrieb darüber später, daß die „unreife Art des Vortrags" seiner Lehre, die „tumultuarisch und unvollständig" von Oken mitgetheilt worden sei, geschadet habe (Zur Morphologie, Hempel 33, 256). Schon damals hatte Oken durch seinen orakelhaften Ton, wie er überhaupt der Naturphilosophie eigen war, den Spott herausgefordert. So begann sein Programm mit den Sätzen: „Eine Blase verknöchert, und sie ist ein Wirbelbein. Eine Blase verlängert sich zu einer Röhre, wird gegliedert, verknöchert, und sie ist eine Wirbelbeinsäule. Die Röhre giebt blinde Seitenkanäle von sich, sie verknöchern, und es ist ein Rumpfskelett. Dieses Skelett wiederholt sich an beiden Polen, jeder Pol wiederholt in sich den andern, und sie sind Kopf und Becken u. s. w."

Nr. 551. III, 26 f.

Über den französischen Legationssecretär Lefebvre (nicht: Lefebure) schreibt Goethe in den Tag- u. Jahresheften 1811 (Hempel 27, 202): „Lefebvre, französischer Legationssecretär, von Kassel kommend, durch Baron Reinhard angemeldet, regte im lebhaften Gespräch französische Rede, Poesie und Geschichte wieder auf zu angenehmster Unterhaltung." Reinhard hatte ihn in einem Briefe vom 5. August 1811 angemeldet.

Nr. 553. III, 29 ff.

Wilhelm Dorow (1790—1846) stand später auch mit Goethe in Briefwechsel. Als er nämlich 1818 Ausgrabungen bei Wiesbaden gemacht hatte, erbat er sich von Goethe eine Vorrede zu seiner Schrift: „Opferstätten und Grabhügel der Germanen und Römer am Rhein, Wiesbaden 1819 und 1821". Goethe ging zwar nicht darauf ein, empfahl aber Dorows Bestrebungen in „Kunst und Alterthum". Weiteres s. Strehlke, Goethes Briefe I, 150 f.

Nr. 562. III, 35 ff.

Die fehlende Fußnote zu S. 36 s. VIII, 398.

Nr. 566. III, 39ff.

Bekanntlich trug sich Goethe eine Zeitlang mit dem Gedanken, das Leben Bernhards des Großen von Weimar zu schreiben; er verlor aber die Lust an der mühsamen Arbeit nach den Quellen und übertrug die Ausführung daher Luden (vgl. Goethes Brief an Luden, Goethe-Jahrb. II, 257ff.).

Nr. 571. III, 40.

Das Gedicht steht Hempel 1, 40 unter dem Titel Gegenwart:

„Alles kündet Dich an! u. s. w."

Nr. 572. III, 51.

Vgl. Tag- und Jahreshefte 1808 (Hempel 27, 180) und v. Biedermanns Anmerkung dazu, in der dargelegt wird, wie Goethes Urtheil über Zeitungen öfters wechselte. Vgl. auch Sprüche in Prosa Nr. 596 und das Epigramm:

Zeit und Zeitung.

A. Sag mir, warum Dich keine Zeitung freut?
B. Ich liebe sie nicht, sie dienen der Zeit.

Vgl. auch Gespräch Nr. 269. II, 176ff.

Nr. 573. III, 52ff.

b. S. 64. Zu der Unterredung über die Leibnitzischen Monaden vgl. Sprüche in Prosa Nr. 1028: „Das Höchste, was wir von Gott und der Natur erhalten haben, ist das Leben, die rotirende Bewegung der Monas um sich selbst, welche weder Rast noch Ruhe kennt." (Aus dem Jahre 1822.)

Nr. 575. III, 74ff.

Friedrich Baron de la Motte Fouqué, geb. in Brandenburg 1777, Offizier, lebte lange in Halle, wo er Vorlesungen über Geschichte und Literatur hielt, 1842 in

Berlin, wo er 1843 starb. Unter seinen Romanen ist der Zauberring am bedeutendsten, unter seinen sonstigen Erzählungen das Märchen **Undine**.

Nr. 577. III, 77.

Sara v. Grotthuß, geb. Meyer (gest. 1828 in Oranienburg), war die Tochter des jüdischen Bankiers Meyer in Berlin, in zweiter Ehe vermählt mit dem livländischen Baron von Grotthus, mit dem sie in Berlin, später in Wien und Dresden lebte. Da dieser durch den Krieg sein Vermögen einbüßte, wurde er zuletzt Postmeister in Oranienburg. Über ihren Briefwechsel mit Goethe, der vorwiegend in die Jahre 1810—1814 fällt, vgl. Strehlke, Goethes Briefe I, 226 ff.

Nr 581. III. 81.

Franz von Schwanenfeld war preußischer Rittmeister. Vgl. Tag- und Jahreshefte 1813 (Hempel 27, 211), wo Goethe erzählt, daß er diesen in Teplitz kennen gelernt habe. Schwanenfeld war derselbe, der in Gotha den französischen Gesandten von Saint-Aignan überrumpelte, sodaß dieser nur mit Mühe und Noth entkam. Goethe weilte in Teplitz von Ende April bis Mitte August 1813.

Nr. 586. III. 95.

Man vergleiche hierzu Hagedorns Wort in seinem Gedichte Horaz:

> Der ist beglückt, der sein darf was er ist.
> (Hagedorns poet. Werke, Hamb. 1764. I. 80.

Nr. 588. III. 96.

Dietrich Georg Kieser 1779—1862), Stadtphysikus in Northeim, Prof. der Medicin in Jena, auch Botaniker: von ihm: Mémoire sur l'organisation des plantes 1814.

Nr. 593. III, 110ff.

Den „Epilog zum Trauerspiele Essex, im Charakter der Königin“ (s. dens. Hempel 11, 248), der in Weimar von Amalia Wolff, der Darstellerin der Königin Elisabeth gesprochen wurde, hatte Goethe auf Wunsch dieser Schauspielerin gedichtet und an Stelle des letzten Auftritts in dem Trauerspiel des Engländers Banks: „Graf von Essex“ (für die deutsche Bühne bearbeitet von J. G. Dyk) gesetzt. Gerade am 17. und 18. October 1813, an den Tagen der Schlacht bei Leipzig, dichtete Goethe diesen gewaltigen Epilog, und am 13. November desselben Jahres wurde er zum ersten Male in Weimar von Amalie Wolff gesprochen. In diesem Epilog kommen, mit deutlicher Beziehung auf Napoleon, zum ersten Male die Worte vor, die Goethe selbst als „prophetische“ bezeichnet:

Der Mensch erfährt, er sei auch wer er mag,
Ein letztes Glück und einen letzten Tag,

die Goethe dann auch in seine Gedichte 1815 aufnahm (Hempel 2, 328).

Nr. 595. III, 117ff.

Johann Friedrich Rochlitz, geb. 1769 in Leipzig, Schriftsteller und Bühnendichter, Hofrath 1809, gest. 1842 zu Leipzig. 1813 weilte er vom 5.—21. December in Weimar. Die Bekanntschaft mit Goethe begann im Jahre 1800 damit, daß Rochlitz um die Verleihung des weimarischen Rathstitels nachsuchte. Daraus entspann sich ein lebhafter bis zu Goethes Tode andauernder Briefwechsel. Goethe schätzte Rochlitzens Urtheil sehr hoch.

Nr. 601. III. 124.

b. Vgl. Gespr. Nr. 483d. II, 323.

Nr. 604. III, 126.

Vgl. Sprüche in Prosa 481: „Junge und Weiber wollen die Ausnahme, Alte die Regel.“

Nr. 610. III, 129 f.

Johann Christian Reil (1758—1813), seit 1787 Professor der Medicin in Halle, Prof. in Berlin 1810, gest. in Halle am 22. November 1813, hatte die Bühne zu Halle ins Leben gerufen. In den Tag- und Jahresheften 1814 schreibt Goethe: „Unsere Schauspielergesellschaft sollte wie bisher auch diesmal der Gunst genießen, in Halle den Sommer durch Vorstellungen zu geben. Der wackere Reil, dem die dortige Bühne ihre Entstehung verdankte, war gestorben: man wünschte ein Vorspiel, das zugleich als Todtenfeier für den trefflichen Mann gelten könnte; ich entwarf es beim Frühlingsaufenthalte zu Berka an der Ilm.“ (Hempel 27, 213.) Da aber Goethe bald durch das Erwachen des Epimenides ganz in Anspruch genommen wurde, überließ er die Ausführung des für Halle entworfenen Prologs Riemer. So entstand das Vorspiel: „Was wir bringen. Zu Eröffnung des Theaters in Halle den 17. Juni 1814“, das im 2.—5. Auftritte zugleich eine Gedenkfeier Reils enthielt (s. das. Hempel 11, 375—394).

Nr. 611. III, 130.

Johann Erich Biester, geb. 1749 in Lübeck, war Schriftsteller und Herausgeber der „Berliner Monatsschrift“, gest. 1816. Vgl. Gespr. Nr. 1533, VIII, 359.

Nr. 612. III, 132 ff.

Franz Karl Adalbert Eberwein, geb. zu Weimar 1786, 1803 Mitglied der Hofkapelle, später Musikdirector an der Stadtkirche, gest. 1868 in Weimar. Über Eberweins Composition der „Proserpina“ s. Tag- und Jahreshefte 1814 (Hempel 27, 213), sowie 1815 (Hempel 27, 220), und den Aufsatz: „Proserpina. Melodram von

Goethe. Musik von Eberwein" (Hempel 28, 708ff.), der im Morgenblatt von 1815 (Nr. 136) erschien. Frau Wolff spielte die Proserpina.

Nr. 616. III, 138ff.

Philippine Lade, Tochter des Secretärs Lade in Wiesbaden. — Ludwig Wilhelm Cramer, geb. zu Friedewald 1755, seit 1803 Oberbergrath in Wiesbaden, später Hofgerichtsrath in Dillenburg, gest. 1832 in Wetzlar. — Wir sehen hier und in den folgenden Gesprächen Goethe auf seiner Sommerreise in den Rhein- und Maingegenden 1814. Er reiste am 25. Juli von Weimar ab, kam am 28. nach Frankfurt a. M., am 29. um Mitternacht nach Wiesbaden, wo er eine Kur gebrauchte, vom 1.—8. September weilte er im Rheingau, kehrte dann nach Wiesbaden zurück, ging wieder nach Frankfurt a. M., befand sich vom 24. September bis 8. October in Heidelberg, besuchte am 9. October Darmstadt, kehrte am 10. October nach Frankfurt zurück und traf den 27. October wieder in Weimar ein. (Vgl. „Skizze einer Reisechronologie", Hempel 27, 328, sowie Hempel 26, 369ff.)

Nr. 617. III, 140f.

De l'Aspée, einer der hervorragendsten Schüler Pestalozzis, hatte zu Wiesbaden eine Elementarschule gegründet Vgl. hierzu Gespräch Nr. 634. III, 198ff.

Nr. 620. III, 144ff.

b. Johann Baptist Bertram, geb. 1776 zu Köln, war Mitbesitzer der Gemäldegalerie, die er und die Brüder Boisserée gesammelt hatten; er war mit diesen in Köln, Heidelberg u. s. w., gest. in München 1841. — Caroline von Humboldt, geb. von Dachröden, Tochter des Präsidenten von Dachröden in Erfurt,

Freundin von Caroline von Wolzogen und Charlotte von Schiller, geistreich und feinsinnig, gründliche Kennerin der griechischen Sprache, Wilhelm von Humboldts Gemahlin. — Die geistige Umwandlung, die sich in Goethe auf der Reise in die Rhein- und Maingegenden vollzog, die allmählich in ihm aufsteigende und zum Siege gelangende Liebe zu deutscher Art und Kunst, mit der eine wunderbare Erneuerung seiner Dichterkraft verbunden war, hat Konrad Burdach in seinen Erläuterungen zu „Goethes Ghasel auf den Eilfer in ursprünglicher Gestalt" trefflich geschildert: er vergleicht diese zweite „Hegire" mit Recht der Reise nach Italien. (Goethe-Jahrb. XI, S. 14 ff.)

Nr. 621. III, 159.

Georg Moller (1784—1852), Oberbaurath zu Darmstadt und Kunstschriftsteller, unterstützte die Bestrebungen der Brüder Boisserée aufs eifrigste. Goethe erwähnt ihn wiederholt in seiner „Reise am Rhein, Main und Neckar", sowie in den „Tag- und Jahresheften."

Nr. 622. III, 160 ff.

Mineralog Karl Cäsar Ritter von Leonhard, geb. 1779 in Rumpenheim bei Hanau, großherzoglich Frankfurtischer Generalinspector der Domänen 1810, seit 1818 Professor der Mineralogie und Geognosie in Heidelberg, gest. 1862. Goethe stand mit ihm seit 1807 in wissenschaftlichem Briefwechsel. Über seinen Besuch bei Leonhard in Hanau vom 20.—24. October 1814 schrieb Goethe an Wolf: „In Hanau konnte ich in dem Cabinet des Herrn Geheimerath Leonhard alle meine Kenntnisse des unorganischen Reiches rekapituliren und nicht wenig vermehren." Vgl. auch den Bericht in der „Reise am Rhein, Main und Neckar" (Hempel 26, 306 ff. unter „Hanau"), sowie „Tag- und Jahreshefte 1814" (Hempel 27, 214.

330). Das Mineraliencabinet des Geheimen Raths Leonhard war über siebentausend Exemplare stark und sonderte sich in eine oryktognostische und geognostische Sammlung.

Nr. 623. III, 166.

Karl Melchior Jacob Moltke (1783—1831), seit 1809 Opernsänger in Weimar, seit 1814 Kammersänger. Goethe nennt ihn einen „höchst angenehmen Tenor" (Hempel 27, 189).

Nr. 624. III, 168.

Gustav Moltke, Sohn des Kammersängers Moltke.

Nr. 625. III, 169.

„Die große Zenobia" von Calderon wurde nur zweimal aufgeführt: am 20. und 30. Januar 1815. Goethe erwähnt in den „Tag- und Jahresheften" 1815, daß die ersten drei Acte trefflich geriethen, die letzten beiden aber nicht gefielen (Hempel 27, 220).

Nr. 627. III, 173.

Gräfin Julie von Egloffstein (1792—1869), Tochter der Gräfin Henriette von Egloffstein, war eine begabte Malerin, deren Fortschritte in der Kunst Goethe auch in den Tag- und Jahresheften (Hempel 27, 280. 291) rühmt. — Der „Zauberring", Roman Fouqués, 1813 erschienen. Der Gräfin Caroline von Egloffstein, Juliens Schwester, widmete Goethe bei ihrer Abreise nach Petersburg 1821 mit Fouqués Zauberring ein Gedicht:

> Ein Zauber wohl ziehet nach Norden,
> Doch halten die Ringe wir fest:
> Heil dir, die im eisigen Norden
> Nicht Wärme der Heimat verläßt. (Hempel 3, 340).

John Flaxmann (1755—1826) war Bildhauer und Maler; von Flaxmanns Umrissen (Kupfern) zu Homer, Aeschylus, Dante sagte Goethe in einem Briefe an Meyer vom 27. März 1799, daß Flaxmann der Abgott der Dilettanten sei, da man, um seine Mängel einzusehen und zu beurtheilen, schon mehr Kenntnisse haben müsse. — Johann Heinrich Ramberg (1763—1840), Hofmaler in Hannover.

Nr. 628. III. 177.

Heinrich Karl Friedrich Peucer (1779—1849), Hofadvocat in Weimar 1805, Regierungsrath 1811, Oberkonsistorialdirector 1815, Oberkonsistorialpräsident 1838. Peucer übersetzte Voltaires Zaire für die weimarische Bühne und schrieb mit Goethe gemeinsam das Nachspiel zu Ifflands Andenken. — Zu der Erzählung über Philippine Lade, vgl. Gespr. Nr. 616. III, 138 ff.

Nr. 630. III, 180.

Die Reise in die Rhein- und Maingegenden 1815 trat Goethe am 24. Mai an. Am 27. Mai war er in Frankfurt, blieb dann vom 29. Mai bis 11. Juli mit einigen Unterbrechungen in Wiesbaden, ging darauf nach Biebrich, Mainz u. s. w., am 25. Juli fuhr er mit dem Minister Stein nach Köln, wo er bis zum 27. Juli blieb, am 31. Juli traf er wieder in Wiesbaden ein, wo er bis zum 10. August verweilte, am 11. August war er in Mainz, am 12. begab er sich nach Frankfurt, wo er bis zum 19. September blieb und sich theils in der Gerbermühle, dem Landsitze des Bankiers und Geheimraths Johann Jakob von Willemer, theils in dessen Stadtwohnung aufhielt: am 20. September war Goethe in Darmstadt, von da ging er mit Boisserée nach Heidelberg, wo beide bis zum 7. October blieben, am 8. October nach Würzburg, am

11. October traf Goethe über Meiningen und Gotha wieder in Weimar ein. — Den Schulrector und Kunstsammler Jochem in Köln besuchte Goethe am 27. Juli. Vgl. „Reise am Rhein, Main und Neckar“ (Hempel 26, 260. 348). Ferdinand Franz Wallraf war Professor und Kunstsammler in Köln; der Maler Maximilian Heinrich Fuchs unterstützte lebhaft die Bestrebungen Boisserées, Goethe nennt ihn einen „vorzüglichen Künstler“ von „Erfindungsgabe, Geschmack und Fertigkeit.“ (Hempel 26, 271.) In seinem Tagebuch (Sulpiz Boisserée II, 65) bemerkt Goethe: „Donnerstag, 27. Juli. Um die Stadt gefahren, Besuche, Bilder. Wallrafs angefüllte Wohnung, Gebäude, Schulrektor. Auch Bonn. Fuchs begleitete.“

Nr. 631. III, 182.

„Dank für den Orden.“ Am 1. August 1815 schrieb Goethe an Voigt, daß er einen österreichischen Orden erhalten habe, unter Mittheilung der Stelle aus der Wiener Hofzeitung: „Se. k. k. Majestät haben vermittelst höchsten aus Speyer vom 28. Juni erlassenen Kabinetschreibens dem herzoglich Weimar'schen geheimen Rathe von Goethe das Commandeurkreuz des Österreichisch-Kaiserl. Leopoldi-Ordens in Gnaden zu verleihen geruhet.“ — Den preußischen General Gustav von Rauch erwähnt Goethe auch in der „Reise am Rhein, Main und Neckar“, der „alles dasjenige, was bei Anlage der neuen Festungswerke ausgegraben wurde, bei sich sammelte, um solches dereinst dem öffentlichen Gewahrsam zu übergeben.“ (Hempel 26, 272.) — Um Goethes, in den Gesprächen immer wieder hervortretenden Schmerz darüber, daß seine „Farbenlehre“ (1810 erschienen) die Anerkennung der Fachgelehrten nicht fand, ganz zu verstehen, muß man sich vergegenwärtigen, daß er sein ganzes Leben hindurch sich mit diesen Fragen beschäftigt hatte und daß er seine „Farbenlehre", durch die er als der allein auf dem rechten Wege der Forschung Wandelnde der Mit- und Nachwelt die Wahrheit zu verkünden glaubte, sogar über seine dichterischen Leistungen stellte.

Nr. 632. III, 188ff.

Über das Buch Kabus s. VIII, 399. Johann Hermann von Riedesels und Volkmanns Reisebücher führte Goethe in Italien mit sich. J. H. v. Riedesel, Sohn eines preußischen Generallieutenants war 1740 geb., Freund Winckelmanns, auf dessen Wunsch er einen ausführlichen Bericht über seine Reise in Italien 1764 schrieb; die Briefe erschienen nach Winckelmanns Tode zu Zürich unter dem Titel: „Reise durch Sicilien und Großgriechenland. Zwei Sendschreiben an Winckelmann."

Dr. med. Johann Christian Ehrmann, geb. 1749 in Straßburg, seit 1779 Arzt in Frankfurt am Main, gest. 1827 in Speier.

Nr. 633. III, 194.

Schubart: gemeint ist Gotthilf Heinrich v. Schubert, vgl. VIII, 399.

Nr. 634. III, 197.

Juliane, Freifrau von Krüdener, geb. v. Vietinghoff, geb. 1764 in Riga, gest. 1824, war eine mystische Pietistin, die als Wanderpredigerin umherzog und nachtheiligen Einfluß auf Alexander I. v. Rußland übte.

Nr. 635. III, 200.

Johann Albert Heinrich Reimarus, geb. 1729 in Hamburg, Arzt seit 1757, seit 1796 Prof. am Gymnasium, gest. 1814.

Nr. 636. III. 201.

Friedrich von Luck, preußischer Major a. D., gest. 1844, war ein origineller Dichter und Humorist. Gedichte von ihm sandte Goethe am 12. Januar 1816 an Knebel. In den „Tag- und Jahresheften 1819" (Hempel 27, 250) nennt ihn Goethe den „Mainzer Humoristen". Man vgl. a.: „Einige Blätter der Erinnerung. Gesammelt und herausgegeben aus dem Nachlaß des Majors Friedrich v. Luck 1845." — S. 204. Gemeint ist das Gedicht Nr. 15 im Buch Suleika: „Nur wenig ists, was ich verlange, weil eben alles mir gefällt u. s. w." — Clemens Freih. von Hügel (1791—1849), Verfasser des Werkes: Spanien und die Revolution (1821), 1816 Legationssecretär in Madrid, später Botschaftsrath in Paris, zuletzt Director des Staatsarchivs.

Nr. 637. III, 205.

Gemeint sind die Gedichte Nr. 9 und 8 im Schenkenbuche: „Schenke spricht" und: „Dem Kellner. Dem Schenken." Das Gedicht auf „den kleinen Paulus" („die kleine" ist nach v. Löpers Vermuthung Druckfehler bei Boisserée), d. i. den vierzehnjährigen Sohn des Geh. Kirchenraths Paulus in Heidelberg, ist das Gedicht Nr. 16 im Schenkenbuche: Schenke. Schwänchen ist ein von Goethe gern gebrauchter mundartlicher Ausdruck für ein „Gemisch leckerer Sachen, die die Gäste vom Gastmahl in einer Serviette oder einem Papier mit nach Hause nehmen" (s. v. Löper, Hempel 4, 184 Anm.).

Nr. 638. III, 209.

Joh. Gottfried Ebel (geb. 1764 in Züllichau, gest. 1830 in Zürich) verfaßte 1793 das erste wirklich gute und brauchbare Reisehandbuch für die Schweiz. —

Friedrich Lehne, Professor in Mainz. Vgl. Hempel 26, 283. Die Helvig ist Amalie von Imhoff, verm. von Helwig. Über den Grafen Keßelstädt s. Goethe in der „Reise am Rhein, Main und Neckar" Hempel 26, 284. Der Landschaftsmaler Kaspar Schneider (1753 bis 1839) war ein geborener Mainzer.

Nr. 643. III. 216.

Johann Jakob v. Willemer, geb. 1760 in Frankfurt a. M., Bankier, in den Adelsstand erhoben, Geheimrath, seit 1797 preußischer Konsul, gest. 1838. Seine Gemahlin Maria Anna Katharina Theresia, geb. Jung, gewöhnlich kurz Marianne v. W. genannt, 1784 in Linz geboren, war Ballettänzerin und Schauspielerin, seit 1798 in Frankfurt a. M., vermählt mit Willemer seit dem 27. September 1814, gest. 1860: sie, die Suleika des Divans, die Dichterin der köstlichen Suleika-Lieder: „Was bedeutet die Bewegung?", „Bringt der Ostwind frohe Kunde?" und: „Ach, um deine feuchten Schwingen, West, wie sehr ich dich beneide!", wurde von Goethe seit dem 24. Mai 1815 unter dem angeführten Decknamen in den „West-östlichen Divan" eingeführt (vgl. Weimarer Ausgabe 6, 144. 145) und war der belebende Mittelpunkt des Kreises, der auf der Gerbermühle (bei Oberrad in der Nähe von Frankfurt gelegen) zusammenkam.

Nr. 645. III, 219.

Arnold Friedrich Theodor Kestner war Dr. med. in Frankfurt a. M. (Vgl. „Reise am Rhein, Main und Neckar" Hempel 26, 300.): er war der Sohn der Charlotte Kestner, geb. Buff und war 1778 in Hannover geb., seit 1812 Professor an der medicin.-chirurg. Lehranstalt in Frankfurt a. M., gest. 1847. Sein Bruder August Kestner war später hannoverischer Legationsrath und starb 1853 (von ihm die Schrift „Goethe und Werther" 1854). — „Unser seliger Vater": Johann Christian Kestner war 1800 als hannoverscher Hofrath gestorben. Über das Talent der Gräfin Julie von Egloffstein vgl. Gespr. Nr. 627. III, 173. — Tommaso (Thomas) Guidi Masaccio (1401—1428), bekannter italienischer Maler, der eine neue Gestaltung in der florentinischen Schule begründete. — Friedrich Johann Overbeck (geb. 1789 in Lübeck, gest. 1869), hervorragender deutscher Maler, wurde 1814 katholisch, begründete die religiös-romantische Malerschule der „Nazarener". Sein Vater war der Schriftsteller Christ. Adolf Overbeck in Lübeck (1755—1821). — Christian Johannes Riepenhausen (1788—1860) und Friedrich Franz Riepenhausen (1786—1831), Maler, beide katholisch, ihre „Blätter zur Genoveva" besprach Goethe in der „Jenaischen Allgemeinen Literatur-Zeitung" (5. Mai 1806, Nr. 106 s. d. Hempel 28, 812): sie suchten einen Theil der Gemälde Polygnots nach der Beschreibung des Pausanias wiederherzustellen (vgl. hierüber Goethes Urtheil: Hempel 28, 266ff. 862ff.) u. a. — Georg Sartorius, Freiherr von Waltershausen (1765—1828) war Theolog, Privatdocent in Göttingen 1792, Professor der Philosophie 1797, später weimarischer Beauftragter beim Wiener Congreß.

Nr. 646. III, 226.

In der Familie Guaita in Frankfurt verkehrte Goethe wiederholt, z. B. auch am 15. September.

Nr. 648. III, 228.

Johann Jakob Wilhelm Heinse (eigentl. Heintze, 1746—1803) hatte zuletzt als Dichter und Kunstschriftsteller in Mainz gelebt. Sein Kunstroman „Ardinghello oder die glückseligen Inseln" erschien 1787. Goethe nennt diesen Roman mit Schillers Räubern zusammen als Dichtungen, „die ihm äußerst anwiderten." (Hempel 27, 309.) — Boisserées Wunsch wurde erfüllt: Goethe nannte bekanntlich die ersten drei Hefte seines Aufsatzes: „Über Kunst und Alterthum in den Rhein- und Maingegenden" (das erste Heft erschien 1816).

Nr. 649. III, 229.

Johann Friedrich Wenner war Buch- und Kunsthändler in Frankfurt a. M. — Zu der Stelle über Reimarus u. s. w. vgl. Gespr. Nr. 635. III, 201.

Nr. 651. III, 232.

Zerrand war Besitzer einer Gemäldesammlung in Frankfurt a. M. (er besaß Bilder von Paul Veronese, Rubens, Hobbema u. a.). Meindert Hobbema (1638 bis 1709), ein Amsterdamer, ausgezeichneter Landschaftsmaler. — Der Kaufmann und Senator Franz Brentano in Frankfurt a. M. war der ältere Stiefbruder des Dichters Clemens Brentano: er besaß eine „treffliche Gemäldesammlung" (vgl. Goethes Bericht hierüber: Hempel 26, 289). — Hans Hemmelinck (auch Memlinc), geb. 1440, gest. 1494 in Brügge, ein Maler der altflandrischen Schule: sein Hauptwerk ist der „Schrein der heiligen Ursula" in Brügge: auch das große Altarbild in der Marienkirche zu Danzig wird ihm zugeschrieben u. a. — Gingko biloba, der zweilappige Gingkobaum, eine japanische Konifere, jetzt gewöhnlich Salisburia adiantifolia genannt. Vgl. Goethes Gedicht Gingo biloba im Buche Suleika des West-östl. Divan.

Nr. 653. III, 234.

Das Sonett: „Am jüngsten Tag u. s. w.“ s. Hempel 1, 216, den Todtentanz Hempel 1, 261, Siebenschläfer: Hempel 4, 221.

Nr. 655. III. 237.

Das Lied eines Freiwilligen ist das Gedicht: „Kriegsglück“ Hempel 1, 84. In der Ausgabe der Werke Goethes von 1815 steht das Gedicht zwischen Vanitas und dem Gedichte: Offene Tafel (I, 136—138). Nach Eckermann war das Gedicht am 12. Februar (nicht am 14.) 1814 entstanden. Über den Stoff zu dem Gedichte vgl. v. Löpers Anmerkung in seiner Ausgabe der Gedichte Goethes I, 341.

Nr. 656. III, 237.

Georg Primavesi (geb. 1776 in Heidelberg) war Maler und Kupferstecher in Darmstadt. Goethe erwähnt rühmend seine „eigenhändig radirten landschaftlichen Darstellungen“ in der „Reise am Rhein, Main und Neckar“ (Hempel 26, 316).

Nr. 657. III, 239.

Anton Friedrich Justus Thibaut (1774—1840) war Geheimerath und Professor der Rechte in Heidelberg. — Über Oken vgl. Erl. zu Nr. 542. III, 20. Zu der ganzen Streitfrage vgl. S. Kalischer bei Hempel 33, CXLIV ff.

Nr. 658. III, 241.

Georg Friedrich Creuzer (1771—1858) war Professor der Philologie und alten Geschichte in Heidelberg. Karl Daub (1765—1836) war Prof. der Theologie und Geh. Kirchenrath in Heidelberg.

Nr. 666. III, 246.

Zu dem Gespräch mit Schiller, das Goethe erwähnt, vgl. Goethes Aufsatz: „Erste Bekanntschaft mit Schiller 1794“ in den „Biographischen Einzelheiten“ (Hempel 27, 311).

Nr. 667. III, 252.

Dr. med. Karl Christian Gmelin (gest. 1837 in Karlsruhe) war Director der Naturaliencabinets und Geheimer Hofrath in Karlsruhe.

Nr. 670. III, 255.

Das Gedicht „Pfaffenspiel“ s. bei Hempel 2, 289.

Nr. 677. u. 678. III, 262.

Vgl. hierzu Goethes Aufsatz „Blüchers Denkmal“ 28, 425—429.

Nr. 680. III, 265.

Friedrich Albert Franz Krug von Nidda (1776 bis 1843), diente in dem königlich sächsischen Chevauxlegers-Regimente von Polenz, wurde 1812 in Rußland verwundet und gefangen genommen, erhielt später als Hauptmann seinen Abschied und lebte dann auf seinem Rittergute zu Gatterstädt als Dichter und Schriftsteller. Auch den Sommer 1816 wollte Goethe am Rhein verbringen, in Begleitung Meyers, aber beim Antritt der Reise, Erfurt war noch nicht erreicht, wurde der Wagen umgeworfen, die Achse brach, Meyer wurde an der Stirn verletzt, und infolgedessen gab Goethe „aus Unmuth und Aberglauben“ die Reise auf. Er ging nun wenige Tage darauf (am 20. Juli war der Umsturz des Wagens erfolgt) nach Tennstädt in Thüringen, wo er zum Gebrauche der Schwefelquellen bis zum 10. September blieb. (Vgl. Tag- und Jahreshefte 1816, Hempel 27, 227 f.) — Den Dankbrief Goethes an Krug v. Nidda s. v. Biedermann, Goethe-Forschungen I, 293 f. u. 292.

Nr. 683. III, 269

Moritz Graf O'Donnell von Tyrconnell (1780 bis 1843) war k. k. Kämmerer und Feldmarschall-lieutenant.

Nr. 684. III, 269.

George Ticknor (1791—1871), amerikanischer Literarhistoriker, bekannt durch seine „Geschichte der spanischen Literatur“ u. a. Er stammte aus Boston. — Edward Everett, jüngerer Bruder des amerikanischen Staatsmannes und Diplomaten Alexander Hill Everett, war 1794 zu Dorchester in Massachussets geb., studirte Theologie, bereiste 1815—1820 Europa, war später Gouverneur von Massachussets, Gesandter in England, Staatssecretär u. s. w., gest. 1865 in Boston.

Nr. 694. III, 281.

Johanna Charlotte Frommann, geb. 1765, war das älteste Kind des Conrectors Wesselhöft am Johanneum in Hamburg und der Frau desselben Caroline, geb. Bohn (Tochter des Hamburger Buchhändlers Bohn), mit Karl Friedrich Ernst Frommann vermählte sie sich im November 1792, ihre zwei Schwestern, auch ein Bruder zogen mit nach Jena, sie starb 1830. Fr. J. Frommann, ihr Sohn, war seit 1818 in der Buchhandlung von Perthes und Besser in Hamburg, kehrte 1824 für immer ins väterliche Haus zurück und verheirathete sich 1830.

Nr. 697. III, 283.

Friedrich Wilhelm Krummacher, geb. 1794 zu Duisburg, seit 1847 protestantischer Prediger in Berlin und Potsdam, war der Sohn des bekannten Parabeldichters Friedr. Adolf Krummacher.

Nr. 701. III, 288.

Victor Cousin (1792—1867), Philosoph, Professor an der Sorbonne in Paris, später frz. Unterrichtsminister. Pierre Paul Royer-Collard (1763—1845), französischer Staatsmann und Philosoph, damals Präsident der Kommission des öffentlichen Unterrichts (1815—1820). — Der geistvolle französische Schriftsteller Charles François Dominique de Villers (1765—1815), frz. Artillerieoffizier, mußte 1793 fliehen, lebte seit 1797 in Lübeck, später Professor in Göttingen, er starb in Leipzig. — Jean Baptiste Biot (1774—1862), Prof. der physikalischen Astronomie an der Universität zu Paris seit 1809. Vgl. Goethe „Tag und Jahreshefte 1817" (Hempel 27, 232), wo er Biots „Kapitel über die Polarisation des Lichts" das „Widerwärtigste" nennt, was ihm jemals vor Augen gekommen, sowie seinen Brief an Schultz vom 24. November 1817.

Nr. 702. III, 291.

Karl August Varnhagen von Ense (1785 bis 1858), seit 1819 Geh. Legationsrath und Schriftsteller in Berlin. Vgl. Tag- und Jahreshefte 1817 (Hempel 27, 240). — Ottilie Wilhelmine Ernestine Henriette, geb. Freiin v. Pogwisch (1796—1872) vermählte sich mit August v. Goethe 1817.

Nr. 703. III, 294.

Jacob Friedrich Fries (1773—1843), seit 1816 Professor der Philosophie in Jena.

Nr. 707. III, 296.

Ferdinand Johannes Wit gen. von Dörring (1800—1863) studirte seit 1817 in Kiel und Jena, war Mitglied der Burschenschaft, floh 1819 nach England, wurde 1821 in Piemont verhaftet und blieb 5 Jahre Staatsgefangener, seit 1828 lebte er auf seiner Besitzung in Oberschlesien. Er war ein politischer Abenteurer. Sein Schicksal schilderte er in seinem 1827 erschienenen Buche: „Lucubrationen eines Staatsgefangenen." Auf dieses Buch nimmt Goethe hier Bezug, wie auch auf Wits Gefangenschaft. Das vorliegende Gespräch hat daher nicht im Jahre 1817 stattgefunden, sondern 1827. Vgl. Gespr. VIII, 399.

Nr. 715. III, 303.

Caroline (1789—1868) war die älteste Tochter der Gräfin Henriette von Egloffstein; sie dichtete und componirte auch. Vgl. Erl. zu Nr. 627. III, 173.

Nr. 717. III, 303.

Caroline Freifrau von Egloffstein, geb. Freiin von Aufseß, war die Gattin des Kammerherrn, Hof- und Regierungsrathes Gottlob von Egloffstein, des älteren Bruders der Gräfin Henriette von Egloffstein. — Über Goethe in Dornburg vgl. L. Geigers Aufsatz im Goethe-Jahrb. II, 316.

Nr. 720. III, 312.

Wilhelm Gerhard (1780—1858), ein geborner Weimaraner, war Legationsrath in Leipzig. Er übersetzte serbische Volkslieder und Heldenmärchen. Ausführlich dargelegt hat die Beziehungen Goethes zu Gerhard W. v. Biedermann in „Goethe und Leipzig, II. Bd.". — Joseph Freiherr von Hammer-Purgstall (1774—1856), reiste lange im Orient, Legationssecretär in Konstantinopel, Konsularagent in Jassy, gest. als Hofrath in Wien, seine Schrift: „Der Divan von Mohammed Schemseddin Hafis, aus dem Persischen zum ersten Male ganz übersetzt“ (1812) regte Goethe bekanntlich zum west-östlichen Divan an (vgl. Tag- und Jahreshefte 1815, Hempel 27, 214 f.).

Nr. 723. III. 315.

Karl Philipp Fürst von Schwarzenberg, Herzog v. Kruman (1771—1820), der bekannte Generalfeldmarschall und Führer der verbündeten Armeen 1813. — Angelica Catalani (1782—1849), berühmte italienische Coloratursängerin, seit 1806 mit dem Kapitän Valabrègue verheirathet; sie war auf einer Kunstreise begriffen. — Ida Marquise von Bombelles, geb. Brun, Gattin des österreichischen Gesandten Louis Marquis de Bombelles (1780—1843); sie war die Tochter der bekannten Schriftstellerin Friederike Brun, geb. Münter.

Nr. 724. III. 316.

Arthur Schopenhauers (1788—1860) Werk: „Die Welt als Wille und Vorstellung“ erschien öffentlich 1819, in demselben Jahre wie Goethes West-östlicher Divan. — Schopenhauer hatte sich an Goethes Studien zur Farbenlehre eifrig betheiligt, bekämpfte auch Newtons Theorie (vgl. seine Schrift: „Über das Sehen und die Farben“), später trat eine Scheidung ein, über die Goethe in den Tag- und Jahresheften 1816 (Hempel 27, 227), sowie an Schultz 19. Juli 1816 berichtet.

Nr. 728. IV. 1.

Johann Nepomuk Hummel, geb. in Preßburg 1778, war Kapellmeister beim Fürsten Esterhazy, dann in Stuttgart, seit 1819 Kapellmeister in Weimar, gest. 1837.

In den Tag- und Jahresheften 1821 (Hempel 27, 282) nennt ihn Goethe „unsern nicht genug zu preisenden Kapellmeister Hummel."

Nr. 729. IV, 2.

Franz Nicolovius, geb. 1797, Sohn des Wirkl. Geh. Oberregierungsrathes Georg Heinrich Ludwig Nicolovius in Berlin, wurde später Generalprocurator in Köln.

Nr. 730. IV, 5.

Christian Gottfried Nees von Esenbeck (1776 bis 1858), Arzt, Prof. der Botanik in Erlangen 1818, dann in Bonn 1819, zuletzt in Breslau. Er war zugleich Präsident der Leopold.-Carol.-Akademie der Naturforscher.

Nr. 731. IV, 6.

Vgl. hierzu Gespr. Nr. 717. III. 303—311.

Nr. 733. VI. 7.

Ulrike von Pogwisch, die jüngere Schwester von Goethes Schwiegertochter Ottilie, die mit in Goethes Hause wohnte. — Johann Jacob Graff (1768—1848), seit 1793 Hofschauspieler in Weimar.

Nr. 734. IV, 8.

Gräfin Ottilie Henckel von Donnersmark war Oberhofmeisterin. — Clemens Wenceslaus Coudray (1775—1845) war Oberbaudirektor in Weimar, früher in Frankfurt.

Nr. 740. IV. 12.

Theobald Renner (1779—1850) war Prof. der vergleichenden Anatomie und der Thierarzneikunde, sowie

Director der Thierarzneischule in Jena. — Joh. Wolfgang Döbereiner (1780—1849), ursprünglich Apotheker, war Prof. der Chemie in Jena.

Nr. 741. IV, 13.

Ernst Benj. Sal. Raupach 1784—1852, Prof. der Philosophie in Petersburg, seit 1822 in Berlin, beherrschte mit seinem Trauerspiele die Bühnen, namentlich in den Jahren 1830—1840.

Nr. 742. IV, 14.

Vgl. hierzu Gespr. Nr. 715. u. 716. III, 303.

Nr. 743. IV, 15.

Oken hatte im Herbst 1816 eine Zeitschrift Isis, vorwiegend naturwissenschaftlichen Inhalts, gegründet. Da damals in Weimar größere Preßfreiheit herrschte als in den anderen deutschen Staaten, wurden alle Klagen und Beschwerden Deutschlands, die in anderen Orten nicht veröffentlicht werden konnten, an die Isis gesandt und wurden auch von Oken aufgenommen. Das erregte bei den Regierungen der übrigen deutschen Staaten große Entrüstung, und so sah sich endlich die Weimarische Regierung genöthigt, Oken aufzufordern, entweder die Isis aufzugeben oder seine Professur niederzulegen. Nun legte Oken im Jahre 1819 seine Professur nieder, die Isis wurde im Weimarischen verboten, erschien jedoch von nun an in Rudolstadt. Oken blieb als Privatgelehrter in Jena, wurde aber 1828 in München Privatdocent und bald wieder Professor. Schon am 5. October 1816 hatte Goethe dem Großherzog auf dessen Wunsch über die Isis ein Gutachten erstattet, in dem er zu dem Verbot der Zeitschrift rieth. Damals erfolgte es noch nicht. Vgl. auch Goethes Tag- und Jahreshefte 1816. Hempel 27, 228f.

Nr. 744. IV, 16.

Christian Rauch (1777—1857), ursprünglich Königlicher Kammerdiener, seit 1814 Prof. an der Kunstacademie in Berlin. Über ihn vgl. das große Werk „Christian Friedrich Rauch von Friedrich und Karl Eggers, 5 Bde. 1873—1891", sowie: „Rauch und Goethe. Urkundliche Mittheilungen v. K. Eggers, 1889."

Nr. 748. IV, 17.

Bernhard, Freih. v. Beskow, geb. 1796 in Stockholm, gest. 1868, schwedischer dramatischer Schriftsteller.

Nr. 750. IV, 18.

Dr. Christian Wilhelm Schweitzer, geb. 1781 zu Naumburg, war 1818 in das Staatsministerium zu Weimar eingetreten. — Frau Henriette von Pogwisch, die Mutter Ottiliens, war Hofdame der Großherzogin.

Nr. 752. IV, 21.

Joh. Christian Lobe, geb. 1797 in Weimar, gest. 1881 in Leipzig, Musiker, Musikschriftsteller und Componist. Er war damals Musiker bei der Weimarer Theaterkapelle.

Nr. 753. IV, 32.

Joseph Sebastian Grüner, seit 1807 Magistrats- und Criminalrath in Eger, gest. 1864 das.

Nr. 756. IV, 61.

Karl Friedrich von Both (1789—1875), seit 1818 Vicekanzleidirector in Rostock, 1836 Vicekanzler der Universität, später Wirkl. Geh. Rath. — Louise von Knebel, geb. Rudorf (1776—1852) war seit 1791 Opernsängerin in Weimar, seit 1794 Kammersängerin, mit Karl Ludwig v. Knebel vermählt seit 1797. Das schöne und richtige, neidlose und vollkommen zutreffende Urtheil der Frau von Knebel über Christiane von Goethe ist leider viel zu wenig bekannt. Zu dem, was sie über Goethes Erschütterung und tiefen Schmerz über den Tod seiner Frau sagt, stimmt genau, was C. A. Vulpius am 8. Juni 1816 an Nic. Meyer in Bremen schreibt: „Meiner Schwester irdisches Schicksal hat der Tod mit allgewaltiger Hand geendet und ihrer herrlichen Kraft und Gesundheit ein langwieriges Spiel abgewonnen. Sie starb vorgestern, den 6. Mittag um 12 Uhr, eben an ihrem Geburtstage, 52 Jahre alt. — Wie es nun aussieht, können Sie denken; das Haus scheint verwaist zu sein, und der Mann ist sehr betrübt. Was soll ich Ihnen von seinem Schmerze sagen? Ich denke, er wird auf einige Zeit nach Jena gehn, ich aber, wohin soll ich gehn mich zu zerstreuen? Wie es mich angreift, das — kann ich nicht sagen. Heute wird die Erblaßte begraben. Friede ihrer Seele!" Und derselbe schreibt an Nic. Meyer am 3. Juli 1816: „Daß meine gute Schwester gestorben ist, habe ich Ihnen schon geschrieben. Dieser Schlag hat mich hart getroffen. Am wenigsten aber kann ihr Mann ihren Tod verschmerzen. Er ist sehr mitgenommen." Goethe selbst schreibt in sein Tagebuch: „5. Juni 1816. Den ganzen Tag im Bett zugebracht. Meine Frau in äußerster Gefahr. Mein Sohn Helfer, Rathgeber und einziger haltbarer Punkt in dieser Verwirrung. 6. Juni Nachts. Ende meiner Frau. Letzter fürchterlicher Kampf ihrer Natur. Sie verschied gegen Mittag. Leere und Todtenstille in und außer mir." Und an Thomas Seebeck schrieb Goethe am 8. Juni 1816, daß „häusliche Wehethaten" ihn zu keiner ruhigen Betrachtung kommen ließen, wie er auch im weiteren Verlaufe des Briefes den Tod seiner Frau beklagt.

Nr. 758. IV, 68.

Friedrich Förster, geb. in Münchengosserstädt 1791, war 1813 Offizier, dann 1815—1818 Lehrer der Geschichte und Geographie an der Artillerieschule in Berlin, seit 1818 lebte er, da er als Demagog seines Amtes entsetzt wurde, als Schriftsteller, 1829 Hofrath und Custos an der Kunstkammer in Berlin, gest. dort 1868; seine Frau Laura war eine geb. Gedike. Ihren Besuch in Jena erwähnt Goethe in den Tag- und Jahresheften 1820, Hempel 27, 269.

Nr. 759. IV, 69.

Constantin (nicht Karl) E. v. Weltzien, geb. 1798 in Petersburg, 1819 Dr. der Medicin in Dorpat, gest. 1821. — Karl v. Morgenstern (1770—1852), Prof. der Philologie in Halle, dann Prof. der Beredsamkeit am Athenäum zu Danzig, zuletzt in Dorpat. — Kurt Sprengel (1766—1833), Prof. der Medicin und Geh. Medicinalrath in Halle, sowie Director des botanischen Gartens.

Nr. 760. IV, 72.

Johann Gottlob von Quandt (1787—1859), Kunstschriftsteller, in den Adelsstand erhoben 1820, von 1822 an in Dresden. Er verbrachte mit seiner Frau Ende November und Anfang December 1820 zwölf Tage in Weimar, vgl. v. Biedermann Goethe und Dresden S. 136. Über die von Rauch modellirte Büste Goethes vgl. Tag- und Jahreshefte 1820, sowie v. Biedermanns Anmerkung dazu (Hempel 27, 259. 523). Der Ausdruck, die Natur habe ihm einen Rickfang gegeben, bezieht sich darauf, daß Goethe nur mit Hilfe der Zange des Arztes das Licht der Welt erblickt hatte. Vgl. hierzu v. Löpers Anmerkung 5. zu Dichtung und Wahrheit I. Erstes Buch (Hempel 20, 231 f.).

Nr. 762. IV. 78.

Nicht Martin Lunghi, sondern der italienische Kupferstecher Giuseppe Longhi, geb. 1766 in Monza, Maler und Professor an der Kunstacademie zu Mailand, gest. dort 1831, ist gemeint. Der Bericht über den hier erwähnten Kupferstich im III. Bande von „Kunst und Alterthum" (1821, 2. Heft) trägt die Überschrift: „Die Vermählung der heiligen Jungfrau mit St. Joseph: nach einem Gemälde von Raphael, gestochen von G. Longhi 1820."

Nr. 764. IV, 82.

Zu der Erzählung des Erlebnisses mit Trebra, sowie zu dem Ausspruche: „Wir müssen erst noch berühmt werden u. s. w." vgl. Gespr. 52. I. 75 f. (zugleich ein Beleg, wie genau Müller im allgemeinen berichtete). — Über den „Berliner Prolog" bemerkt Goethe in den Tag- und Jahresheften 1821 (Hempel 27, 270): „Vieljährige Neigung und Freundschaft des Grafen Brühl (Karl Friedrich Moritz Paul von Brühl, 1772—1837, Generalintendant der k. Schauspiele in Berlin seit 1815) verlangte zur Eröffnung des neuen Berliner Schauspielhauses einen Prolog, der dann wegen dringender Zeit gleichsam aus dem Stegreife erfunden und ausgeführt werden mußte." In einem Briefe vom 24. April 1821 hatte Graf Brühl um den Prolog gebeten, Goethe gab seine Zusage am 30. April und sandte die Dichtung nach und nach am 2., 5. und 12. Mai an Brühl. Den „Prolog zur Eröffnung des Berliner Theaters im Mai 1821" s. Hempel 11, I. Abth. 253 ff. Das von Schinkel erbaute Schauspielhaus wurde am 26. Mai mit diesem Prologe und mit Goethes Iphigenie eröffnet. — Johann Evangelista Purkinje (1787—1869) war Professor der Physiologie zu Breslau, später zu Prag.

Nr. 765. IV, 84.

Karl Joh. Friedrich von Roth (1780—1852), 1802 Stadtsyndicus von Nürnberg, zuletzt 1828 Präsident des protestantischen Oberconsistoriums zu München, 1848 in Ruhestand. Er stand mit Goethe in Verbindung wegen Herausgabe von Hamanns Schriften, die erst Goethe beabsichtigt, dann Roth ausgeführt hatte. — Johann Friedrich Röhr (1777—1848), Oberhofprediger, Generalsuperintendent und Kirchenrath zu Weimar seit 1820, Vicepräsident des Oberconsistoriums 1837. — Fanny Caspers (1787—1835), Schauspielerin in Frankfurt a. M., in Weimar 1800—1802, später Gesellschafterin im Hause eines ungarischen Fürsten, 1823 mit dem Bankier Stanisl. Doré in Wien vermählt.

Nr. 767. IV, 91.

Dr. med. Karl Gustav Carus (1789—1869), Director der geburtshilfl. Klinik in Dresden seit 1814, Geh. Medicinalrath 1843, 1861 Geheimer Rath, Präsident der Leopoldinisch-Carolinischen Academie 1862.

Nr. 770. IV, 99.

Graf Joseph von Auersperg (1769—1836), Besitzer der Herrschaften Hartenberg, Ehrenegg u. s. w. in Böhmen, war Geh. Rath und Präsident des mährischen Appellationsgerichts.

Nr. 775. IV, 116.

Friedrich Konstantin Frh. v. Stein, geb. in Weimar 1773, Sohn der bekannten Frau von Stein, Generallandschaftsrepräsentant v. Schlesien 1810, gest. in Breslau 1844.

Nr. 777. IV, 119.

Lukas Howard, geb. London 1772, Besitzer einer chemischen Fabrik und Droguenhändler, war besonders als Meteorolog thätig und bekannt, gest. 1864. Sein 1818 herausgegebenes Werk: The Climate of London sandte er am 2. Febr. 1822 an Goethe.

Nr. 780. IV, 124.

Zu Goethes Bemerkung über die „deutsche Chrestomathie" vgl. man des Dichters Äußerung in den „Tag- und Jahresheften 1821", als zu Anfang des Jahres die „Grundzüge zu einer deutschen theoretisch-praktischen Poetik, aus Goethes Werken entwickelt von J. St. Zauper" erschienen waren (für deren Übersendung Goethe dem Verfasser bereits am 9. April 1821 dankte). „Von der neueren deutschen Literatur, schreibt Goethe, durft' ich wenig Kenntniß nehmen: meist nur was sich unmittelbar auf mich bezog, konnt' ich in meine übrige Thätigkeit mit aufnehmen. Zaupers Grundzüge einer deutschen theoretisch-praktischen Poetik brachten mich mir selbst entgegen und gaben mir wie aus einem Spiegel zu manchen Betrachtungen Anlaß. Ich sagte mir: da man ja doch zum Unterrichte der Jugend und zur Einleitung in eine Sprache Chrestomathien anwendet, so ist es gar nicht übel gethan, sich an einen Dichter zu halten, der mehr aus Trieb und Schicksal denn aus Wahl und Vorsatz dahin gelangt, selbst eine Chrestomathie zu sein: denn da findet sich im ganzen doch immer ein aus dem Studium vieler Vorgänger gebildeter Sinn und Geschmack." (Hempel 27, 275 f.) Vgl. a. Sprüche in Prosa Nr. 1041.

Nr. 783. IV, 131.

Ludwig Rellstab (1799—1860), Dichter und Romanschriftsteller. — Geh. Regierungsrath Christian

Friedrich Schmidt war Klaviervirtuos und spielte besonders Beethoven'sche Musik, von der er ein „leidenschaftlicher Verehrer" war, vgl. Gespr. Nr. 785. IV, 137.

Nr. 785. IV, 137.

Friedrich Ludwig von Froriep (1779—1847) war Obermedicinalrath in Weimar. — Zelter und Felix Mendelssohn Bartholdy waren vom 4. November 1821 an auf sechzehn Tage zu Besuch bei Goethe. Goethe erwähnt dieses Besuches in den Tag- und Jahresheften 1821 (Hempel 27, 282), wobei er das „unglaubliche Talent" des „höchste Verwunderung erregenden Zöglings" rühmt.

Nr. 788. IV, 152.

Leopold von Henning war Prof. der Philosophie in Berlin, gest. 1866. — Heinrich Kolbe war Maler in Düsseldorf.

Nr. 789. IV, 155.

Lady Sidney Morgan (1783—1859), sehr freisinnige und rationalistische englische Roman- und Reiseschriftstellerin.

Nr. 791. IV, 159.

Joseph Stanislaus Zauper, geb. Dux 1784, war Prof. und Chorherr, später Gymnasialdirector zu Pilsen, wo er 1850 starb. Er war der Verfasser einer auf Goethes Werke gegründeten Poetik, wozu er 1822 einen Nachtrag schrieb. Vgl. Erl. zu Nr. 780. Auch seiner Prosaübersetzung der Ilias thut Goethe Erwähnung im 5. Bande „Über Kunst und Alterthum 1826" s. Hempel 29, 556.

Nr. 793. IV, 161.

Graf Kaspar von Sternberg, geb. Prag 1761, war Kanonikus in Regensburg, 1808 Majoratsherr und 1825 k. k. wirkl. Geh. Rath, er lebte seit 1808 vorwiegend in Prag, gest. 1838. — Emanuel Pohl (1782 bis 1824) war Prof. der Naturgeschichte in Prag 1813, seit 1821 Prof. der Medicin in Wien. — Johann Jacob Freih. v. Berzelius (1779—1848), Dr. med., war Lehrer der Chemie an der Kriegsacademie und Prof. der Medicin in Stockholm. Über diese durchreisenden Fremden vgl. Goethes Tag- und Jahreshefte 1822 (Hempel 27, 286) und v. Biedermanns Anmerkung dazu, sowie Goethes Brief an Zelter vom 8. August, an Knebel vom 23. August und an Schultz vom 5. September. Vgl. Gespr. Nr. 798. IV, 169.

Nr. 795. IV, 164.

Karl Huß, geb. 1761 in Brüx, wo er 1776 Scharfrichter wurde, seit 1781 als solcher in Eger, er war Sammler von Münzen, Naturalien u. s. w. und später Custos der fürstlich Metternich'schen Sammlungen zu Königswerth.

Nr. 800. IV, 174.

Adolf Bäuerle (1786—1859), ein Wiener Schriftsteller, der besonders Romane und Wiener Lokalpossen verfaßte. — Über die Reiseerlebnisse vom 1.—18. August 1822 vergleiche Goethes Aufzeichnungen: „Notirtes und Gesammeltes auf der Reise vom 16. Juni bis zum 29. August 1822" (Hempel 27, 340 ff.).

Nr. 802. IV, 176.

Ignaz Lößl (1782—1849) war in Falkenau geboren, wo er jetzt Bergmeister und Justitiar war. Goethe selbst berichtet: „Ich fuhr (Sonnabend den 3. August 1822) mit Polizeirath Grüner nach Falkenau, einem wohlgebauten Orte, den Grafen Nostiz gehörig, den ich gar oft nach Karlsbad fahrend gar anmuthig unten im Thale an der Eger liegen sah, die Hügel dahinter zu einem grenzenlosen Hopfenbau benutzt. Hier fließt die Zwoda mit der Eger zusammen, und großes Wasser sammelt sich hier von Zeit zu Zeit. Wir kehrten ein bei dem Bergmeister Ignatius Lößl, wo wir ein schönes Mineraliencabinet fanden und von den Producten der Gegend aus dem Doublettenvorrath manches Wünschenswerthe verehrt erhielten." (Hempel 27, 341 f.) — Anton Fürnstein, ein Naturdichter, war 1783 in Falkenau geb., gest. 1841. Über Fürnstein schreibt Goethe: „Man legte auch Gedichte eines Naturmenschen vor, namens Fürnstein, auf dessen seit dem siebenten Jahr kontraktem Körper sich ein sehr guter Kopf ausgebildet hat. Seine Arbeiten tragen völlig den Stempel der sogenannten Naturdichter, deren sich in Deutschland mehrere hervorthaten, worüber ich nächstens zu Aufmunterung solcher meist in ökonomischer, oft in körperlicher Hinsicht sehr zu beklagenden Menschen einiges zu sagen gedenke. Da er die Gegenwart sehr gut erfaßt, so habe ich ihm aufgegeben, den Hopfenbau zu besingen, dessen Ausbreitung, Anmuth und Nützlichkeit ihm stets vor Augen und vor dem Geiste steht: wir wollen sehen, wie er sich herauszieht." Goethe hat sein Wort wahr gemacht und einen Aufsatz: „Fürnstein, deutscher Naturdichter" (Über Kunst und Alterthum, IV. Bd. 2. Heft 1823. S. 79—84) geschrieben, der bei Hempel 29, 405 ff. zu lesen ist; auch das Gedicht „Der Hopfenbau" ist dort mit abgedruckt. An Sternberg schrieb Goethe am 26. August: „Man machte mich mit den Poesien eines einheimischen Naturdichters Namens Fürnstein bekannt, welche lobenswürdig sind. Auf seinem seit dem siebenten Jahre durch

Gicht verkrümmten Körper hat sich ein guter Kopf ausgebildet, ein Cerebralsystem, das wohlgestalteten Gliedern Ehre machen würde. So wunderbar stecken vorzügliche Menschen in allen Winkeln der Erde. Niedergedrückt vom entsetzlichsten Elend, behauptet der Mensch doch wieder einmal seine Rechte." Vgl. auch Goethes Brief an Knebel vom 23. August, sowie Gespr. Nr. 803. IV, 178. — Nr. 813. IV, 194. — Nr. 868. IV, 267.

Nr. 804. IV, 179.

Wenzel J. Tomaschek 1774—1850) war Musiklehrer und Componist in Prag. Goethe schreibt über ihn: „Dienstag den 6. August 1822 erschien Kapellmeister Tomaschek von Prag, der an meinen Liedern sehr viel Antheil nimmt und sie sämmtlich componirt hat. Wir gingen zum Gerichtsadvocaten Frank, wo wir ein gutes Wiener Fortepiano fanden, woran unser Componist seine Lieder mit Eigenthümlichkeit, mitunter sehr wohl getroffen, glücklich vortrug." (Hempel 27, 344.) — Das Gedicht „Äolsharfen" s. bei Hempel 1, 191 f.

Nr. 807. IV, 189.

Goethes Übersetzung der Ode: Der fünfte Mai von Alexander Manzoni, s. Hempel 2, 467 ff.

Nr. 808. IV, 190.

Fabrikbesitzer Wolfgang Kaspar Fikentscher in Redwitz (1770—1837) war Apotheker und Chemiker und Bürgermeister von Redwitz 1809—1824. Vgl. Goethes Schilderung Hempel 27, 345 f. Fikentscher war ein selbstgemachter Mann: er hatte als Sohn eines Bäckermeisters in Redwitz nur mit geringen Mitteln seine Laufbahn begonnen und arbeitete sich durch seine ausdauernden Studien in der Chemie zum Besitzer einer ausgedehnten

Chemikalienfabrik und zu großem Reichthum empor. Gründlich und ausführlich handelt über Goethe und die Familie Fikentscher W. v. Biedermann in seinen Goetheforschungen I, 295ff., wo auch die Angaben Hempel 27, 603f. berichtigt sind. 1814 hatte Fikentscher auch mit vier Theilhabern eine Glasfabrik im Reichsforste angelegt.

Nr. 820. IV, 202.

Friedrich Jacob Soret, geb. 1795 in Petersburg, wurde seit 1800 in Genf erzogen, war dort vom Studium der Theologie zu dem der Naturwissenschaften übergegangen, seit dem Sommer 1822 war er Erzieher des 1818 geborenen Erbprinzen Karl Alexander zu Weimar, wurde zum Hofrath ernannt, gest. 1866 in Genf.

Nr. 821. IV, 202.

Dr. med. Wilhelm Rehbein, Leibarzt und Hofrath zu Weimar, gest. 1825. — Joh. Nepomuk Strixner, geb. 1782, war Lithograph in München.

Nr. 823. IV, 205.

Die Studenten von Jena waren nach Kahla, einer altenburgischen kleinen Stadt, ausgewandert, weil ihnen verboten worden war, gewisse Lieder auf der Straße zu singen. Zu diesem Mittel der Auswanderung hatten sie bei ähnlichen Gelegenheiten schon wiederholt gegriffen. — Das Gedicht Charon ist die Übersetzung eines neugriechischen Volksliedes, s. d. Hempel 2, 476.

Nr. 825. IV, 206.

Ida Melos aus Weimar, die Gattin Ferdinand Freiligraths seit 1841, die dieser in Unkel am Rhein, wo sie Erzieherin in einer englischen Familie war, kennen lernte. — Goethes Enkel waren: Walther Wolfgang

Freiherr von Goethe, geb. 9. April 1818, wurde Musiker, gest. 15. April 1885 in Leipzig (mit ihm erlosch bekanntlich Goethes Mannesstamm) und Wolfgang Maximilian Freiherr von Goethe, geb. 18. September 1820, Dichter und philosophischer Schriftsteller, Dr. jur., weimarischer Kammerherr und preußischer Legationsrath, gest. den 20. Januar 1883. Goethes Enkelin Alma wurde am 29. September 1827 geb. und starb 1844 in Wien.

Nr. 826. IV, 208.

Riemer, der Professor am Gymnasium und seit 1814 zweiter Bibliothekar war, hatte schon 1820 seine Professur, die sehr gering besoldet war, niedergelegt und war seitdem immer von Erbitterung, Mißmuth und Unzufriedenheit über seine Stellung erfüllt, die seinen Fähigkeiten nicht genügte und für seine Existenz wenig ausreichend war. Seit 1838 war er Oberbibliothekar.

Nr. 827. IV, 210.

Goethe war am 17. Februar 1823 heftig erkrankt. — Grigorij Alexandrowitsch Stroganow, einer russischen Familie entstammend, war 1805—1808 Gesandter zu Madrid, dann zu Stockholm, 1821 zu Konstantinopel, wo er die Verhandlungen mit dem Diwan aufs geschickteste in epochemachender Weise führte, 1821 bis 1825 war er auf Reisen, 1826 wurde er in den Grafenstand erhoben, gest. 1857.

Nr. 829. IV, 210.

Dr. med. Wilhelm Ernst Huschke, Leibarzt, älterer College des jüngeren Rehbein, gest. 1828. — H. Düntzer, Eckermanns Gespräche mit Goethe, 6. Aufl. III. S. 260 nimmt umgekehrt an, daß die Angabe der Monatstage hier richtig, aber die der Wochentage irrig sei.

Nr. 835. IV. 218.

Niels Lauritz Höyen, dänischer Kunstschriftsteller.

Nr. 836. IV. 220.

Goethes Recension der „Biographischen Denkmale" von Varnhagen von Ense erschien in „Kunst und Alterthum, im 1. Hefte des 5. Bandes 1824, S. 149—154, s. d. bei Hempel 29, 181 ff. Darin stehen die Worte: „Mich aber berührte das Werk ganz eigenthümlich, da jene drei Helden gleichzeitig mit meinem Vater, einer bis an meinen Lebenseintritt heran, zwei in meine Tage hinein verharrten und wirkten. Schulenburg starb 1748, Theodor 1756, Bückeburg 1777. Ich las also hier ausführlich, was mir von den Tagen der Kindheit her bis ins Jünglingsalter heran als Weltmärchen im allgemeinen vorgeklungen." — Die Übersetzung von Tegnérs Frithjof Saga, die Amalie von Helvig, geb. v. Imhoff gegeben hatte, theilt Goethe dem Inhalte nach mit: „Über Kunst und Alterthum, 5. Bd. 1. Heft 1824, S. 139 bis 149, die Romanze „die Königswahl" ist dort abgedruckt (s. d. Hempel 29, 800 ff.). — Werner Moritz Maria Graf von Harthausen-Abbenburg, zuerst Regierungsrath in Köln, gest. Würzburg 1842. Die neugriechischen Lieder desselben erwähnt Goethe schon in den „Tag- und Jahresheften" 1815, wo er bereits den Wunsch ausspricht, sie bald gedruckt zu sehen (Hempel 27, 216). Er spricht von ihnen in einem Brief an Meyer aus Wiesbaden, den 5. Juli 1815, wo er den „Fund neugriechischer Balladen das Beste" nennt, was ihm „in dieser Woche vorgekommen." Ebenso erzählt er davon Sulpiz Boisserée (s. S. Boisserée I, 283); er bezeichnet dort den Inhalt genauer und nennt sie „meist dramatische Romanzen." Vgl. Gespräch Nr. 658. III, 241. Goethes Gedicht Charon (Hempel 2, 476) ist Übersetzung eines dieser neugriechischen

Volkslieder. Den Wunsch, die Haxthausen'sche Sammlung von Originalen und Übersetzungen durch einen baldigen Abdruck veröffentlicht zu sehen spricht Goethe nochmals aus: „Über Kunst und Alterthum, 4. Bd. 1. Heft 1823. S. 166 ff." in dem Aufsatze „Volksgesänge abermals empfohlen" am Schlusse (s. d. bei Hempel 29, 562). — Jakob Friedrich Freiherr von Fritsch (1731—1814), weimarischer Ministerpräsident 1772—1800. Seine Söhne waren: Friedrich August Frh. von Fritsch (1768 bis 1845), Kammerpräsident in Weimar 1823, Oberlandjägermeister 1828, Wirkl. Geh. Rath 1835; und: Karl Wilhelm Freih. v. Fritsch (1769—1851), Polizeipräsident in Weimar 1805, Wirkl. Geh. Rath 1815. Über den Minister von Fritsch s. besonders das Buch des Freiherrn Beaulieu-Marconnay: „Anna Amalia, Karl August und der Minister von Fritsch, Weimar 1874". Über die ganze Familie und Goethes Verhältniß zu ihr s. W. v. Biedermann, Goethe und Die von Fritsch (Goetheforschungen I, 215—274).

Nr. 840. IV, 225.

Clément Marot (1495—1544), französischer Schriftsteller, der durch seinen leichten und anmuthigen Stil, den sog. style marotique, berühmt ist. — Goethes Fragment: „Der Zauberflöte zweiter Theil" s. bei Hempel 9, 267 ff.

Nr. 843. IV. 227.

Mit dem „Globus" ist die Weltkarte, 1527 von Ribero entworfen, gemeint. Vgl. H. Düntzer, Eckermanns Gespräche 6. Aufl. III, 261.

Nr. 849. IV. 231.

Über Joh. Peter Eckermann vgl. Erl. zu Nr. 49. I, 70. — In der That schrieb Goethe an Cotta über

Eckermann am 11. Juni 1823. — „Da habe ich denn dieser Tage Ihrer gedacht.“ Goethe hatte an den Staatsrath Christoph Ludwig Friedrich Schultz in Berlin über Eckermann geschrieben und vollendete diesen Brief am 11. Juni: er sagt darin über Eckermann, daß er als „ein gar guter, feiner, verständiger Mensch erscheine.“ — Friedrich Theodor Kräuter war Secretär an der Bibliothek und Rath zu Weimar. Vgl. „Tag- und Jahreshefte 1822 (Hempel 27, 290: „Ein junger Bibliothek- und Archivsverwandter macht ein Repertorium über meine sämmtlichen Werke und ungedruckten Schriften“).

Nr. 850. IV, 235.

„Ich habe bereits gestern wegen einer Wohnung u. s. w.“ — In der That schrieb Goethe am 11. Juni an Dr. Christian Ernst Friedrich Weller (1790—1854), Assistenten der Universitätsbibliothek in Jena, später Bibliothekar und Legationsrath, im angegebenen Sinne. Er nennt in dem Briefe Eckermann „einen jungen Mann, der sich in Jena einige Zeit aufzuhalten denkt und wohlfeil zu leben wünscht.“

Nr. 853. IV. 238.

„Und später las ich in seinen gedruckten Aphorismen.“ Dort lautet der Spruch: „Ein alter gutmüthiger Examinator sagt seinem Schüler ins Ohr: „Etiam nihil didicisti“, und läßt ihn für gut hingehen.“ Sprüche in Prosa Nr. 236 (zuerst gedruckt in „Kunst und Alterthum“ 1823. IV. Bd. 2. Heft).

Nr. 854. IV, 243.

Ebenso wird von Alexander I. von Rußland erzählt, daß er einst bei seiner Ankunft in Leipzig den Vertretern der Behörden, die ihn entblößten Hauptes empfingen, zurief: „Meine Herren bedecken Sie sich!“ Als aber niemand von dieser Erlaubniß Gebrauch machte, wiederholte er die Worte: „Meine Herren bedecken Sie sich!“ in einem so streng befehlenden und hoheitsvollem Tone, daß alle erschrocken in größter Hast dem Befehle nachkamen.

Nr. 855. IV. 244.

Marie Szymanowska, geb. Wolowska, Kammervirtuosin der Kaiserin von Rußland, die Goethe in dem Briefe an Zelter vom 24. August erwähnt und der er das Gedicht „Aussöhnung“ (Nr. 3 der „Trilogie der Leidenschaft“) widmete und übergab, kam Ende October 1823 nach Weimar und spielte bei Goethe am Abend des 28. October. Vgl. Gespr. Nr. 891. IV. 302. Nr. 873. IV. 275. Nr. 896. IV, 312. Ihre Schwester war Kasimira Wolowska, der Goethes Gedicht Hempel 3, 243 gewidmet ist.

Nr. 857. IV. 246.

Karl Joh. Braun, Ritter von Braunthal, geb. 1802 in Eger, gest. 1866 in Wien, österreichischer Schriftsteller, der anfangs unter dem Pseudonym Jean Charles schrieb.

Nr. 861. VI. 253.

„Neue Erfindungen u. s. w.“ Vgl. Sprüche in Prosa Nr. 1: „Alles Gescheite ist schon gedacht worden; man muß nur versuchen es noch einmal zu denken“ und von Löpers Anmerkungen dazu.

Nr. 863. IV, 255.

Vgl. Erl. zu Nr. 11. I. 23f. August Wilhelm Rehberg (1757—1836) war Geh. Kabinetsrath zu

Hannover. Über sein Verhältniß zu Goethe und seine Beurtheilung der Goethischen Dichtungen s. W. Scherer im Goethe-Jahrb. VI. S. 347 ff.

Nr. 868. IV. 263.

Ernst August Hagen (1797—1880), Sohn eines Universitätsprofessors, studirte anfangs Medicin, dann Kunst und Literaturgeschichte, wurde 1825 außerordentlicher Professor an der Universität Königsberg, 1851 ordentlicher Professor; er war Novellist und Kunstschriftsteller. Sein romantisches Gedicht in zehn Gesängen: Olfried und Lisena (1820) besprach Goethe in „Kunst und Alterthum" 1821. 3. Bd. 1. Heft, S. 82—90 (s. d. Hempel 29, 449 ff.), und in „Kunst und Alterthum" 1822, 3. Bd. 3. Heft S. 135 ff. sagt er bei nochmaliger Betrachtung des Gedichtes: „Wir wollen den Dichter mit einem kurzen Worte berathen, welches zu befolgen er gewiß heilsam finden wird. Wir wünschen nämlich, daß er sich's für die nächste Zeit, vielleicht für alle Zeiten, zum Gesetz mache, nur kurze, einfache Erzählungen zu unternehmen; er wähle sich aus der Geschichte, aus Überlieferungen, aus Erfahrung irgend ein prägnantes Motiv, welches entwickelt ästhetisch-moralische Zufriedenheit erwecken könne. . . . . . Denn ergreift er den rechten Gegenstand, so ist bei einer anmuthigen Behandlung, wie sie dem schönen Talent zu Gebote steht, seine Arbeit unverwüstlich: vergreift er sich auch einmal, so ist für seine fruchtbare Dichterader nicht viel verloren."

Nr. 871. IV. 270.

Friedrich Wilhelm Karl Umbreit (1795—1860) war Prof. der Theologie in Heidelberg. Er hatte das „Hohelied Salomonis" unter dem Titel „Lied der Liebe, das älteste und schönste aus dem Morgenlande" 1820 übersetzt und erklärt; Goethes Urtheil über diese Arbeit s. Hempel 29, 805.

Nr. 871. IV, 271.

Über die „innere Zerrissenheit" Goethes, s. Gespr. Nr. 873. IV. 276, Z. 7ff.

Nr. 873. IV. 273.

a. Es ging in Weimar das Gerücht, Goethe wolle sich mit Ulrike von Levetzow vermählen, zu der er in Marienbad eine leidenschaftliche Zuneigung gefaßt hatte, und die noch fast ein Kind zu nennen war: daher auch der Aufruhr in seiner Familie. Zu Goethes Stimmung vgl. man seine „Elegie von Marienbad" (Trilogie der Leidenschaft Nr. 2, Hempel 1, 187). Vgl. a. Gespr. Nr. 890. IV. 302. — 879. IV. 285. — Nr. 900. IV. 320.

b. Graf Carlo Gozzi (1720—1806), italienischer Lustspieldichter, ein Venetianer. — Zu dem Ausdrucke action à distance vgl. Gespr. Nr. 873. IV. 274.

Nr. 876. IV. 280.

Christoph Friedrich Ludwig Schultz (1781 bis 1834), Staatsrath in Berlin seit 1809, Geh. Ober-Reg.-Rath 1821, in Wetzlar 1825, von da nach Bonn 1831.

Nr. 879. IV. 283.

Graf Reinhard war schon am 28. September in Weimar. — Frau von Fritsch ist die Gemahlin Karl Wilhelms Frh. v. Fritsch: Henriette, geb. Freiin von Wolfskeel-Reichenberg (1776—1859), vermählt seit 1803; vorher Hofdame der Herzogin Louise v. Weimar. Zu IV, 286, Z. 16f. vgl. VIII. 399f.

Nr. 881. IV. 288.

Zu der Fußnote vgl. die Berichtigung VIII. 400.

Nr. 883. IV. 289.

Friedrich Melchior Baron Grimm von Grimmhoff (1723—1807) war 1776 herzoglich gothaischer Minister, russischer Gesandter und Staatsrath 1795.

Nr. 884. IV. 290.

Die „Rose von Jericho" war ein Roman von David Heß.

Nr. 888. IV. 295.

Karl Ernst Schubarth, geb. 1796 zu Brinitze in Oberschlesien, hatte durch seine Schrift „Zur Beurtheilung Goethes" (1818, 2. Aufl. 1820) des Dichters Aufmerksamkeit auf sich gezogen. Schon frühzeitig hatte Goethe gegen F. A. Wolfs Aufstellung von der Mehrheit der Dichter der Ilias, obwohl er anfangs dessen wissenschaftliche That, z. B. im Vorgesang zu „Hermann und Dorothea" gepriesen hatte, Widerspruch erhoben (z. B. in den Briefen an Schiller vom 29. April und 16. Mai 1798); als nun Schubarth in seiner Schrift „Ideen über Homer und sein Zeitalter" (1821) die Einheit Homers gegen Wolf vertheidigte, nahm Goethe dieses Buch mit großem Beifall auf. Er empfahl Schubarth an Schultz in Berlin, doch konnte er wegen seiner Gegnerschaft gegen Wolf keine Anstellung dort finden (vgl. Gespr. Nr. 906. IV. 327). Schubarth starb 1861 als Lehrer in Hirschberg.

Nr. 889. IV. 297.

Daniel Nikolaus Chodowiecki (sprich: = wjeẞki), geb. 1726 in Danzig, gest. 1801 in Berlin, war ein hervorragender Zeichner, Kupferstecher und Maler.

Nr. 890. IV. 300.

Die junge Polin war Frau Szymanowska, die am Abend des 28. (nicht 27.) October bei Goethe spielte. Vgl. Gespräch Nr. 891. IV. 302. — Heinrich Beck (1760—1803), dramatischer Schriftsteller, eine Zeitlang Theaterdirector in Mannheim; sein Stück „die Schachmaschine“ erschien 1798.

Nr. 896. IV. 312.

Nach v. Müllers Bericht erkrankte Goethe in der Nacht nach dem Abschied von Frau Szymanowska heftig, Husten und Brustfieber quälten ihn. So gewaltig war die Erregung beim Abschiede gewesen.

Nr. 899. IV. 316.

Am Morgen des 14. November war Wilhelm v. Humboldt angekommen.

Nr. 904. IV. 324.

Platen hatte seine „Neuen Ghaselen“ Goethe im September übersandt. Seine früheren „Ghaselen“ (Erlangen 1821) hatte Goethe in „Kunst und Alterthum“ 3. Bd. 3. Heft 1822 S. 174 erwähnt (s. Hempel 29, 454). Die „Neuen Ghaselen“ besprach Eckermann in „Kunst und Alterthum“ 4. Bd. 3. Heft 1824. Vgl. a. Gespr. Nr. 1016. V. 259.

Nr. 906. IV. 327.

Karl Leberecht Immermann (1796—1840), damals Auditeur in Münster, 1827 Landgerichtsrath in Düsseldorf. In seinen Anfangsdramen nahm er sich Shakespeare und Calderon zum Muster, später pflegte er das historische Schauspiel, dichtete auch einen „Merlin“ nach dem

Vorbilde des Faust; seinen Ruhm verdankt er aber hauptsächlich den Romanen „die Epigonen“ 1836 und „Münchhausen“ 1838.

Nr. 907. IV, 328.

„Im Wirthshaus“. Da der kranke Goethe in die Gastzimmer seines Hauses gebracht worden war, um ganz ungestört zu bleiben, mußte Zelter Wohnung in dem nahe gelegenen Gasthaus zum weißen Schwan nehmen.

Nr. 914. IV, 338.

Das Portefeuille enthielt 23 Blätter von dem Maler Johann Heinrich Füeßli und dem Maler und Kunstschriftsteller Hans Rudolf Füeßli (Herausgeber eines Künstlerlexikons).

Nr. 918. IV, 359.

Dr. Friedrich Sigismund Voigt (1781—1850), Bergrath und Hofrath, Prof. der Botanik und Director des botanischen Gartens in Jena seit 1807.

Nr. 920. V, 8.

„Die Aufgeregten“. Gemeint ist die 1. Scene des 3. Aufzuges, bei Hempel 10, 274, an die Eckermann sich zum Theil wirklich angelehnt hat. — Man nannte Goethe auch „einen Fürstendiener, einen Fürstenknecht“, vgl. Gespr. Nr. 986. V, 176.

Nr. 921. V, 14.

Gemeint ist der Bergrath Johann Georg Lenz (1748—1832), Professor in Jena, dem Goethe selbst schon früher zum „Tage der Jubelfeier seiner fünfzigjährigen Dienstzeit den 25. October 1822“ ein Gedicht gewidmet hatte (s. d. Hempel 3, 342 f.). Lenz war Stifter der mineralogischen Gesellschaft (1796) in Jena.

Nr. 926. V. 23.

Der deutsche „Paria" ist Michael Beers (1800 bis 1833, Schriftsteller in Berlin, Bruder des Operncomponisten Meyerbeer) Drama in einem Aufzuge: Der Paria (in Berlin damals aufgeführt): er nennt ihn den deutschen im Gegensatz zu dem französischen, nämlich dem hier auch erwähnten „französischen Trauerspiel: Le Paria von Jean François Casimir Delavigne (1821). Den „Anhang" Goethes zu Eckermanns Besprechung s. Hempel 29, 699f. — Goethes Kritik über Byrons Cain erschien in „Kunst und Alterthum" 5. Bd. 1. Heft 1824, S. 93—101 (s. d. bei Hempel 29, 758ff.). — Heinrich Franz Brandt, geb. 1789 in La Chaux-de-Fonds, gest. 1845 in Berlin, bedeutender Gemmenschneider und Medailleur; mit der hier erwähnten Medaille, von der Goethe einen Bleiabdruck besaß, hatte Br. 1813 in Paris den großen Preis errungen.

Nr. 927. V. 27.

Vgl. Erl. zu 370. — Louis Antoine de Bourbon, Herzog von Angoulême (1775—1844), war am 7. April 1823 in Spanien eingedrungen und unterdrückte dort die Revolution. Goethe stand wie immer auf Seite des Gesetzes gegen die Revolution. — Frau Emilie von Spiegel, geb. von Rothberg, Gattin des Hofmarschalls K. Emil Frh. von Spiegel, von und zu Pickelsheim. Das Stammbuchgedicht s. Hempel 2, 448, sowie Goethes Anmerkung dazu. — Christoph August Tiedge (1752 bis 1841) war von Haus aus mittellos und infolgedessen aus seiner juristischen Laufbahn gedrängt worden: er lebte seit 1819 bei Frau Elise von der Recke in Dresden. Vgl. Nr. 365. II, 213.

Nr. 928. V, 34.

Heinrich Becker (eigentlich v. Blumenthal) war ein geborener Berliner, in Weimar war er als Schauspieler von 1791—1809, später in Breslau, gest. 1822 in Weimar.

Nr. 930. V, 43.

Eugen Napoleon, Herzog von Leuchtenberg und Fürst von Eichstätt, geb. 3. September 1781, gest. 21. Februar 1824 zu München; er war der Sohn des Vicomte Beauharnais und Stiefsohn Napoleons I., daher 1807 von diesem adoptirt.

Nr. 933. V, 49.

„Zu meinem Parkgarten", den er 1776 vom Herzog erhalten hatte.

Nr. 936. V, 57.

Zu dem Ausspruche Goethes (S. 59): „Der persönliche Charakter des Schriftstellers u. s. w." vgl. „Sprüche in Prosa" Nr. 542: „Eigentlich kommt alles auf die Gesinnungen an; wo diese sind, treten auch die Gedanken hervor, und nach dem sie sind, sind auch die Gedanken." — „Der selige Reinhard" ist der Oberhofprediger Franz Vollmar Reinhard (1753—1812) in Dresden.

Nr. 937. V, 62.

Zu Glover vgl. das Register. Köchys unter dem angegebenen Pseudonym erschienene Schrift über Goethe erschien Halberstadt 1824 (weshalb man bis vor kurzem den Halberstädter Buchhändler Vogel für den Verfasser hielt). Die Schrift Glovers ist ein geistloses und plattes Machwerk, in dem Goethes lebendiger, anschaulicher Stil in schulmeisterlich pedantischer und noch dazu durchaus unwissenschaftlicher Weise getadelt und auf die dürftigste und kleinlichste Art „verbessert“ wird. Als Probe nur folgendes: S. 12 nennt Glover den Ausdruck: „Unsere Lehrer behandelten uns oft sehr unfreundlich und ungeschickt mit Schlägen und Püffen“ (Dicht. u. Wahrheit I. 2. Buch, Hempel 20, 61) gemein und pöbelhaft: S. 13 fügt er zu den Worten: „Und hofften wohl auch noch einmal eine Krönung mit Augen zu erleben“ (Dichtung u. Wahrheit I. 1. Buch, Hempel 20, 16) die Frage: „Warum nicht auch mit den Ohren!“ Zu dem Ausdrucke Goethes: „wahrster Freund“ bemerkt Glover: „Ist undeutsch, es sollte heißen: bester Freund“ u. s. w.

Nr. 938. V. 67.

Auch zu dem vorliegenden Gespräch über seine Gegner ist Goethe durch die angeführte Schrift Glovers angeregt. — „Daß sie mich wegen eines Fehlers tadelten, den ich längst abgelegt hatte.“ Vgl. Gespräch Nr. 410. II. 265 und die Erläuterung dazu. „Wenn sie denken, ich wäre noch in Weimar, bin ich schon in Erfurt“ sagt er an einer andern Stelle (Gespr. 285a. II. 138). Seine Gegner zerrten an den Kleidern und Schuhen der von ihm abgelegten Existenzen. — Die Herzogin von Cumberland ist die spätere Königin Friederike Karoline Sophie Alexandrine von Hannover, geb. Prinzessin von Mecklenburg-Strelitz (1778—1841), zuerst vermählt mit Prinz Frdr. Ludwig Karl von Preußen 1793—1796, dann mit dem Prinzen von Solms-Braunfels 1798—1814, seit 1815 mit dem Herzog Ernst August von Cumberland, der 1837 König von Hannover wurde, ihre Schwester war die Königin Luise von Preußen. Mit dieser hatte sie 1790 bei der Krönung Leopolds II. bei Goethes Mutter Wohnung genommen.

Nr. 939. V. 67.

c. Vgl. Gespr. Nr. 836 IV. 220 und Erl. dazu. In seiner Recension von Varnhagens „Biographischen Denkmalen" sagt Goethe: „Mit vielem Vergnügen hab' ich diese glückliche Arbeit durchgelesen: sie erinnert an Plutarchs Zusammenstellung ähnelnder Lebensweisen." — Adolf Friedrich Karl Streckfuß (1779—1844) war Geh. Oberregierungsrath in Berlin. Von ihm: „Die göttliche Komödie des Dante Alighieri, übersetzt und erläutert. I. Theil: Die Hölle. Halle 1824 (der 2. und 3. Theil, das Fegefeuer und das Paradies erschienen erst 1825 und 1826); auch Dichtungen Manzonis übersetzte er. Goethes kurzer Aufsatz über Dante (Hempel 29, 609 ff.) schließt sich an die Übersetzung von Streckfuß an.

Nr. 941. V, 70.

Zu den Worten: „Untergehend sogar u. s. w." (S. 74, Z. 3) vgl. V. 56. Anm. — „Die Regeln und Studien u. s. w." (S. 75), s. d. Hempel 28, 682 ff. unter dem Titel „Regeln für Schauspieler."

Nr. 947. V, 89.

Zu der von Goethe getadelten Redensart: „Nichts anders als" vgl. Goethes so überschriebenen Aufsatz bei Hempel 29, 254 f. — Don Pedro Tellez y Giron, Herzog von Ossuna, geb. 1579 zu Valladolid, studirte in Salamanca, kam dann an den Hof Philipps II., später zu Philipp III., wurde wiederholt vom Hofe verwiesen (z. B. hatte er das eine Mal Philipp III. den Obertambour des Reiches genannt), vermählte sich mit der Tochter des Herzogs von Alcala und nahm den Titel eines Herzogs von Ossuna an, 1611 wurde er Vicekönig von Sicilien, 1615 von Neapel; als Gegner der Inquisition und Philipps III. wurde er 1620 abgesetzt und starb 1624 als Gefangener auf dem Schlosse Alamede.

Nr. 950. V, 94.

Das Pentazonium Vinariense war eine Zeichnung Coudrays, durch welche die Baukunst dem Großherzog zum Feste der fünfzigjährigen Regierung huldigte. „Zu seiner Darstellung," schreibt Goethe in seinem Aufsatze darüber (Hempel 28, 365ff.), „nahm der geistreiche Künstler den Anlaß von jenen antiken Prachtgebäuden, wo man zonenweise Stockwerk über Stockwerk in die Höhe ging und, den Durchmesser der Area nach Stufenart zusammenziehend, einer Pyramiden- oder sonst zugespitzten Form sich zu nähern trachtete." Die fünf Zonen stellten die Regierungszeit des Herzogs dar. — Vir semisecularis sollte der Herzog angeredet werden.

Nr. 952. V. 98.

Kasimir Jean François Delavigne, der Verfasser des Paria (vgl. Erl. zu Nr. 926) war 1793 zu Havre geboren, gest. 1843 zu Lyon. Später hat Goethe günstiger über ihn geurtheilt.

Nr. 954. V. 99.

Vgl. Gespr. Nr. 945. V. 87. Eckermann hatte seine Reise am 27. Mai 1824 angetreten und berichtet selbst darüber: „Ich besuchte . . . meine Lieben zu Hannover, verweilte dann während der Monate Juni und Juli am Rhein, wo ich, besonders zu Frankfurt, Heidelberg und Bonn, unter Goethes Freunden manche werthe Bekanntschaft machte."

Nr. 955. V, 100.

Zu dem Ausspruche: „Man muß keine Jugendfehler u. s. w." vgl. Sprüche in Prosa Nr. 91: „Der Irrthum ist recht gut, so lange wir jung sind; man muß ihn nur nicht mit ins Alter schleppen."

Nr. 960. V, 104.

Gemeint ist Klopstocks Ode: Die beiden Musen, in der es heißt:

> Der Herold klang. Sie flogen mit Adlereil'.
> Die weite Laufbahn stäubte wie Wolken auf.
> Ich sah: vorbei der Eiche wehte
> Dunkler der Staub, und mein Blick verlor sie.

Nr. 961. V, 106.

Percy Bysshe Shelley, ein hervorragender englischer Schriftsteller, geb. 1792, war innig befreundet mit Byron und ertrank 1822 bei Spezzia.

Nr. 962. V, 108.

Robert Doolan, Eckermanns Freund, wird auch sonst in Eckermanns Gesprächen erwähnt, vgl. z. B. Nr. 988. V. 187.

Nr. 965. V, 117.

Der Geh. Rath und Kammer-Archivar Schellhorn zu Weimar feierte sein Jubiläum am 3. December 1824; auch Goethe widmete ihm ein Gedicht zu diesem Ehrentage (s. d. Hempel 3, 345). — Michael Beer, der Dichter des deutschen „Paria", lebte damals in Bonn.

Nr. 967. V, 119.

Lord Byron hatte in Medwins „Journal of Conversations of Lord Byron (1824)" seinen Gegnern geantwortet und auch Goethes Faust „zerstückelt" (vgl. Gespr. Nr. 971. V. 132) und diesem vorgeworfen, er habe vieles aus Hiob, Shakespeare, Calderon entlehnt. — „Hab ich nicht auch im Mephistopheles den Hiob und ein Shakespeare-Lied mir angeeignet?" (s. d. bei Hempel 12, 119 und v. Löpers Anmerkung dazu). Es ist das Lied:

„Was machst du mir vor Liebchens Thür" u. s. w., das Goethe einem altenglischen Volksliede, gesungen von Ophelia im Hamlet (IV. 5), nachgebildet hat.

Nr. 969. V, 121.

Die neugriechische Volkspoesie hatte Goethe zuerst durch Fauriels Chants populaires de la Grèce kennen gelernt. Claudius Karl Fauriel (1772—1844) war Professor an der Sorbonne in Paris.

Nr. 970. V, 122.

Im Herbste des Jahres 1775 schrieb Goethe die ersten Anfänge des Egmont, vollendet wurde das Drama 1787 in Rom.

Nr. 971. V, 127.

Agnes Franz war 1794 zu Militsch in Schlesien geboren. Düntzer vermuthet, daß ihr Gedicht „das Heimweh" gemeint sei.

Therese Albertine Luise von Jakob (Pseudonym: Talvj), geb. 1797 in Halle, gest. 1870 in Hamburg: sie wurde die Gattin des nordamerikanischen, 1794 in Southington (Connecticut) geborenen Gelehrten Edward Robinson, der 1864 in New-York starb: sie schrieb Novellen, 1825 und 1826 erschienen ihre in metrischer Übersetzung gegebenen „Volkslieder der Serben", die Goethe in Kunst und Alterthum 1825 (V. Bd. 2. Heft) und 1827 (VI, 1. Heft), sowie 1828 (VI, 2. Heft) anzeigte (s. d. bei Hempel 29, 575—591 u. 595, insbesondere den von Eckermann vorgelesenen Inhalt der einzelnen Gedichte s. Hempel 29, 580 ff.). — „Das Manuscript seiner fortgesetzten Selbstbiographie" (V, 133), nämlich: die Tag- und Jahreshefte. — Zu der Äußerung Goethes über Plagiate vgl. Gespr. 967. V, 120. — „Und weil nun beim Homer dasselbe vorkommt." Gemeint ist die Stelle Od. VI. 154 ff. — Byron war verstimmt durch Goethes Anzeige des „Manfred", die ihn nicht befriedigte. Namentlich hatte es ihn verdrossen, daß Goethe den „Manfred" eine „Umbildung des Faust" genannt hatte (vgl. Hempel 29, 753 ff.). — Die lateinische Übersetzung von Hermann und Dorothea stammt von Prof. Benjamin Gottlob Fischer in Schönthal (Arminius et Theodora, auctore Goethe 1822), eine andere von Joseph Grafen von Berlichingen zu Jaxthausen. Man vgl. Goethes Brief an Schultz vom 8. Juli 1823: „Man brachte mir die lateinische Übersetzung von Hermann und Dorothea. Es ward mir ganz sonderbar dabei. Ich hatte dieses Lieblingsgedicht viele Jahre nicht gesehen, und nun erblickt' ich es wie im Spiegel. . . . Hier sah ich mein Sinnen und Dichten in einer viel gebildetern Sprache, identisch und verändert, wobei mir vorzüglich auffiel, daß die Römische nach dem Begriff strebt, und was oft im Deutschen sich unschuldig verschleiert, zu einer Art von Sentenz wird, die, wenn sie sich auch vom Gefühl entfernt, dem Geiste doch wohl thut." (Vgl. Düntzer, Eckermanns Gespräche I. 281.)

Nr. 972. V. 139.

„Auch den Verdruß müsse man sich zu Nutze machen u. s. w." Gemeint ist die Xenie:

Kein Stündchen schleiche dir vergebens,
Benutze, was dir widerfahren!
Verdruß ist auch ein Theil des Lebens;
Den sollen die Xenien bewahren.
Alles verdienet Reim und Fleiß,
Wenn man es recht zu sondern weiß.

(Hempel 2, 378.)

„Mit dem bischen Moral.“ Moral steht hier nicht in dem Sinne, wie wir es gewöhnlich verstehen, sondern in der Bedeutung, die das achtzehnte Jahrhundert dem Worte unterlegte: alles Geistige als solches, alles Menschliche und die Zusammenfassung desselben in ein System, die speculative und deductive Philosophie nannte man Moral. — „Brillen tragend.“ Zu Goethes Abneigung gegen die Brille vergl. Sprüche in Prosa Nr. 380: „Es käme niemand mit der Brille auf der Nase in ein vertrauliches Gemach, wenn er wüßte, daß den Frauen sogleich die Lust vergeht, ihn anzusehen und sich mit ihm zu unterhalten,“ sowie das Gedicht: „Feindseliger Blick“ (Hempel 2, 270), wo es heißt:

Was ist denn aber beim Gespräch,
Das Herz und Geist erfüllet,
Als daß ein echtes Wortgepräg
Von Aug' zu Auge quillet?
Kommt jener nun mit Gläsern dort,
So bin ich stille, stille;
Ich rede kein vernünftig Wort
Mit einem durch die Brille.

Nr. 973. V, 142.

Mit dem Dogen von Venedig ist Byrons „Marino Faliero“ gemeint. — Zu dem Ausspruche: „Wenn ich das Schlechte schlecht nenne u. s. w.“ (S. 146) vgl. Sprüche in Prosa Nr. 244: „Wer sich von je her erlaubt hätte, die Welt so schlecht anzusehen, wie uns die Widersacher darstellen, der müßte ein miserables Subjekt geworden sein“ und die Xenien:

Ich habe nie mit Euch gestritten,
Philister-Pfaffen! Neider-Brut!
Unartig seid Ihr wie die Briten;
Doch zahlt Ihr lange nicht so gut.

Der Gottes-Erde lichten Saal
Verdüstern sie zum Jammerthal;
Daran entdecken wir geschwind,
Wie jämmerlich sie selber sind.
(Hempel 3, 263.)

Über den praktischen Sinn der Engländer sagt Goethe in den Sprüchen in Prosa Nr. 931: „Der Engländer ist Meister, das Entdeckte gleich zu nutzen, bis es wieder zu neuer Entdeckung und frischer That führt."

Nr. 978. V, 158.

Der Ausdruck „Jubeljahr" bezieht sich darauf, daß am 3. September 1825 das Regierungs-Jubiläum des Großherzogs, am 3. October des nämlichen Jahres dessen goldene Hochzeit und am 7. November Goethes 50jähriges Dienstjubiläum gefeiert werden sollte.

Nr. 981. V, 167.

George Henry Calvert, nordamerikanischer Schriftsteller, geb. 1803 in Baltimore; er hat besonders die deutsche Literatur behandelt.

Nr. 982. V, 169.

Karl Ferd. Friedr. von Nagler, geb. 1770 in Ansbach, seit 1823 Generalpostmeister, preußischer Minister 1836, gest. 1846.

Nr. 985. V, 173.

J. Wilh. Eduard d'Alton (1772—1840), Anatom, Archäolog, auch Kupferstecher, seit 1818 Prof. der Kunstgeschichte in Bonn.

Nr. 989. V, 178.

Über Manzonis Tragödie Adelchi (1822) s. Goethes Aufsatz bei Hempel 29, 651 ff. und v. Biedermanns Anmerkung dazu; desgl. s. Goethes Aufsätze über Manzonis Tragödie: Il Conte di Carmagnola (1820) bei Hempel 29, 629 ff. Die Vertheidigung Manzonis gegen den englischen Kritiker (Quarterly Review Nr. XLVII. Dec. 1820. p. 86) hatte Goethe in „Kunst und Alterthum" 1821 (im zweiten Hefte des dritten Bandes, S. 60—73) gegeben. Der englische Kritiker hatte behauptet, daß es Carmagnola an Poesie fehle, und hatte zum Schluß seiner Recension geäußert: „And we confess our hopes that the author will prefer, in future gratifying us with splendid odes, rather than offending us by feeble tragedy." Im Gegensatz dazu ersucht Goethe, indem er auf die unwiderstehliche Gewalt tragischer Chöre der Griechen hingewiesen und der innigen Beziehung zwischen Ode und Tragödie gedacht hat, den Dichter, „das Theater und seine eigensgewählte Weise nicht zu verlassen."

Nr. 988. V. 183.

Hierzu vergleiche man Eckermanns eignen Bericht vom 29. April 1825: „Der Bau des neuen Theaters war diese Zeit her rasch vorgeschritten, die Grundmauern stiegen schon überall empor und ließen ein baldiges sehr schönes Gebäude hoffen. Heute aber, als ich den Bauplatz besuchte, sah ich zu meinem Schrecken, daß die Arbeit eingestellt war; auch hörte ich gerüchtweise, daß eine andere Partei gegen Goethes und Coudrays Plan noch endlich obgesiegt habe, daß Coudray von der Leitung des Baues zurücktrete, und daß ein anderer Architect nach einem neuen Riß den Bau ausführen und den bereits gelegten Grund danach ändern werde." Doch leitete Coudray den Bau auch nach dem neuen Plane. — „Ein neues Theater ist am Ende doch nur ein neuer Scheiterhaufen u. s. w." — Dieser Gedanke wurde zu der Xenie:

„Wie ist denn wohl ein Theaterbau?“
Ich weiß es wirklich sehr genau:
Man pferchl das Brennlichste zusammen,
Da stehts denn alsobald in Flammen.
(Hempel 2, 379.)

Nr. 989. V, 201.

„Daß wir so wenig von ihm u. s. w.“ Von Menander sind uns nur zahlreiche Fragmente und die Titel von 73 Komödien überliefert (s. d. in der zuerst 1823 erschienenen Ausgabe von Meineke, fragm. com. Graec. Bd. IV), sowie Nachbildungen von Terenz. — Zu Goethes Ausspruch: „daß derjenige, von dem wir lernen wollen, unserer Natur gemäß sei“, vgl. Gespr. Nr. 974. V. 150.

Nr. 991. V, 205.

Hans Christoph Ernst, Freiherr von Gagern (1766—1852), Staatsmann, seit 1811 für die Erhebung Deutschlands gegen Napoleon arbeitend, 1816—1818 Bevollmächtigter in Frankfurt für Luxemburg. — Albertine Gräfin Rapp, geb. v. Rothberg, war die Wittwe des französischen Generals Rapp (gest. 1821). Sie wohnte mit ihrem Sohne Max und einer Tochter in Weimar. Goethe widmete ihr am 7. Juli 1827 einige Verse, sowie im Mai 1828, die sich bei Hempel 3, 351 f. finden. Später wurde sie die Gattin des Herzogs von Melfort, eines Schotten.

Nr. 992. V, 208.

Vgl. VIII. 400.

Nr. 993. V, 210.

Karl Jacob Theodor Leybold (1786—1844) war Geschichts- und Porträtmaler, er lebte vorwiegend in Stuttgart. — Goethe hatte in „Kunst und Alterthum

1823“ (IV, 2, S. 165ff.) einen Aufsatz veröffentlicht: „Charon, neugriechisches Gedicht, bildenden Künstlern als Preisaufgabe vorgelegt“ im Anschlusse an seine Übersetzung (s. d. Hempel 2, 476). — Charon ist hier nicht der Fährmann der Unterwelt, sondern „Charos“, d. i. die Person des Todes in der neugriechischen Sage, wofür Goethe absichtlich aus sprachlichen Rücksichten die Form Charon wählte, vgl. seine Begründung in Kunst und Alterthum V, 3, S. 13f.). Von den verschiedenen Lösungen, die eingingen, erkannte Goethe der Leyboldschen Skizze den Preis zu und erstattete auch darüber Bericht in „Kunst und Alterthum 1826“, V, 3, S. 5—12 (s. d. Aufsatz bei Hempel 28, 575ff.). Dort schreibt Goethe: „Dieser Nummer (Nummer VI der eingegangenen Skizzen) gebührt nach unserer Überzeugung der Preis. Die Zeichnung, 3 Fuß breit, 25 Zoll hoch, ist auf gelblichem Papier, Federumriß, braun angetuscht und die Lichter mit dem Pinsel aufgetragen. Herr Leybold, der Erfinder, hat den Gegenstand am glücklichsten erfaßt und künstlerisch mit bester Einheit des Ganzen in würdigen und großartigen Formen darzustellen gewußt. Die Behandlung ist meisterhaft und leicht, ohne daß der Ausführung dadurch etwas entzogen wäre; Formen und Gewänder deuten an, daß der Künstler sich den Michel Angelo zum Muster genommen u. s. w.“ — Major Parry verfaßte das Buch: „The last days of Lord Byron (1825)“.

Nr. 994. V, 211.

Friedrich Preller, geb. 1804 in Eisenach, Landschaftsmaler, besonders bekannt durch seinen Odyssee-Cyclus (im Museum zu Weimar, die Kartons im Museum zu Leipzig), gest. 1878 in Weimar. Der Großherzog hatte ihn bei seiner Ausbildung unterstützt, gewährte ihm auch die Mittel, 1825 nach Mailand und Rom zu gehen.

Nr. 1004. V, 225.

Friedrich August Durand (eigentlich Aumann) war 1787 in Medziber geboren, seit 1812 Hofschauspieler in Weimar, 1823 Regisseur, gest. 1852.

Nr. 1008. V, 232.

Alessandro Poërio, geb. 1802 in Neapel, italienischer Schriftsteller, patriotischer Dichter, gest. 1848 in Venedig an einer Verwundung, die er in der Schlacht bei Mestre erhalten hatte.

Nr. 1009. V, 232.

Goethe denkt an Niebuhrs römische Geschichte und die darin geübte Kritik. — Über die Mongolen und die Abwehr derselben von den Grenzen Deutschlands hatten 1824 Isaak Jacob Schmidt (1779—1847), einer der gründlichsten Forscher auf dem Gebiete der asiatischen Sprachen und Culturgeschichte, und D'Ohsson zwei Werke veröffentlicht.

Nr. 1010. V, 236.

Ernst Joachim Förster (1800—1885), Maler und Kunstschriftsteller, Schwiegersohn Jean Pauls, studirte anfangs Theologie, widmete sich dann aber unter Cornelius' Leitung seit 1823 der Malerei, er lebte bis zu seinem Tode in München.

Nr. 1012. V, 241.

Asmus Jacob Carstens, geb. 1754 in St. Jürgen bei Schleswig, gest. 1798 in Rom, Maler, der erste, der in Deutschland auf die Antike zurückging und so der Wiedererwecker der Kunst bei uns wurde. Vgl. die Biographie von Sach, 1881.

Nr. 1014. V, 252.

Die „Papierausschneidereien“ von Adele Schopenhauer. Diese verstand die Kunst, in schwarzem Papier „artige kleine Bildchen“ auszuschneiden. So hatte sie auch „Charon“, ferner verschiedene Landschaften u. a. in dieser Weise ausgeschnitten. Vgl. Hempel 28, 577, sowie Goethes Gedicht: „In eine Sammlung künstlich ausgeschnittener Landschaften“ (Hempel 2, 445), desgl. das Gedicht „an Professor Rösel“ (Hempel 3, 171).

Nr. 1015. V, 253.

„Jeder Tag bestehe für sich“ u. s. w. Hier spricht Goethe einen Hauptgrundsatz aus, den er besonders in seiner „Lebensregel“ (Hempel 2, 261), in erweiterter Gestalt Hempel 3, 207 ausgesprochen hat:

Willst du dir ein gut Leben zimmern,
Mußt ums Vergangene dich nicht bekümmern,
Und wäre dir auch was verloren,
Erweise dich wie neugeboren:
Was jeder Tag will, sollst du fragen,
Was jeder Tag will, wird er sagen u. s. w.

Nr. 1016. V, 253.

Zu den Bemerkungen über „Alexis und Dora“ vgl. im Goethe-Schiller'schen Briefwechsel die Briefe vom 18. u. 22. Juni, sowie vom 6. u. 7. Juli 1796.

Nr. 1019. V, 261.

Der Geschichts- und Landschaftsmaler Karl Friedrich Lessing, ein Großneffe Gotthold Ephraim Lessings, geb. 1808 in Breslau, gest. 1880 als Generaldirector in Karlsruhe.

Nr. 1021. V, 264.

Oscar Ludwig Bernhard Wolff, geb. 1799 in Altona, gest. 1851 als Professor in Jena, studirte in Berlin und Kiel, war dann Lehrer an verschiedenen Erziehungsinstituten in Hamburg u. s. w., trat öffentlich als Improvisator auf und war auch als Schriftsteller thätig: er ist der Herausgeber des „Poetischen Hausschatzes des deutschen Volkes" und des „Hausschatzes deutscher Prosa." Sein „Büchlein von Goethe" ist eine häßliche Schmähschrift.

Nr. 1024. V. 271.

Der Titel der Zeitschrift lautete: „Die Sichtbaren. Diese Blätter werden die Woche zwei Mal, Mittwochs und Sonnabends, bei dem Buchdrucker Johannes Bayrhoffer, dem Jüngern, gerade gegen der kleinen Gallen Gaß über, ausgegeben. Die Vorausbezahlung für ein halbes Jahr ist 1 fl. Einzeln aber kostet das Stock 2 kr." (Vgl. v. Löper bei Hempel 20, 334).

Nr. 1027. V, 280.

Die Globisten, d. i. die Mitarbeiter der französischen, von Pierre Dubois herausgegebenen Zeitschrift „Le Globe" (seit 1824). Mitarbeiter waren z. B. Cousin, Remusat, Guizot, Victor Hugo, Sainte-Beuve, Ampère u. a. Am 27. Februar 1826 schreibt Goethe an Reinhard, daß ihm „posttäglich" der Globe zugesendet werde, und am 12. Mai 1826 äußert er sich brieflich gegen Reinhard: „Daß die Herren vom Globe mir wohlwollen, ist ganz billig: denn ich bin wirklich für sie eingenommen. Man wird eine Gesellschaft junger, energischer Männer in einer bedeutenden Stellung gewahr, ihre Hauptzwecke glaube ich zu begreifen, ihr Benehmen ist klug und kühn. Freilich macht in Frankreich die nächste Vergangenheit aufmerken und erregt Gedanken, zu denen man sonst nirgends gelangen würde. Doch hat mich gefreut, einige meiner geheimen und geheim gehaltenen Überzeugungen ausgesprochen und genugsam kommentirt zu sehen. Ich werde nicht aufhören, Gutes von diesen Blättern zu sagen: sie sind das Liebste, was mir jetzt zu Händen kommt, werden geheftet, rück- und vorwärts gelesen. Auch haben sie mir in den letzten Stücken zur Einleitung in die interessanten Hefte des Herrn Cousin gedient, indem sie mir deutlich machen, zu welcher Zeit, auf was für Art und Weise und zu welchen Zwecken jene Vorlesungen gehalten wurden." Später wurde ihm jedoch die politische Tendenz des „Globe" unbehaglich, und er äußert sich bedeutend kühler über den Globe in den Briefen: an Graf Sternberg vom 19. September 1826 und an Graf Reinhard vom 20. September 1826. Am 27. November 1827 schreibt Goethe an Graf Sternberg: „Indessen machen die Herren vom „Globe" meinen friedlichen und zutraulichen Gesinnungen ein böses Spiel. Ich hoffte, sie sollten sich der nach Auflösung der Deputirtenkammer wieder eintretenden Preßfreiheit mit Mäßigung bedienen und wie zeither mit geistiger, geschmackvoller Freiheit die Angelegenheiten behandeln, wie solches auch ihrer Stellung gar wohl geziemt hätte: aber man sieht aus dem Hergange, daß hier an keine Mäßigung, noch viel weniger an Komposition zu denken sei: denn sie betragen sich seit dem 8. November außer allem Maße in einer Art, die auch ihr bester Freund nicht billigen kann." Doch am 18. Juni 1829 schreibt er an Reinhard, daß ihm der „Globe" trotzdem lieb und werth bleibe: man brauche ja mit vorzüglichen Menschen nicht durchaus einig zu sein, um Neigung und Bewunderung für sie zu empfinden. Vgl. a. Gespr. 1043. V, 292 u. a.

Nr. 1028. V, 282.

Stephan Schütze, der seit 1804 in Weimar wohnte, gab seit 1814 ein „Taschenbuch der Liebe und Freundschaft" heraus: 1821—23 erschienen von ihm „Heitere Stunden. Erzählungen, aus den Taschenbüchern gesammelt" (3 Bände).

Nr. 1031. V, 285.

Ferdinand Baron von Eckstein, geb. 1790 in Kopenhagen, gest. 1861 in Paris, französischer Ministerialbeamter und klerikaler Schriftsteller; er gründete 1826 die Zeitschrift Le Catholique. — Friedrich Wilh. Carové, geb. 1789 zu Coblenz, gest. 1852 in Heidelberg, philosophischer Schriftsteller, bekannt als Mitbegründer der Burschenschaft.

Nr. 1032. V. 285.

Vgl. Gespr. 1006. V. 229, wo die Sammlung von Bildnissen guter Freunde", die Schmeller für Goethe entwarf, bereits erwähnt wird. — Joh. Schmeller, Porträtmaler in Weimar.

Johann Karl Ludwig von Schorn, 1793 zu Castell in Bayern geb., gest. 1842 in Weimar, Kunstschriftsteller, gab seit 1820 das „Kunstblatt" heraus.

Nr. 1034. V, 287.

Baron François Pascal Gérard, geb. 1770 in Rom, gest. 1837 in Paris, Geschichts- und Porträtmaler, Schüler Davids. Vgl. über ihn Goethe in „Kunst und Alterthum" V, 3. 1826 (b. Hempel 28, 579 ff.). — Peter Oluf Bröndsted (1780—1842), dänischer Archäolog.

Nr. 1049. V, 296.

„Der neue Arzt" war Hofrath Dr. Karl Vogel aus Liegnitz, der nach dem Tode Rehbeins an dessen Stelle als großherzoglicher Leibarzt berufen worden war.

Nr. 1051. V, 299.

Vgl. Gespr. Nr. 994. V. 211.

Nr. 1053. V. 302.

Karl Heinrich Ritter von Lang, bayrischer Geschichtsschreiber und satirischer Schriftsteller, geb. 1764 zu Balgheim in Schwaben, gest. 1835.

Nr. 1054. V. 303.

Hermann Fürst v. Pückler-Muskau (1785 bis 1871), geistvoller Schriftsteller; er legte den herrlichen Park zu Muskau an.

Nr. 1058. V. 313.

„Um mich zeichnen zu lassen." Vgl. Gespr. Nr. 1006. V. 229., sowie Nr. 1032. V. 285.

Nr. 1062. V. 320.

„Er legte mir einen Steindruck vor" u. s. w. Goethe hatte Probestücke erhalten von den Lithographien, die Eugène Delacroix (1799—1863, berühmter französischer Maler und Kolorist) zum Faust entworfen hatte und die für die französische Faustübersetzung von Stapfer bestimmt waren (Faust, Tragédie de Mr. de Goethe, traduite en Français par Mr. Stapfer, ornée de XVII dessins par Mr. Delacroix). Über diese Übersetzung, sowie die Lithographien von Delacroix sprach sich Goethe in „Kunst und Alterthum" VI, 2. 1828. S. 387 ff. aus (s. d. bei Hempel 29, 697—699). Am 2. März 1827 schrieb Goethe an Reinhard: „Nun erwarten wir auch die neue Ausgabe des Faust mit Lithographien von Delacroix, davon einige wundersame Probestücke zu uns gekommen sind."

Nr. 1064. V. 325.

Zu Mozarts Brief abgedruckt in der „Allgemeinen Wiener Theaterzeitung" 1824. Nr. 138, auf den Goethe durch Zelter (10. December 1824) hingewiesen worden war, lautet die betreffende Stelle: „Manche machen es halt ordentlich, aber dann sind's anderer Leute Gedanken (sie selbst haben keine): andere, die eigene haben, können sie nicht Herr werden.“ (Vgl. H. Düntzer, Eckerm. Gespr. I. 287.) — Goethe kannte Leonardo da Vincis Trattato della pittura, in dem die angeführten Äußerungen vorkommen. Meyer nannte Leonardos Tractat über die Malerei „ein Werk voll goldener Worte.“ In seiner „Italienischen Reise“ (Zweit. Röm. Aufenthalt. Rom, den 9. Februar) schreibt Goethe: „Ich habe diese Tage das Buch Leonard da Vincis über die Malerei gelesen und begreife jetzt, warum ich nie etwas darin habe begreifen können.“ — Über das Bild Correggios vgl. „Ital. Reise, Neapel, den 22. März 1787.“ — „Haben wir doch jetzt sogar auch die Phidiasse vor Augen“, d. i. die Werke des Phidias und der verschiedenartigsten Künstler, die nach dessen Ideen arbeiteten. Schon in seinem Aufsatze: „Verein der deutschen Bildhauer, Jena, den 27. Juli 1817“ hatte Goethe die deutschen Bildhauer dringend zum Studium der Elginischen Marmore (Elgin Marbles, hauptsächlich vom Parthenon zu Athen, 1816 durch Vermittelung des Lord Elgin angekauft und dann durch Abgüsse verbreitet, im britischen Museum in London), und ähnlicher Arbeiten ermahnt (vgl. Hempel 28, 381 ff.).

Nr. 1069. VI. 1.

George Canning, hervorragender engl. Staatsmann (1770—1827), war seit 1822 Minister des Auswärtigen in England. Die Rede für Portugal hielt er im Unterhause am 12. December 1826. Portugal war von Spanien bedroht und Canning erklärte, daß England Portugal schützen müsse, und sandte auch englische

Truppen nach Portugal (s. seine Gesammelten Reden, 6 Bände, 1845, sowie die Biographie von Hill 1887).

Nr. 1070. VI, 2.

Victor Hugos Odes et ballades erschienen 1822—26 in 2 Bänden.

Nr. 1071. VI, 6.

Zu dem Liede „Um Mitternacht" vgl. Goethes Aufsatz: „Geneigte Theilnahme an den Wanderjahren" (Kunst und Alterthum III, 3. 1822), wo er sagt: „Hier nun fühl' ich unwiderstehlichen Trieb, ein Lebenslied einzuschalten, das mir seit seiner mitternächtigen, unvorhergesehenen Entstehung immer werth gewesen, komponirt aber von meinem treuen Wirkens- und Strebensgefährten Zelter, zu einer meiner liebsten Productionen geworden." Und nun folgt das Lied: „Um Mitternacht ging ich, nicht eben gerne u. s. w." (s. Hempel 29, 313). — Max Eberwein, genauer: Traugott Maximilian E., war der ältere Bruder des Musikdirectors Franz Karl Adalbert Eberwein. Madame Eberwein ist Henriette Eberwein, geb. Häßler, seit 1807 an der Bühne zu Weimar, vermählt mit Franz Karl Adalbert E. seit 1812. Das zweite hier angeführte Lied aus Goethes Fischerin beginnt genauer: „Ich habs gesagt schon meiner Mutter, schon aufgesagt vor Sommers Mitte" u. s. w. (es ist das littauische Brautlied aus Herders Volksliedern I, Nr. 13) S. dass. Hempel 9, 189. — „Es ist wie eine abgestreifte Schlangenhaut u. s. w." Vgl. die Stelle in einer „zahmen Xenie":

Sie zerren an der Schlangenhaut,
Die jüngst ich abgelegt. (Hempel 2, 388).

Nr. 1072. VI, 8.

Goethes Secretär war seit Juli 1819 C. F. John (gest. 1851 als Kammergerichtskanzlist zu Berlin).

Nr. 1073. VI, 13.

Das „Urbino-Zimmer" führte seinen Namen von dem an der Wand hängenden Ölgemälde: „Herzog von Urbino", gemalt von dem italienischen, in Urbino geborenen Maler Federigo Baroccio (1528—1612). Dieses kleine Seitenzimmer lag neben dem Gesellschaftszimmer. — Gérard hatte Goethen durch Boisserée den von Toschi ausgeführten Kupferstich seines Gemäldes: L'entrée de Henri IV à Paris übersandt. — Madame Panckoucke, die Gemahlin eines reichen Buchhändlers in Paris. — Nicolaus Fürst Putiatin (1745—1830), russischer Geheimrath, verließ Rußland, wo er in Ungnade gefallen war, und kaufte ein Gut in Zschachwitz bei Pillnitz. — Die unter die zahmen Xenien aufgenommenen Verse (Hempel 2, 381): „Johannisfeuer sei unverwehrt" u. s. w. sind ein Toast, den Goethe im Jahre 1804 in Jena ausbrachte (s. d. in den „Tag- u. Jahresheften" Hempel 27, 106), als man auf die Herzogin-Mutter anstieß, die durch Johannisfeuer verehrt wurde.

Nr. 1074. VI, 30.

Die „berühmten Literatoren" sind die Gebrüder Schlegel.

Nr. 1075. VI, 30.

Delphine Gay (1804—1855), Tochter der Romanschriftstellerin Sophie Gay; 1831 vermählte sich Delphine G. mit E. de Girardin, ihre Gedichte: Essais poétiques (2 Bd.) erschienen 1824—1826. — Prosper Mérimée (1803—1870), hervorragender französischer

Novellist, Senator. „Le Théâtre de Claire Gazul (unter diesem Decknamen schrieb Mérimée anfangs), Comédienne Espagnole“ erschien 1825. Auch die vorgeblich illyrischen Poesien La Guzla (Paris 1827) haben Mérimée zum Verfasser. Goethe zeigte diese in „Kunst und Alterthum“ VI, 2. 1828 (S. 326—329) an und schrieb: „Herr Mérimée wird es uns also nicht verargen, wenn wir ihn als den Verfasser des Theaters der Clara Gazul und der Guzla hiemit erklären und sogar ersuchen, uns mit dergleichen eingeschwärzten Kindern, wenn es ihm irgend beliebt, aufs neue zu ergetzen. Auch er gehört zu den jungen französischen Independenten, welche sich eigne Pfade suchen, wovon die seinen wohl mit zu den anmuthigsten zu zählen sind, weil er nichts festsetzen, sondern ein schönes, heiteres Talent an Gegenständen und Tonweisen mancher Art üben und ausbilden will“ (s. Hempel 29, 704). — Karl Wilh. Ferd. Solger 1780—1819, Prof. in Frankfurt a. d. O., 1811 in Berlin, Ästhetiker. Seine „Nachgelassenen Schriften und sein Briefwechsel“ wurden von L. Tieck, und Fr. von Raumer 1826 (2 Bd.) herausgegeben. Seine „Philosophischen Gespräche“ waren 1817 erschienen; 1815: Erwin, vier Gespräche über das Schöne und die Kunst. — „Es hätte mich damals freuen können, ein so gutes Wort über die Wahlverwandtschaften zu hören.“ Vgl. jedoch Gespr. Nr. 459. II. 303.

Nr. 1076. VI, 35.

„Eine Ausgabe des Béranger“, wahrscheinl. die 1826 erschienene vollständige Ausgabe seiner Chansons.

Nr. 1077. VI. 43.

VI, 50: Walter Scott. Am 12. Januar 1827 hatte Goethe an W. Scott nach Edinburgh geschrieben, s. d. Brief bei Strehlke, Goethes Briefe II. 219.

Nr. 1078. VI, 50.

VI, 59: Ernst Heinrich Friedrich Meyer, geb. in Königsberg 1791, 1819 Privatdocent der Botanik in Göttingen, seit 1826 Director des botanischen Gartens in Königsberg, 1829 Professor, gest. 1858. Vgl. „Tag- u. Jahreshefte 1822" (Hempel 27, 287).

Nr. 1080. VI, 61.

Heinrich Meyers „Geschichte der bildenden Künste bei den Griechen" begann 1824 zu erscheinen (2 Bde., der letzte Band erschien nach seinem Tode). —

Nr. 1083. VI, 64.

Karl Christ Vogel von Vogelstein, Porträt- u. Geschichtsmaler, geb. 1788 in Wildenfels, gest. 1868 in München.

Nr. 1085. VI, 66.

Dr. Hermann Friedrich Wilhelm Hinrichs, Professor der Philosophie an der Universität zu Halle, geb. 1794 zu Karlseck im Oldenburgischen, gest. 1861 zu Friedrichsroda in Thüringen. Er war Hegelianer und hatte seine „Ästhetischen Vorlesungen über Goethes Faust" (1825) dem Dichter übersandt, wofür ihm Goethe brieflich gedankt hatte (s. d. Strehlke, Goethes Briefe I, 269 f.). Das in dem vorliegenden Gespräche erwähnte Werk von Hinrichs führte den Titel: „Das Wesen der antiken Tragödie in ästhetischen Vorlesungen durchgeführt an den beiden Oedipus des Sophokles im allgemeinen und an der Antigone insbesondere."

Nr. 1086. VI, 66.

VI, 73 f.: Die von Goethe angeführte Stelle in der „Antigone" (v. 905—912) hatte zwar Aug. Ludw. Jakob in seinen „Quaestiones Sophocleae" für unecht erklärt, aber Aug. Böckh hatte sie im Gegensatz dazu (1826) als echt hingestellt. Auf ihre Beziehung zu Herodot (III, 119) hat schon Düntzer (Eckermanns Gespr. III, 270) hingewiesen.

Nr. 1087. VI, 82.

Auch an Zelter schrieb Goethe darüber, daß er der Aufführung der Iphigenie am 31. März 1827 nicht beiwohnte. „Was soll mir," heißt es da, „die Erinnerung der Tage, wo ich das alles fühlte, dachte und schrieb?" In das Prachtexemplar, das er Wilhelm Krüger sendete, schrieb er nur die Worte: „Herrn Krüger, dem bewundernswürdigen Orest." (Vgl. v. Löper, Hempel 3, 355 Anm.) Dagegen sind Verse Goethes, die sich auf die Übersendung dieses Prachtexemplars an Krüger beziehen und wahrscheinlich in einem beigelegten Schreiben standen, in seine Werke übergegangen: „An den Schauspieler Krüger. Weimar den 31. März 1827." Sie lauten:

Was der Dichter diesem Bande
Glaubend, hoffend anvertraut,
Werd' im Kreise deutscher Lande
Durch des Künstlers Wirken laut!
So im Handeln, so im Sprechen
Liebevoll verkünd es weit:
Alle menschlichen Gebrechen
Sühnet reine Menschlichkeit.

(Hempel 3, 355.)

Nr. 1088. VI, 90.

„Friedrich Heinrich Jacobis auserlesenen Briefwechsel" (2. Bd.), hgg. von Friedrich Roth (1825—1827). — Die große Überschwemmung von Petersburg war am 19. November 1824. — Zu Goethes Äußerungen über Barometer, Wasserbejahung und -verneinung vgl. in seinen

Schriften „Zur Meteorologie“ den „Versuch einer Witterungslehre 1825“ (zuerst gedruckt in den Nachgelassenen Werken 1833), s. d. Hempel 34, 47ff. — „Lessing soll selbst einmal geäußert haben u. s. w.,“ der bekannte Ausspruch Lessings über die „reine Wahrheit“ und den „Trieb nach Wahrheit.“ — VI, 101: „Und nicht etwa der Korkbaum gewachsen ist“ u. s. w. Gegen die Teleologie des Grafen Fr. Leopold zu Stolberg richtete Goethe 1797 die Xenie:

Der Teleolog.

Welche Verehrung verdient der Weltenschöpfer, der gnädig
Als er den Korkbaum erschuf, gleich auch die Stöpsel erfand.“
(Hempel 3, 239.)

Nr. 1089. VI. 102.

VI, 108: Amable Tastu, geb. Voiart, seit 1816 vermählt mit dem Buchhändler Tastu; ihre Poésies erschienen 1826.

Nr. 1090. VI, 133.

Das Webicht ist ein kleiner Busch, der nach Tiefurt zu liegt. — Christian Lassen, geb. 1800 in Bergen, gest. 1876 als Professor in Bonn; Schlegel hatte ihn für das Studium der indischen Sprache zu begeistern gewußt, er wohnte bei Schlegel und arbeitete mit diesem zusammen; sein Hauptwerk, das später erschien (2. Aufl. 1876), war die „Indische Alterthumskunde“ (4 Bd.).

Nr. 1092. VI. 115.

Johann Jacob Anton Ampère (1800—1864), Sohn des Naturforschers Ampère, war Prof. der neueren Literatur in Paris, Mitarbeiter des Globe. Er gab im Globe 1826, Nr. 55—64 im Anschluß an Stapfers Oeuvres dramatiques de Goethe, traduites de l'allemand eine Beurtheilung Goethes als Dramatiker, die Goethe in „Kunst und Alterthum" V, 3. 1826 u. VI, 1. 1827 zum Theil wiedergab (s. d. Hempel 29, 678—691). — Philipp Albert Stapfer (1766—1840), schweizerischer Gesandter in Paris, übersetzte Goethes Faust ins Französische (s. Hempel 29, 692 u. 697 ff.), sowie Goethes dramatische Werke überhaupt (vgl. Hempel 29, 678 ff.). Goethes Brief an Stapfer vom 4. April 1827 s. bei Strehlke, Goethes Briefe II, 240. — Alexander Duval (1767—1842), Bühnendichter in Paris, verfaßte ein Drama Le Tasse, eine Nachbildung des Goethischen Tasso (vgl. Hempel 29, 693—697).

Nr. 1093. VI, 118.

Vgl. hierzu Goethes Aufsatz: Hempel 29, 678 ff. — Zu den Äußerungen Goethes, daß die Eigenschaften, die in den Werken der Griechen hervortreten, nicht einzelnen Personen anhafteten, sondern der ganzen Nation und dem ganzen Zeitalter (VI, 123 f.), vgl. seinen Aufsatz: „Literarischer Sanscülottismus" (Hempel 29, 237 ff.), wo er ganz ähnliche Gedanken ausspricht. — Zu dem Ausspruche: „Wir Deutschen sind von gestern" vgl. Schillers bekanntes Wort in Wallensteins Tod (I, 4):

> Nicht, was lebendig, kraftvoll sich verkündigt,
> Ist das gefährlich Furchtbare. Das ganz
> Gemeine ist's, das ewig Gestrige,
> Was immer war und immer wiederkehrt
> Und morgen gilt, weils heute hat gegolten!

Nr. 1095. VI, 127.

Karl von Holtei (1797—1880), seit 1821 vermählt mit Luise Rogée, einer bedeutenden Schauspielerin, die eine Zeitlang eine Zierde der Breslauer Bühne war, hatte einige Jahre in Breslau als Theaterdichter gelebt und gerade damals mit seinen Liederspielen: „Die Wiener in Berlin“ und: „Die Berliner in Wien“ u. a. große Erfolge erzielt.

Nr. 1096. VI, 131.

Moritz Oppenheim, Genremaler, geb. 1801 zu Hanau, seit 1825 in Frankfurt a. M., wo er am 24. Februar 1882 starb; er zeichnete auch Umrisse zu Goethes „Hermann und Dorothea“. Seine Stoffe entnahm er im übrigen besonders dem Leben seiner israelitischen Zeitgenossen.

Nr. 1097. VI, 131.

Über den Plan, einen Tell in Hexametern zu dichten, vgl. „Tag- und Jahreshefte“ 1797 (Hempel 27, 46) und: 1804 (Hempel 27, 110f.), sowie v. Biedermanns Anmerkung dazu (Hempel 27, 425f.).

Nr. 1100. VI, 139.

Über die „Monatsschrift der Gesellschaft des vaterländischen Museums in Böhmen“ hat Goethe sich in verschiedenen Aufsätzen geäußert, die bei Hempel 29, S. 147ff. sich vereinigt finden. Vgl. auch Goethes Brief an Zelter vom 11. März 1827. An Gerhard schrieb er am 10. April 1827: „Versäumen Sie nicht, auf der Messe nach der Monatsschrift zu fragen, welche die Gesellschaft des vaterländischen Museums in Prag herausgiebt. Zwei Hefte liegen vor mir. Ein Gedicht „Horimir und sein Roß Zamik“ wird Sie in Verwunderung setzen.“ — Franz Palacky (1798—1876), der bekannte böhmische Geschichtschreiber, besorgte die Herausgabe der Zeitschrift; Joseph Dobrowský (1753—1829), ein Jesuit, Schriftsteller in Prag, war thätiger Mitarbeiter.

Nr. 1101. VI, 140.

VI, 144: „Zeige ihm deine Prinzeß" Prinzessin Marie Luise Alexandrine von Sachsen-Weimar hatte sich am 26. Mai 1827 mit dem Prinzen Karl von Preußen vermählt. Unter ihr Porträt, das Goethe am 23. Juni 1827 an H. Meyer sandte, hatte der Dichter die Verse geschrieben:

> Lieblich und zierlich
> Ruhig und hold,
> Sind ihr die Treuen
> Sicher wie Gold.
>
> (Hempel 3, 172.)

b. VI, 145: Über den Brief Goethes an Gries vom 2. Juni 1827 s. Strehlke, Goethes Briefe I. 224. — Das „Wiegenlied dem jungen Mineralogen Walther von Goethe, den 21. April 1818" s. bei Hempel 2, 435 f.

Nr. 1102. VI, 147.

Joh. Anton Graf Kapodistrias (1776—1831), griechischer Staatsmann, wurde 1828 Präsident der griechischen Republik, 1831 in Nauplia ermordet. — VI, 152. „Ihm in der „Helena" das unsterbliche Denkmal der Liebe zu setzen": durch den Euphorion.

Nr. 1103. VI. 154.

Baron Philipp von Stosch (gest. 1757) war ein eifriger Kunstsammler; für dessen Neffen Baron Philipp Muzel-Stosch arbeitete Winkelmann einen Katalog der Gemmensammlung des Oheims aus: Description des pierres gravées du feu Baron de Stosch, Florence 1749. Eine im Auszug abgefaßte deutsche Übersetzung der Winkelmannschen Schrift erschien 1827 unter dem Titel: „Verzeichniß der geschnittenen Steine in dem königlichen Museum der Alterthümer zu Berlin", und Goethe berichtete über diese Schrift in „Kunst und Alterthum“ VI. 2. 1828 (s. d. Auss. bei Hempel 28, 441 ff.). Darin sagt Goethe: „Nach (dieser Winckelmannischen Schrift) ist gegenwärtig noch die ganze Sammlung der Originale geordnet, und ihr zufolge auch die Sammlung der davon genommenen Abdrücke, welche von Karl Gottlieb Reinhardt*) gefertigt worden und in zierlichen Kasten, auf das Schicklichste angeordnet, zu nicht geringer Erbauung vor uns stehen. .... Von den ferneren Schicksalen der Gemmensammlung, die uns hier besonders beschäftigt, bemerken wir, daß nach dem Tode des Barons ein Neffe, Philipp Muzel-Stosch, mit vielem andern auch das Kabinet ererbt; es wird eingepackt und versendet, ist durch Unaufmerksamkeit des Spediteurs eine Zeitlang verloren, wird endlich in Livorno wiedergefunden und kommt in Besitz Friedrichs des Großen, Königs von Preußen.“ — VI, 156: Den Vers Goethes s. Hempel 2, 329.

Nr. 1104. VI, 159.

Der Roman Manzonis: I promessi sposi. vgl. Gespr. 1106. VI, 165. — Der hochbedeutende englische Schriftsteller Thomas Carlyle (1795—1881) wuchs in beschränkten Verhältnissen auf, ohne genauere Kenntniß der Alten verdankt er die Größe seiner Anschauung und die Weltweite seines Blickes, sowie überhaupt die Tiefe seiner Bildung vorwiegend dem Studium der deutschen Literatur. Von der bescheidenen Stellung eines Dorfschullehrers stieg er zu hohem Ansehen und Ruhm empor. In seinen „German romances“ (4 Bd. 1827) führte er Fouqué, Tieck, Musäus, Jean Paul und Hoffmann in England ein, wie er denn überhaupt die deutsche Literatur und besonders die Kenntniß Goethes und Schillers in Eng-

*) Hofbaudepotverwalter in Berlin.

land verbreitete. Sein „Life of Schiller“ mit Übersetzungsproben schrieb er 1823, 1825 übersetzte er Goethes Wilhelm Meister. — Heinrich Leo (1799—1878), damals außerordentl. Prof. in Berlin, später in Halle.

Nr. 1108. VI, 169.

In der That hatte Goethe zuerst an W. Scott geschrieben und zwar am 12. Januar 1827. Vgl. Erl. zu Gespr. 1077. VI. 43. — John Gipson Lockhart, Romanschriftsteller und Satiriker, Schwiegersohn Walter Scotts, seit 1825 Redacteur des „Quarterly Review.“

Nr. 1113. VI. 173.

Henriette Sontag war im Sommer 1826 zweimal in Weimar; das Gedicht, das Goethe ihr im Juli 1826 widmete, steht bei Hempel 3, 347.

Hauptmann Dan. Grg. v. Ekendahl (nicht: Eckendahl), geb. 6. April 1792 in Schweden, gest. 4. September 1857, lebte seit 1815 in Deutschland, seit 1825 in Weimar. In einem Briefe an Varnhagen von Ense vom 19. Februar 1828 (Goethe-Jahrb. V, 24) rühmt Goethe Ekendahls „Geschichte des schwedischen Reichs und Volks“ (2 Bd. 1827—28).

Nr. 1114. VI, 175.

Dr. phil. Gustav Parthey, Hofrath in Berlin, Enkel des Berliner Buchhändlers F. W. Nicolai. Zelter empfahl ihn an Goethe in dem Briefe vom 14. August 1827, indem er bemerkt, Parthey habe Italien und den Orient gesehen und wünsche den kennen zu lernen, der sich so wahr und geistig über diese Weltgegend ausgewiesen. Einen Brief Goethes an Parthey vom 24. November 1819 s. bei Strehlke, Goethes Briefe II, 32f.

Nr. 1115. VI, 179.

Eduard Gans (1797—1839), Rechtsgelehrter, zuletzt Professor in Berlin.

Nr. 1120. VI, 196.

Wassili Andrejewitsch Schukowski (1783 bis 1852), hervorragender russischer Dichter. In der Recension von John Bowrings Servian popular poetry (Kunst u. Alterthum VI, 2. 1828), der auch eine russische Anthologie herausgegeben hatte, rühmte Goethe Schukowski (s. Hempel 29, 596). Einen Brief Goethes an Schukowsky vom 16. November 1821 s. bei Strehlke, Goethes Briefe II. 209. — Oberstleutnant Baron Gerhard v. Reutern, seit 1820 in Dresden lebend, hatte an den Freiheitskriegen theilgenommen und einen Arm verloren. Ihm ist das Gedicht Goethes: „Inschrift, April 1831" (Hempel 3, 173 f.) gewidmet.

Nr. 1123. VI, 199.

Johann Karl Wilhelm Zahn, geb. zu Rodenberg in der Grafschaft Schaumburg 1800, gest. Berlin 1871, war 1824 in Italien für die Ausgrabungen in Pompeji und Herkulanum besonders thätig gewesen. Im Verkehr mit Zahn, auch in seinen Briefen an Zahn, tritt Goethes Liebe und Begeisterung für die antike Kunst wieder recht lebhaft zu Tage (vgl. Strehlke, Goethes Briefe II, 413 ff.).

Nr. 1125. VI, 207.

Jean Pauls Ausspruch lautet genauer: „Der Mensch hat drittehalb Minuten: eine zu lächeln, eine zu seufzen und eine halbe zu lieben; denn mitten in dieser Minute stirbt er." Vgl. Hempel 3, 353.

Nr. 1128. VI, 214.

Die Hottelstedter Ecke heißt die Höhe nach dem am Fuße des Berges gelegenen Dorfe Hottelstedt. — VI, 223. Zu der Stelle über die Fürsten vgl. Hempel 27, 298: „Man hätte mir eine Krone aufsetzen können, und ich hätte gedacht, das verstehe sich von selbst." — Als Goethe 1782 das Adelsdiplom erhielt, schrieb er an Frau von Stein, er sei so wunderbar gebaut, daß er sich dabei gar nichts denken könne.

Nr. 1129. VI, 225.

Adolf Friedrich Karl Streckfuß (1779—1844), Geh. Oberregierungsrath in Berlin, Dichter und Schriftsteller namentlich Übersetzer italienischer Dichtungen. — Der Dichter Raupach weilte damals auch längere Zeit in Weimar. — Über die Gebrüder Riepenhausen vgl. Erl. zu Nr. 645. III. 224f.

Nr. 1131. VI. 227.

VI. 230: „Als Kotzebue verhatte" u. s. w. Vgl. Erl. zu Nr. 178.

Nr. 1134. VI. 254.

Joh. Andreas Stumpff, Instrumentenbauer und Harp master of her Majesty in London.

Nr. 1135. VI. 256.

Dr. Johann Gustav Stickel, geb. 1805 zu Eisenach, hatte sich 1827 in Jena als Privatdocent für Theologie und orientalische Sprachen niedergelassen, wurde dort 1828 Professor der Theologie, 1839 Professor der orientalischen Sprachen

Nr. 1137. VI, 219.

Gemeint ist Friedrich Förster.

Nr. 1140. VI, 263.

Joh. Christ. Friedr. Aug. Heinroth, 1773 in Leipzig geb., Professor der Psychiatrie daselbst, gest. 1843. Unter dem Namen Treumund Wellentreter gab er 1818 bis 1826 „Gesammelte Blätter" heraus.

Nr. 1141. VI, 265.

Holtei hatte 1828 der Bühnenthätigkeit (vorübergehend) entsagt und trat mit großem Erfolg als Vorleser Shakespearescher Dramen auf.

Nr. 1143. VI, 268.

Über Goethe und Wit-Dörring vgl. Gespr. Nr. 707. III, 296.

Nr. 1144. VI, 271.

VI, 285. Gemeint ist das Lied im „Schenkenbuche":

So lang man nüchtern ist,
Gefällt das Schlechte;
Wie man getrunken hat,
Weiß man das Rechte u. s. w.

Nr. 1146. VI, 299.

In der That sind Goethes Gedichte gegen Kotzebue und Genossen, die bei Hempel 3, 297 ff. zu lesen sind, erst nach Goethes Tode veröffentlicht worden.

Nr. 1147. VI, 300.

Joseph Karl Stieler, geb. 1781 in Mainz, gest. 1858 in München; hervorragender Porträtmaler, von ihm die „Schönheitengalerie“ in der Residenz zu München, sein Sohn war der Dichter Karl Stieler. — Charlotte von Hagn, eine Münchnerin (geb. 1813), die schon mit vierzehn Jahren die Bühne betrat. — Vgl. hierzu Goethe-Jahrbuch I. 282.

Nr. 1148. VI, 301.

Max Johann Seidel, Komiker am Weimarer Theater seit 1822, war ein geborner Tiroler. Goethe liebte das Jodeln nur im Freien (wie er an Zelter schrieb, 30. October). — „Wie Kirschen und Beeren behagen“ s. Hempel 2, 335, vgl. auch Hempel 23, 42. — Der Großherzog starb zu Graditz bei Torgau am 14. Juni 1828.

Nr. 1149. VI. 304.

Großherzog Karl Friedrich von Sachsen-Weimar war den 2. Februar 1783 zu Weimar geb. und starb daselbst am 8. Juli 1853.

Nr. 1155. VI. 314.

Karl Wilhelm Göttling, geb. 19. Januar 1793 in Jena, seit 1822 Professor der klassischen Philologie in Jena, seit 1826 auch Bibliothekar, unterstützte Goethe bei der Ausgabe letzter Hand seiner Werke. Göttling starb in Bonn am 20. Januar 1869. Den Briefwechsel Goethes mit Göttling hat Kuno Fischer herausgegeben. Vgl. a. v. Biedermann, Goethe und Göttling, Goetheforschungen, Neue Folge, 237 ff. — Im Februar 1828 reiste Göttling nach Italien.

Nr. 1128. VI, 323.

Christiane von Wurmb war früher Hofdame in Rudolstadt, sie war die Gattin Abekens. In „Schillers Leben" von Caroline v. Wolzogen erschienen diese Gespräche (aus dem Jahre 1801) in Druck.

Nr. 1153. VI, 310.

Gottlob Friedrich Krauße, der letzte Bediente Goethes, geb. 1805, gest. als Amtsdiener zu Ilmenau 1860.

Nr. 1162. VI, 330.

Karl Egon Ritter von Ebert, geb. 1801 zu Prag, gest. 1882, dichtete in Nibelungenstrophen das Heldengedicht „Wlasta" (1825—1828), von dem einzelne Theile in der „Monatsschrift der Gesellschaft des vaterländischen Museums in Böhmen" erschienen waren; diese hatte Goethe gelesen. Er stand besonders unter dem Einflusse Uhlands.

Nr. 1163. VI, 335.

Dr. Karl Friedrich Philipp von Martius, geb. 1794 in Erlangen, Botaniker, war 1817—20 mit J. B. v. Spix in Brasilien, seit 1826 Professor in München, wo er 1868 starb. Goethe hatte die ersten Lieferungen seines Werkes über die Palmen angezeigt. (s. Hempel 33, 142ff.). Vgl. auch: „Naturwissenschaftliche Korrespondenz Goethes" hgg. von Bratranek. — Johann Ludwig von Jordan, wirklicher Geheimrath, war preußischer Gesandter in Dresden und Weimar.

Nr. 1165. VI, 344.

Die Gräfin Finckenstein war die Wittwe des früheren preußischen Regierungspräsidenten Grafen Friedrich Ludwig

Finck von Finckenstein; Tieck hatte bis zum Tode des Grafen (1818) auf dessen Gute in Ziebingen gewohnt. — Auch Tiecks Töchter Agnes und Dorothea waren mit in Weimar.

Nr. 1166. VI. 344.

Gustav Friedrich Wiggers, Vater der Politiker Julius Otto August Wiggers (1811 in Rostock geb.) und Moritz Wiggers (1816 in Rostock geb.), die 1848 Mitglieder der konstituirenden Kammer waren, deshalb in Haft geriethen und dann längere Zeit Mitglieder des deutschen Reichstages waren.

Nr. 1167. VI. 347.

William Fraser in London war der Herausgeber der periodischen Schrift Foreign Review.

Nr. 1168. VI, 352.

Johann Jacob Nöggerath, geb. 1788 in Bonn, Professor der Mineralogie und Bergwerkswissenschaften in Bonn, stand mit Goethe schon viele Jahre wegen mineralogischer Fragen in näherer Beziehung, vgl. Hempel 33, 431.

Nr. 1170. VI, 355.

Früher, im Jahre 1816, hatte die Edinburgh Review Goethes „Dichtung und Wahrheit" heftig getadelt.

Nr. 1171. VI, 356.

Das Gedicht: „Glücklich Land u. s. w." s. Hempel 3, 361.

Nr. 1173. VI, 358.

VI, 365: Die Prinzeß von Preußen war Luise Ulrike, die Schwester Friedrichs des Großen. — Zu S. 359, Z. 8 ff. vgl. Goethes Gedicht:

Bildung.

Von wem auf Lebens- und Wissens-Bahnen
Wardst du genährt und befestet?
Zu fragen sind wir beauftragt.

„Ich habe niemals danach gefragt,
Von welchem Schnepfen und Fasanen,
Kapaunen und Welschenhahnen
Ich mein Bänchelchen gemästet.

„So bei Pythagoras, bei den Besten
Saß ich unter zufriednen Gästen:
Ihr Frohmahl hab' ich unverdrossen
Niemals bestohlen, immer genossen."

(Hempel 3, 217.)

Vgl. a. Riemers Mittheilungen I, 203.

Nr. 1174. VI, 368.

Freiherr Apollonius von Maltitz, Dichter, geb. 1795, seit 1811 Gesandtschaftsattaché bei verschiedenen Gesandtschaften, 1836 Legationsrath, 1841 russischer Geschäftsträger mit dem Titel „Staatsrath" in Weimar, dort gest. 1870.

Nr. 1175. VII, 1.

Auguste Kladzig, damals Hofschauspielerin in Weimar, 1833 vermählt mit dem Schauspieler La Roche.

Ernst August Friedrich Klingemann (1777 bis 1831), dramatischer Dichter und Generaldirector des Braunschweigischen Theaters. — **Karl August La Roche** (1795—1884), Schauspieler, Helden und Charakterdarsteller seit 1833 am Hofburgtheater in Wien.

Nr. 1178. VII, 5.

„Goodman and Goodwife", eine alte schottische Ballade, die Goethe unter dem Titel „Gutmann und

Gutweib. Altschottisch" bearbeitete, am 27. Juli 1827 an Zelter schickte und 1828 in „Kunst und Alterthum" VI, 2, 318 erscheinen ließ (s. d. Hempel 3, 114ff.). — Winterberger, geb. 1804, ein Schüler P. A. Wolffs, seit 1825 Schauspieler in Berlin, hatte am 26. Januar 1829 Goethe besucht. — Dorothea Seidel, geb. 1804, geb. Meyer, seit 1833 an der Bühne zu Weimar, vermählt mit dem Komiker Max Johann Seidel. — Der Lustspieldichter Karl Töpfer, geb. 1792 in Berlin, hatte ein Drama „Hermann und Dorothea" in 4 Acten verfaßt, das auch in Weimar aufgeführt worden war.

Nr. 1182. VII. 11.

Das Gedicht „Kein Wesen kann zu nichts zerfallen" (Vermächtniß) s. Hempel 3, 191f. — Über den Mathematiker Joseph Louis Lagrange, geb. 1736 in Turin, gest. 1813 in Paris, der besonders die analytischen Functionen, die numerischen Gleichungen, analytische Mechanik u. a. behandelte, vgl. a. Sprüche in Prosa 950, 996, 1002, 1005.

Nr. 1183. VII. 14.

Christ. Leopold von Buch, Freiherr v. Gelmersdorf, der bekannte Geolog (1774—1853), wie Alexander von Humboldt Vertreter des Vulkanismus gegen die Neptunisten. Goethe stand bekanntlich mehr auf seiten des von Werner begründeten Neptunismus, ohne sich einseitig dieser Theorie hinzugeben. Humboldt und Buch waren früher Anhänger Werners.

Nr. 1185. VII, 18.

François Pierre Guillaume Guizot (1787 bis 1874), französischer Staatsmann, 1830 Minister des Innern, 1832 Minister des Unterrichts, 1840 des Auswärtigen, 1847

Premierminister; er verfaßte zahlreiche kultur- und literarhistorische Werke. — Abel François Villemain (1790 bis 1870), französischer Staatsmann und Gelehrter, 1840 bis 1844 Unterrichtsminister. — Die Vorlesungen, die Guizot an der Sorbonne gehalten, erschienen unter dem Titel: Cours d'histoire moderne, die Villemains unter dem Titel: Cours de littérature française, die Cousins als: Cours de l'histoire de la philosophie moderne. Vgl. Goethes Aufsatz: Ferneres über Weltliteratur, Hempel 29, 677. — Unter den „Nachrichten des Engländers" vermuthet Düntzer Henry Thomas Colebrookes (1765 bis 1837), des bekannten Orientalisten in London Schrift: „On the philosophy of the Hindoos" in den „Transactions of the Royal Asiatic society."

Nr. 1187. VII, 22.

Ferdinando Artaria, Kunsthändler in Mannheim (Firma: Artaria und Fontaine, von Goethe erwähnt Hempel 28, 852). — Über Schillers Redaction des Egmont vgl. Goethes Aufsatz: „Über das deutsche Theater" (Hempel 28, 726).

Nr. 1189. VII, 35.

Vgl. zu dem Eingang des Gespräches „Sprüche in Prosa" Nr. 694: „Ein edler Philosoph sprach von der Baukunst als einer erstarrten Musik und mußte dagegen manches Kopfschütteln gewahr werden. Wir glauben diesen schönen Gedanken nicht besser nochmals einzuführen, als wenn wir die Architektur eine verstummte Tonkunst nennen u. s. w." Übrigens war es Friedrich Schlegel, der die Baukunst eine „gefrorne Musik" nannte (Vgl. v. Löpers Anmerkung). — VII, 37. „Was ihnen selber gemäß ist." Vgl. hierzu Gespr. Nr. 974. V, 150.

Nr. 1192. VII, 39.

VII, 40: „Bérangers Gefangenschaft“. Wegen seiner Chansons inédites wurde Béranger zu neun Monaten Haft verurtheilt, sowie zu einer Geldstrafe von 10000 Francs.

Nr. 1193. VII, 43.

VII, 48: Heinrich Joseph König, Katholik, schrieb für eine protestantische Zeitschrift, die von dem Pfarrer Friedrich in Frankfurt a. M. herausgegeben wurde, eine größere Zahl von Aufsätzen, die er später als „Rosenkranz eines Katholiken“ herausgab.

Nr. 1194. VII. 48.

Das Gedicht: „Cupido u. s. w.“ s. Hempel 24, 465 (Ital. Reise. Zweiter Römischer Aufenthalt. Januar 1788), sowie Hempel 9, 69 f. — Louis Antoine Fauvelet de Bourrienne (1769—1834), französischer Staatsmann, war Mitschüler Bonapartes in Brienne. 1829—30 erschienen seine „Mémoires sur Napoléon“ (10 Bde.).

Nr. 1195. VII, 51.

Karl Gottlieb Ernst Weber, Pfarrer zu Schönfeld bei Bunzlau; sein „historisches Gedicht“: Die Völkerschlacht (1827) hatte 26 Gesänge. — VII, 54: „Er mußte also ein Wappen haben“, scherzhaft, das Wappen war die Zeichnung zu einem Petschaft für Zelter, vgl. Goethes Brief an Zelter vom 4. März 1829. — Friedrich Wilhelm Facius, Hofmedailleur zu Weimar.

Nr. 1196. VII. 59.

Baronet Robert Peel (1788—1850), engl. Staatsmann, 1822—27 und 1828—30 Minister des Innern in England, später Premierminister.

Nr. 1197. VII, 64.

VII, 68: Heinrich Franke, Tänzer und Sänger, geb. 1807, Sohn des Fecht- und Hoftanzmeisters Fr. in Weimar; Maria Schmidt, Opernsängerin, geb. 1808, Tochter des Kammermusikus Schm. in Weimar; Oels, geb. 1772, Graff, geb. 1768, Schauspieler an der Weimarer Hofbühne.

Nr. 1198. VII, 73.

Der Band, den Goethe vorlegte, war derselbe wie in Gespräch Nr. 1201. VII, 89: John Boydells „Liber veritatis." — VII, 79: Gegen das Wort: „Erkenne dich selbst" hat Goethe auch sonst häufig gesprochen, vgl. Erl. zu Nr. 227. — Zu den Worten: „Er weiß nicht, woher er kommt noch wohin er geht" vgl. den Schluß von „Dichtung und Wahrheit" (Hempel 23, 112), sowie v. Löpers Anmerkung dazu. — „Hackert sagte sehr oft." s. die Worte: „Ital. Reise, Caserta,. Donnerstag den 15. März 1787" (Hempel 24, 195), wo noch der Satz voraufgeht: „Sie haben Anlage, aber Sie können nichts machen."

Nr. 1199. VII, 83.

Der neue Papst Pius VIII. war ein Graf von Castiglione. — Narcisse Achille Comte de Salvandy, Verfasser des Romanes Don Alonso ou l'Espagne. — Zwei Briefe an Dr. Horn. Goethe war im Besitz seiner eignen Briefe an Horn, die Riese nach Horns Tode (1803) gekauft, Marianne Willemer nach Rieses Tode (1827) am 9. December 1827 an Goethe geschickt hatte, als aus Rieses Nachlaß für ihn bestimmt. Goethe antwortete am 3. Januar 1828 der Frau v. Willemer; in dieser Antwort heißt es: „Die Briefe von Leipzig waren durchaus ohne Trost; ich habe sie alle dem Feuer überliefert: zwei von Straßburg heb' ich auf, in denen man endlich ein freieres Umherblicken und Aufathmen des jungen Menschen gewahr wird." Vgl. Strehlke, Goethes Briefe I, 278.

Nr. 1200. VII. 85.

VII, 88: Das Werk Ségurs: Histoire de Russie et de Pierre le Grand erschien 1829.

Nr. 1201. VII. 89.

Paul Brill, geb. 1554 zu Antwerpen, gest. 1626 zu Rom. Vgl. über diesen Maler Goethes Aufsatzskizze: „Künstlerische Behandlung landschaftlicher Gegenstände, Hempel 28, 874—882.

Nr. 1202. VII, 91.

Zu der Erzählung Meyers vgl. Goethes „Italienische Reise, November 1787." Hempel 24, 444 f.

Nr. 1205. VII, 97.

Wolfgang Flachenecker war Maler und Lithograph in München. Er hatte auch das Porträt der Großherzogin von Sachsen-Weimar, das Julie von Egloffstein zum 71. Geburtstage derselben gemalt, durch Lithographie vervielfältigt. Vgl. Hempel 28, 845.

Nr. 1214. VII, 114.

Jean Pierre David (1789—1856), berühmter französischer Bildhauer.

Nr. 1215. VII. 115.

Adam Mickiewicz (spr. Mizkjéwitsch) berühmter polnischer Dichter und Schriftsteller, geb. 1798. 1829 und 1830 reiste er nach Italien, 1840—43 Prof. der slav. Literatur in Paris, gest. 1855 in Konstantinopel.

Er schrieb die Epen: Konrad Wallenrod, Grazyna u. a. — Anton Eduard Odyniec (spr. =nietz), gleichfalls polnischer Dichter (Romantiker) und Herausgeber der vielgelesenen Zeitschrift Melitele, mit Beiträgen der jüngern polnischen Dichter, geb. 1809 in Litauen, studirte in Wilna, übersetzte Bürgers Lenore ins Polnische, verfaßte romantische Dramen (z. B. Izora) u. s. w. 1875—78 gab er seine berühmten „Briefe" über die mit Mickiewicz unternommene italienische Reise heraus (4 Bde.).

Nr. 1219. VII, 133.

Lambert Adolphe Jacques Quetelet (1796 bis 1874), Mathematiker und Astronom, geb. in Gent, zuletzt Director der Sternwarte in Brüssel.

Nr. 1226. VII, 147.

Die Verse: „Diese Richtung ist gewiß" s. Hempel 2, 477. Vgl. Gespr. VIII, 402.

Nr. 1232. VII, 155.

Gemeint ist, auch in den vorhergehenden Gesprächen, Friedrich Förster. — VII. 158: Auch ein Engländer übersetzte hier das Fläschchen mit: dram-bottle, Schnapsflasche. — In dem französischen Ballet=Divertissement „Faust" sind die Verse: „Wie sie kurz angebunden war" u. s. w. übersetzt:

Et la jupe courte!
D'honneur, c'est à ravir.

Diese Stelle hatte wohl Förster im Sinne. — VII, 160: Christian Schuchardt, der die Schrift: „Goethes Kunstsammlungen" herausgab.

Nr. 1237. VII. 173.

Jacob Fenimore Coopers (1789—1851) letzter Roman heißt: Red Rover.

Nr. 1239. VII, 176.

Caroline Pentheler, Claviervirtuosin.

Nr. 1240. VII, 177.

Die Übersetzung des Faust von Gérard: „Nouvelle traduction complète en prose et en vers“ erschien 1827.

Nr. 1241. VII, 178.

Über „die Mütter“ vgl. den Aufsatz von Paul Hohlfeld: Noch einmal die „Mütter“ in Goethes Faust Theil II (Archiv f. Literaturgeschichte VI. 396 ff.)

Nr. 1242. VII, 179.

Louis de Rouvroy, Herzog v. Saint-Simon (1675—1755), franz. Staatsmann, schrieb: Mémoires complets et authentiques sur le siècle de Louis XIV et la régence. Er war Mitglied des Regentschaftsrathes für Ludwig XV. — „Einen Band Krummacher'scher Predigten“. Es war der Band: „Blicke ins Reich der Gnade. Sammlung evangelischer Predigten, von Dr. Krummacher, Pfarrer zu Gemarke. Elberfeld 1828“. Goethes Aufsatz darüber veröffentlichte der Weimarer Oberhofprediger Röhr in seiner „Kritischen Prediger-Bibliothek“ (XI. Bd. 1. Heft 1830, S. 21 ff.) und leitete diesen mit folgender Bemerkung ein: „Der Herausgeber glaubte auch den hochverehrten Nestor unserer deutschen Literatur, welcher die verschiedenartigsten Erscheinungen derselben noch stets mit jugendlichem Interesse verfolgt und würdigt, auf diese Predigten aufmerksam machen und um sein

Urtheil über dieselben ersuchen zu müssen. Dieser las sich tief hinein und gab sie begleitet von einem Aufsatze zurück, durch welchen er sich „„einigermaßen Rechenschaft geben wollte, wie in unserer Zeit ein Mann, den man doch für vernünftig halten sollte, auf solche Verirrungen gerathen könne."" Diesen Aufsatz hat der Herausgeber Erlaubniß, auch seinen Lesern vorzulegen u. s. w." (s. d. Aufs. b. Hempel 29, 213ff.). Krummacher ist der bekannte Parabeldichter Friedrich Wilhelm Krummacher, zuletzt Hofprediger in Potsdam. — Das „Chaos" war eine von Frau von Goethe geleitete weimarische Zeitschrift mit deutschen, französischen, englischen u. s. w. Beiträgen, vgl. Gespr. Nr. 1288. VII, 291. Sie erschien nur Sonntags, auch Eckermann und Soret waren an der Redaction betheiligt. Vgl. a. Goethe-Jahrb. III, 246f.

Nr. 1244. VII, 183.

Über Walter Scotts „Leben Napoleons" vgl. Goethes Briefe an Zelter vom 21. November 1827 (gleichlautend am 27. November 1827 an Sternberg) und vom 4. December 1827, sowie den Brief an Reinhard vom 28. Januar 1828. Vgl. ferner Goethes Recension, b. Hempel 29, 768ff. (Weimar, d. 21. November 1827).

Nr. 1245. VII, 183.

S. 187: Zu Behrischs Berufung nach Dessau vgl. VIII. 402. — 188. Der Name „Pelargonie" tritt zuerst 1787 in L'Héritiers Geranologie auf.

Nr. 1246. VII, 189.

Pierre Etienne Louis Dumont (1759—1829), Großoheim Sorets, philosophischer Schriftsteller, Mitglied des Großen Rathes in Genf seit 1814. Dumont war am 30. September 1829 in Genf gestorben.

Nr. 1251. VII, 196.

„Ich habe Mozart als siebenjährigen Knaben gesehen“, 1763 in Frankfurt am Main, wo der 7jährige Mozart mit seiner Schwester am 18. und 30. August jenes Jahres concertirte und zwar „im Scharffischen Saale auf dem Liebfrauenberge.“ Vgl. v. Löpers Anmerkung Nr. 136 zu „Dichtung und Wahrheit I.“ Hempel 20, 349.

Nr. 1252. VII, 197.

S. 199: Jeremy Bentham (1748 in London geb., gest. 1832), berühmter englischer Rechtsgelehrter und Philosoph, Begründer der Nützlichkeitsphilosophie, deren Lehren Dumont popularisirte. Benthams Schrift „System der Gesetzgebung“ war weit verbreitet.

Nr. 1253. VII, 201.

Die Großherzogin-Mutter hatte sich durch einen Fall Schaden gethan und litt noch an den Folgen. Daher Goethes Zorn, daß man ihr den Maskenzug vorführen wolle.

Nr. 1254. VII, 202.

„Fürst Primas“, nämlich Karl von Dalberg. Am 6. Februar 1830 erzählte der junge Goethe bei Tische, daß er im April 1808 in Frankfurt mit seiner Großmutter, der Frau Rath, beim Fürsten Primas zur Tafel geladen worden sei; sie habe den Fürsten, der seine gewöhnliche geistliche Kleidung getragen habe, für einen Abbé gehalten und nicht sonderlich auf ihn geachtet. Auch habe sie anfänglich bei Tafel, an seiner Seite sitzend, nicht eben das freundlichste Gesicht gemacht. Im Laufe des Gesprächs aber sei ihr an dem Benehmen der übrigen Anwesenden nach und nach beigegangen, daß es der Primas sei. Der Fürst habe darauf ihre und ihres Sohnes Gesundheit getrunken, worauf dann die Frau Rath aufgestanden und die Gesundheit Sr. Hoheit ausgebracht. Am 7. Februar setzten sich diese Gespräche fort.

Nr. 1255. VII, 202.

Der 2. Februar war der Geburtstag des regierenden Großherzogs. — Hudson Lowe (1769—1844), der Gouverneur von St. Helena seit 1815, Hüter Napoleons I., er schrieb zur Rechtfertigung wegen seines Verhaltens gegen Napoleon die Schrift: Mémorial relatif à la captivité de Napoléon à St. Hélène (2 Bd.), 1830.

Nr. 1257. VII, 206.

Justinus Kerner (1786—1862), der bekannte schwäbische Dichter und Arzt, neigte der Geisterseherei und Mystik zu und gab in seiner Schrift: „Die Seherin von Prevorst" 1829 und in den „Blättern aus Prevorst" (Karlsruhe 1831—1834) Nachricht über eine Somnambule, Namens Friederike Hauffe. — Als Goethe 1775 in Karlsruhe Karl August und Luise, damals noch Prinzessin von Hessen-Darmstadt (die Vermählung fand erst am 3. October 1775 zu Karlsruhe statt) gesehen hatte, schrieb er am 24. Mai 1775 an Johanna Fahlmer: „Louise ist ein Engel, der blinkende Stern konnte mich nicht abhalten, einige Blumen aufzuheben, die ihr vom Busen fielen und die ich in der Brieftasche bewahre, wo das Herz ist." Diese Verehrung bewahrte ihr Goethe sein ganzes Leben hindurch.

Nr. 1258. VII, 206.

Anne Ninon de Lenclos (1616—1706), eine bekannte leichtfertige Schönheit, die zu ihrer Zeit den Mittelpunkt des geistigen Lebens in Paris bildete.

Nr. 1259. VII, 209.

Luise Adelaide von Waldner-Freundstein, geb. 1746, lange Jahre hindurch seit der Vermählung der Großherzogin Luise 1775 Hofdame. — „Ich fand ihn noch mit einem guten Freunde u. s. w." vgl. oben S. 208: „Hofrath Soret ließ sich melden u. s. w." Der gute Freund war also Eckermann. — S. 212: Lucien Emile Arnault, geb. 1787 zu Versailles, gest. 1863 zu Paris, Sohn des französischen Tragikers Antoine Vincent Arnault; er war wie sein Vater dramatischer Dichter und verherrlichte Gustav Adolf in einem Drama (1830). — S. 213: Zu der Erzählung über Gozzis Theater vgl. Goethes „Italienische Reise, Venedig, den 10. October 1786" (Hempel 24, 86) und Düntzers Anmerkung dazu. Nach seinem eignen Berichte sah Goethe die Smeraldina, das Kammermädchen in Gozzis Tragikomödien, und den (nicht: die) Brighella, eine weißgekleidete Maske, die einen „pöbelhaften Ferraresen" darstellt. — Der Pulcinell (it. Pulcinella), die bekannte italienische Charakterfigur, entsprechend der venetianischen Charaktermaske des Arlechino und dem deutschen Hanswurst. Die Sage läßt den Pulcinell aus Neapel herkommen. Vgl. It. Reise. Neapel 19. März 1787 (Hempel 24, 202) u. a.

Nr. 1262. VII, 217.

Friedrich Beuther, geb. 1777 im Elsaß, studirte anfangs Theologie, war dann Kaufmann, Schauspieler, zuletzt Decorationsmaler in Frankfurt a. M., Amsterdam u. a., besonders in Weimar.

Nr. 1267. VII, 224.

Andreas Eduard Koźmian, polnischer Schriftsteller. — „Der Führer der neuen Schule": Adam

Mickiewicz, vgl. Gespr. 1215. VII. 115. u. ff. — Kasimir I., geb. 1015, König v. Polen 1034—1058, vertrieben 1037—41. — Ary Scheffer, geb. 1795 in Dordrecht, gest. 1858 in Paris, Geschichtsmaler.

Nr. 1268. VII, 230.

Hofrath Voigt aus Jena ist der Professor der Botanik und Director des botanischen Gartens zu Jena Friedrich Siegmund Voigt (1781—1850).

Nr. 1271. VII, 233.

Lili starb am 6. Mai 1817, achtundfünfzig Jahre alt (geb. 23. Juni 1758).

Nr. 1273. VII, 239.

Alfred Victor, Graf von Vigny (1799—1863), Emile Deschamps (1795—1871), beide hervorragende, gegen die Klassiker auftretende Schriftsteller und Dichter. Oberst Charles Nicolas Baron Fabvier (1783 bis 1855), franz. General, 1823—28 für Griechenland kämpfend.

Nr. 1276. VII, 243.

Charles Augustin Sainte-Beuve (1804—1869), gleichfalls ausgezeichneter Dichter und Kritiker der neueren Richtung; 1829 erschien von ihm: Vie, poésies et pensées de Joseph Delorme; 1830 Consolations u. s. w. — Pierre Simon Ballanche (1776—1847), franz. Philosoph und Schriftsteller. — Honoré de Balzac (1799 bis 1850), franz. Romanschriftsteller. — Jules Gabriel Janin (1804—1874), franz. Kritiker und Schriftsteller. — „Studien" von Emile Deschamps, d. i. dessen Études françaises et étrangères 1828.

Nr. 1277. VII, 257.

Hofrath Christian Wilhelm Büttner, geb. 1716 in Wolfenbüttel, Natur- und Sprachforscher, Professor in Göttingen, dann in Jena, gest. 8. October 1801. Vgl. übrigens zu Goethes Erzählung: „Tag- und Jahreshefte 1817.“ (Hempel 27, 230.)

Nr. 1278. VII, 260.

Vgl. hierzu den Aufsatz: „Christus nebst zwölf alt- und neutestamentlichen Figuren den Bildhauern vorgeschlagen“ Hempel 28, 390 ff.

Nr. 1279. VII, 263.

In der That schließt sich die 15. römische Elegie (Hempel 2, 27 f.) an Horaz, Carmen saeculare V, 9., nicht an Properz an. — Eugen Neureuther, geb. 1806 in München, gest. 1882 daselbst als Professor an der Kunstgewerbeschule, hervorragender Zeichner und Maler, besonders bekannt durch seine Illustrationen.

Nr. 1280. VII, 264.

Samuel Thomas v. Sömmerring (1755—1830), Dr. med. Professor der Anatomie, Arzt in Frankfurt 1798, Geh. Rath in München 1805, geadelt 1808, lebte seit 1820 als Privatmann in Frankfurt. Er war am 2. März gestorben. — S. 270: Friedrich August Marqueß v. Bristol, Lord-Bischof von Derry (1730—1803) kam durch Jena am 10. Juni 1797. Vgl. „Tag- und Jahreshefte“ 1797 (Hempel 27, 44), sowie den Aufsatz in den „Biographischen Einzelheiten“: Lord Bristol, Bischof v. Derry (Hempel 27, 313 f.).

Nr. 1286. VII, 280.

S. 282: „Gustav Adolf“ ist das oben Gespr. Nr. 1259. VII, 212 ungenau: „Gustav Wasa“ benannte Drama von L. C. Arnault.

Nr. 1288. VII, 289.

S. 292: Julie Auguste Christiane von Bechtolsheim, geb. von Keller, Wittwe des Kanzlers und Geh. Raths von Bechtolsheim in Eisenach, sie war damals bereits hoch in die Siebzig.

Nr. 1290. VII, 294.

Johann Michael Färber war Kustos der Schloßbibliothek, später Museenschreiber in Jena.

Nr. 1293. VII, 299.

Hernani, Drama Victor Hugos, 1830 zum ersten Male aufgeführt, wobei es zum offenen Kampfe zwischen Classicisten und Romantikern kam.

Nr. 1295. VII, 301.

„Man muß sich immerfort verändern, erneuen, verjüngen, um nicht zu verstocken“, ein Hauptgrundsatz Goethes, vgl. die Einleitung z. d. Erläuterungen. — „So hat mir Rochlitz“ u. s. w. Vgl. Gespr. Nr. 1263. VII, 219f.

Nr. 1296. VII, 302.

„Un petit modèle en bronce de la statue de Moïse etc.“ „Tag- und Jahreshefte 1812“ berichtet Goethe: „Ich acquirirte eine nicht gar ellenhohe altflorentinische Kopie des sitzenden Moses von Michel Angelo, in Bronze gegossen.“ (Hempel 27, 206.) Diese ist gemeint.

Nr. 1297. VII, 303.

Etienne Geoffroy de St. Hilaire (1772—1844), seit 1809 Professor der Zoologie und Medicin in Paris.

Nr. 1298. VII, 303.

Ferdinand Ries (1784—1838), Sohn des Violinisten Franz Anton Ries in Bonn, Componist von Opern, Symphonien u. s. w.

Nr. 1300. VII, 314.

Friedr. Ferd. Karl Frhr. v. Müffling (1775 bis 1851), preußischer Feldmarschall, 1815 Gouverneur von Paris, 1837 Gouverneur von Berlin; er war auch kriegsgeschichtlicher Schriftsteller.

Nr. 1303. VII, 317.

Charles de Bonnet (1720—1793), Genfer Philosoph und Naturforscher; sein Hauptwerk: Idées sur l'état futur des êtres vivans ou Palingénésie philosophique; den zweiten Theil dieses Werkes übersetzte Lavater 1769 unter dem Titel: „Philosophische Untersuchung der Beweise für das Christenthum."

Nr. 1308. VII, 324.

Ernst Moritz Ludwig Ettmüller (1802—1877), Germanist, habilitirte sich 1830 in Jena für deutsche Sprache und Literatur, 1833 Prof. in Zürich.

Nr. 1312. VII, 328.

Joh. Ludw. Franz Deinhardstein, geb. in Wien 1794, dramatischer Schriftsteller, 1832 Vicedirector des Wiener Hoftheaters, gest. 1859.

Nr. 1316. VII. 332.

Auch Goethe rühmte sich, sein Volk aus Philisterei emporgehoben zu haben:

Ihr könnt mir immer ungescheut
Wie Blüchern Denkmal setzen;
Von Franzen hat er euch befreit,
Ich von Philister-Netzen.

(Hempel 3, 267.)

Nr. 1320. VII, 335.

Karl Victor von Bonstetten, geb. 1745 in Bern, Schriftsteller in Genf, Freund Matthissons; gest. 1832 in Genf.

Nr. 1326. VIII, 3.

Le Rouge et le Noir, Roman von dem französischen Schriftsteller Marie Henri Beyle (1783—1842), der meist unter dem Pseudonym Stendhal schrieb.

Nr. 1328. VIII, 5.

Vgl. hierzu die „zahmen Xenien."

Allerlieblichste Trochäen
Aus der Zeile zu vertreiben
Und schwerfälligste Spondeen
An die Stelle zu verleiben,
Bis zuletzt ein Vers entsteht,
Wird mich immerfort verdrießen.
Laß' die Reime lieblich fließen,
Laß' mich des Gesangs genießen
Und des Blicks, der mich versteht.

Ein reiner Reim wird wohl begehrt
Doch den Gedanken rein zu haben,
Die edelste von allen Gaben,
Das ist mir alle Reime werth.

(Hempel 2, 385

Nr. 1329. VIII, 7.

Über das Werk Schönes s. VIII, 403.

Nr. 1332. VIII, 15.

Jean Graf Rapp, französischer General, geb. 1772 in Colmar, 1809 Graf, gest. 1821.

Nr. 1334. VIII, 19.

S. 22: „Schellings Büchlein über die Kabiren", d. i. Schellings Schrift „Über die Gottheiten von Samothrake" 1816.

Nr. 1339. VIII, 33.

Oberconsistorialrath Dr. Johann Friedrich Schwabe, geb. 1779, seit 1827 Hofprediger in Weimar.

Nr. 1342. VIII, 36.

Zu den vielen Äußerungen Goethes gegen die Preßfreiheit, vgl. die zahmen Xenien:

O Freiheit süß der Presse! u. s. w.
(Hempel 3, 354.)

und:

Was Euch die heilige Preßfreiheit
Für Frommen, Vortheil und Früchte beut?
Davon habt Ihr gewisse Erscheinung:
Tiefe Verachtung öffentlicher Meinung.
(Hempel 3, 354.)

Nr. 1348. VIII, 43.

S. 44: Vgl. Erl. zu II, 176. — Paul Louis Courier, Philolog und politischer Schriftsteller in Frankreich. Friedrich August von Beulwitz, Oberst und Kammerherr.

Nr. 1355. VIII, 54.

„Des berüchtigten Tintenflecks.“ In der Handschrift, aus der Courier den Text des Schäferromans von Longos vervollständigt hatte, fand sich später gerade an dieser Stelle ein großer Tintenfleck. — Ludwig Schrön, geb. 1799 in Weimar, Professor der Mathematik und Director der Sternwarte in Jena, gest. 1875.

Nr. 1356. VIII, 58.

Die „Übersetzung des arabischen Heldengedichts“, von der Goethe Strophe 1, 14, 15 und 16 recitirt, ist aus den „Noten und Abhandlungen“ zum Divan, und zwar aus dem Abschnitt: „Araber“. (Hempel 4, 234 ff.)

Nr. 1357. VIII, 61.

Niebuhr hatte in seiner Vorrede zum 2. Bande seiner römischen Geschichte (1830), im Hinblick auf die Julirevolution gesagt, daß eine „Vernichtung des Wohlstands, der Freiheit, der Bildung, der Wissenschaft“ drohe.

Nr. 1359. VIII, 63.

Nachdem Goethe seinen Sohn durch den Tod verloren hatte, wurde er von Vogel in der Oberleitung der wissenschaftlichen Anstalten unterstützt.

Nr. 1361. VIII, 68.

Merck erschoß sich am 27. Juni 1791.

Nr. 1362. VIII, 69.

Das Werk: „Wahrheit aus Jean Pauls Leben,“ von dem Dichter selbst begonnen, erschien erst nach Jean Pauls Tode (von 1826—1833).

Nr. 1366. VIII, 75.

Die Verse, die Goethe auf die freigelassene Stelle schreibt, s. Hempel 3, 173f. („Inschrift. April 1831“).

Nr. 1368. VIII, 77.

Joh. Jacob Schmied, Pfarrer, geb. 1809 im Wirthshaus zur Krone in Balterswil im thurg. Kreis Fischingen; als er 1831 von St. Gallen zur weiteren Ausbildung nach der Universität Berlin ging, besuchte er auf der Reise dahin Goethe, der ihn an Zelter empfahl; 1844 wurde er Lehrer in St. Gallen, 1863 Geistlicher an der Strafanstalt zu St. Jacob, gest. 1888.

Nr. 1371. VIII, 83.

Die Gedichte „Bei Betrachtung von Schillers Schädel. Zum 17. September 1826“ und: „Vermächtniß“ 1829 s. Hempel 3, 190ff. (vgl. auch die dort gegebenen Anmerkungen).

Nr. 1373. VIII, 89.

Die Verse: „Ihm ziemts u. s. w.“ sind aus dem Spruche: „Was wär ein Gott, der nur von außen stieße u. s. w.“ (Hempel 2, 223). — Zu dem Schlusse des Gespräches vgl. Goethes „Epigramme auf Myrons Kuh“ (Hempel 3, 384), sowie den Aufsatz: „Myrons Kuh“ (Hempel 28, 459—467).

Nr. 1385. VIII, 105.

Johann Christian Mahr war Berginspector zu Ilmenau. — Friedrich August Freiherr von Fritsch, geb. 1768, Geh. Kammerrath 1817, Kammerpräsident 1823, Oberlandjägermeister 1828, Wirkl. Geh. Rath 1835, gest. 1845.

Nr. 1388. VIII, 113.

Clara Wieck, Tochter des Gesang- und Clavierlehrers Friedrich Wieck (1785—1873) in Dresden; sie ist geb. 1819 in Leipzig, wurde die Gattin Robert Schumanns.

Nr. 1390. VIII, 114.

Marion de Lorme, Drama Victor Hugos, erschien 1829.

Nr. 1391. VIII, 118.

Den Landschaftsmaler und Kupferstecher Hermann van Swanevelt (1620—1690) erwähnt Goethe auch in seiner Aufsatzskizze: „Künstlerische Behandlung landschaftlicher Gegenstände" (Hempel 28, 878).

Nr. 1393. VIII, 121.

Vgl. hierzu VIII, 403.

Nr. 1396. VIII, 124.

Vinzenz Pol, polnischer Dichter, geb. 1807 zu Lublin, gest. 1873 in Krakau, polnisch-nationaler Romantiker, lebte längere Zeit in Straßburg, wo er Soldatenlieder im Stile Bérangers dichtete (1833), 1850 Professor der Geographie an der Universität Krakau, lebte später, da er als Pole abgesetzt wurde, in Lemberg, zuletzt erblindet in Krakau, wo er 1873 starb. Seine Hauptdichtung: „Das Lied von unserm Land, 1843".

Nr. 1399. VIII, 130.

Rud. Töpffer, Zeichner und Novellist, geb. 1799 in Genf, gest. 1846. — Gabriel Lory, Maler und Kupferstecher, geb. um 1760 im Canton Bern, gest. 1836.

Nr. 1402. VIII, 136.

Karl v. Spiegel war der Sohn des Oberhofmarschalls Spiegel.

Nr. 1403. VIII, 136.

Vgl. hierzu Goethes Aufsätze: „Phaëthon, Tragödie des Euripides. Versuch einer Wiederherstellung aus Bruchstücken“ (Kunst u. Alterthum 1823. IV, 2, bei Hempel 28, 500 ff.); „Zu Phaëthon des Euripides“ (Kunst u. Alterthum 1823. IV, 2): „Euripides' Phaëthon“ (Kunst u. Alterthum VI, 1. 1827); „Die Bacchantinnen des Euripides“ (Kunst u. Alterthum VI, 1. 1827).

Nr. 1405. VIII, 143.

„Die junge Froriep“, Tochter Friedr. Ludwigs von Froriep, der, 1779 in Erfurt geb., seit 1816 Obermedicinalrath in Weimar war und dort 1847 starb.

Nr. 1415. VIII, 160.

Vgl. hierzu VIII, 403.

Nr. 1419. VIII, 169.

k. S. 175: „Klopstocks Sentenz“. Messias VII, 421 sagt Klopstock von den Tugenden: „Einige werden belohnt, die meisten werden vergeben.“ Goethe hatte diese Sentenz bereits in den Xenien verwendet:

Haller.

Ach, wie schrumpfen allhier die dicken Bände zusammen!
Einige werden belohnt, aber die meisten verziehn.
(Hempel 3, 247.)

Nr. 1421. VIII, 183.

Johann Gottfried Dyk, geb. 1750 in Leipzig, Bühnenschriftsteller, gest. Leipzig 1813. Er hatte z. B. Banks Essex für die deutsche Bühne bearbeitet u. a.

Nr. 1423. VIII, 191.

Malcolmi, Hofschauspieler in Weimar seit 1788, trat 1817 in Ruhestand, gest. 1819. Goethe nannte ihn „den Unvergeßlichen". — Beate Lortzing, geb. Elsermann (1787—1831), Hofschauspielerin in Weimar seit 1805, vermählt mit dem Hofschauspieler Joh. Friedrich Lortzing (1782—1851) seit 1809.

Nr. 1436. VIII, 228.

Zu dem Schlusse vgl. Gespr. 1318b. VII, 333.

Nr. 1437. VIII, 230.

Vgl. Gespr. Nr. 389b. II, 236. — Nr. 1277. VII, 257.

Nr. 1443. VIII, 242.

Franz Oberthür, geb. zu Würzburg 1745, Dr. theol., seit 1773 Professor der Theologie in Würzburg, 1809 in Ruhestand, 1829 geh. geistl. Rath, gest. 1831.

Nr. 1444. VIII, 244.

Anna Luise Karsch, geb. Dürbach (1722—1791), gew. die Karschin genannt, Dichterin, Tochter eines Schenkwirths, zuerst an einen geizigen Tuchmacher Hirsekorn, dann an einen dem Trunk ergebenen Schneider Karsch verheirathet. Ihre Gedichte, sowie ihre Lebensbeschreibung gab ihre Tochter Frau Caroline Louise Hempel heraus, die später an Herrn von Klencke verheirathet war.

Nr. 1457. VIII, 265.

Friederike Sophie Christiane Brun, geb. Münter, die bekannte Dichterin, Freundin Matthissons. Vgl. Erl. zu Nr. 723. III, 315.

Nr. 1472. VIII, 278.

Wilhelmine Maaß, Schauspielerin in Weimar seit 1802, in Berlin 1805—1810.

Nr. 1487. VIII, 293.

Friedrich Gottl. Welcker, geb. 1784 zu Grünberg in Hessen, Archäolog, Prof. in Bonn 1819—59, gest. das. 1868.

Nr. 1498. VIII, 303.

Gustav Hugo (1764—1841), Professor der Rechtswissenschaft in Göttingen, Begründer der historischen Schule der deutschen Rechtswissenschaft.

Nr. 1504. VIII, 313.

Gustav Heinrich Näke (1786—1835), Maler.

Nr. 1506. VIII, 316.

Frederik Christian Sibbern, dänischer Philosoph, geb. 18. Juli 1785 zu Kopenhagen, seit 1813 Professor in Kopenhagen, gest. 16. December 1872 daselbst.

Nr. 1509. VIII, 320.

Heinrich Herm. Jos. Freiherr v. Heß (1788 bis 1870), seit 1859 österreichischer Feldmarschall.

Nr. 1518. VIII, 338.

Georg Wilhelm Lorsbach (1752—1816), Konsistorialrath und Professor der orientalischen Literatur in Jena 1812.

Nr. 1520. VIII, 340.

Friedr. Aug. Koethe, seit 1810 Prof. der Theologie, Archidiaconus und Garnisonsprediger in Jena, 1814 vermählte er sich mit Silvie von Ziegesar, später Superintendent in Allstedt.

Nr. 1522. VIII, 342.

Jan Kollar, slav. Dichter, geb. 1793 in Mossocz in Ungarn, gest. 1852 als Professor in Wien.

Nr. 1532. VIII, 358.

Anton Freih. von Prokesch-Osten, österreichischer Diplomat und Schriftsteller, geb. 1795 in Graz, gest. 1876 in Wien.

Nr. 1533. VIII, 358.

S. 361: „wenn der Fürst u. s. w.", Fürst Radziwill.

Nr. 1540. VIII, 372.

Wilhelm Häring (1798—1871), der bekannte Romanschriftsteller Willibald Alexis. — Karl Grüneisen (1802—1878), Kanzelredner, Schriftsteller und Kunsthistoriker. Herausgeber des „christlichen Kunstblattes"

Nr. 1542. VIII, 377.

Heinrich Jos. König, geb. 1790 in Fulda, gest. 1869 in Wiesbaden, Romanschriftsteller; 1816—47 stand er in hessischem Staatsdienst.

Nr. 1547. VIII, 389.

Otto Magnus Freiherr v. Stackelberg, Archäolog und Künstler, geb 1787, gest. 1837 in Petersburg.

Nr. 1550. VIII, 393.

Nicht Karl Ludwig Gottlob, sondern Ludwig Christoph von Burgsdorff ist gemeint. Er war geb. 1774, bekleidete 1813 die Stelle eines geheimen Referendars zu Dresden seit 1818 die eines geheimen Finanzrathes und starb 1828.

Nachgeliefertes.

1370.

(Nach 1346.)

1829, Anfang Mai.

Mit Friedrich Notter und Karl Wolff.

Dem Canditaten der Theologie Wolff († als Rektor des St. Katharinenstifts in Stuttgart 1869, und dem Dr. med. Notter (bekannt als Danteübersetzer, † in Stuttgart 1884) hatte Hr. v. Cotta, der in Verhandlungen wegen des Zollvereins gleichzeitig mit jenen seinen jungen Landsleuten in Berlin weilte, versprochen, sie auf der Rückreise durch Weimar bei Goethe anzumelden. Die beiden Schwaben kamen dahin, Anfangs Mai 1829. Sie wurden von dem Greis freundlich empfangen mit den Worten: „Herr v. Cotta ist zwar hier gewesen, hat Sie jedoch nicht annoncirt, da ich aber aus Ihren Zeilen ersehe, daß Sie Landsleute meines großen Freundes Schillers sind, hab' ich das Vergnügen mir nicht versagen wollen, Sie bei mir zu sehen." Damit wies er uns, erzählt Notter (Staatsanzeiger für Würtemberg 1864 Nr. 235), nach einem kleinen, eben für zwei Personen Raum bietenden Divan hinter dem Tische, während er selbst Miene machte, sich auf einen gewöhnlichen Stuhl niederzulassen. Wir zauderten einen Augenblick, solche Bevorzugung anzunehmen, er aber sagte mit einem unendlich vertraulichen, jede Förmlichkeit mit einem Schlag abschneidenden Ton: „Nein, nein, das ist so meine Art", und wir mußten gehorchen. Damit war der Charakter der ganzen, etwa ¾ Stunde dauernden Unterredung gezeichnet. Das Gespräch dehnte sich auf die verschiedensten Gegenstände aus, nur wie dies in der Regel bei allen von dem Dichter vorgelassenen, ihm persönlich unbekannten Personen der Fall war, nicht auf die Poesie. Dabei ließ nichts das hohe Alter desselben ahnen, als ein fast nach jedem fünften oder sechsten Wort kommendes langgedehntes M—h—h, das jedoch deutlich mehr aus dem Mund als der Brust kam und eher angenommene Gewohnheit als irgendwie ein Zeichen von Erschöpfung oder sonstiger Beschwerde zu sein schien. Nachdem er sich erst theilnehmend nach Kielmeyer — dem Naturforscher, 1765 bis 1844 — und dessen Angehörigen in Stuttgart erkundigt, fragte er, wohin wir unsern Weg zunächst von Weimar aus nehmen würden, und empfahl uns auf unsere Erwiderung, daß wir zuvörderst den Thüringerwald zu durchstreifen gedächten, besonders den Inselberg, sich umständlich in die geologischen Verhältnisse dieser Gegend einlassend; ehe wir jedoch abgingen, sollten wir einen Besuch auf dem Schloß Belvedere, wo eben die vom Großherzog mit besonderer Vorliebe gehegten Aurikeln im vollsten Flor standen, nicht versäumen. Später kam das Gespräch auf das Weimarer Theater, das wir noch nicht besucht hatten. Goethe rieth uns sehr, hinzugehen, Fremde, dürften so was nicht unterlassen, indem er beifügte: „Ich selbst gehe ja nicht mehr hin.“ Endlich sagte er: „Sie kommen aus Berlin. Erzählen Sie mir etwas davon. Worüber spricht man jetzt dort? Ich erwiderte, nachdem ich des eben im Bau begriffenen Museums der bildenden Künste und sonstiger neuen Unternehmungen gedacht, sehr häufig bilde der in Aussicht stehende, auch von Hrn. v. Cotta betriebene Anschluß Preußens an den süddeutschen Zollverein den Gegenstand der öffentlichen Unterhaltung. Hier gab nun Goethe die Antwort, die mich in seinem Munde, nachdem er von vielen Seiten als gleichgültig, ja kalt gegen Deutschland geschildert worden, überraschte und um deren Willen dieser ganze Aufsatz geschrieben worden. Er fragte erst theilnehmend, ob wohl Hoffnung für das Zustandekommen des Anschlusses da sei, und auf meine Erwiderung, nach dem, was ich gehört, glaube ich die Frage bejahen zu dürfen, entgegnete er mit freudigem, tief aus der Brust geholtem Tone: „Also doch Ein Band mehr zur Einigung Deutschlands!“

(Mitgetheilt von Prof. Dr. J. Hartmann in Stuttgart.)

Aufklärung zu 765.

Die Angabe v. Müllers IV, 87, daß Goethe Herdern die letzten drei Jahre nicht gesehen habe, ist unter allen Umständen irrig: beide haben sich zweifellos noch in Herders Todesjahr gesehen, das letzte Mal jedenfalls am 16. Mai 1803. Die nach Goethes eigner Erzählung ihn so tief verletzende Äußerung Herders, womit er das Lob von Goethes ‚Natürlicher Tochter‘ beschloß, lautete nach Mittheilung der Geheimen Kammeräthin Ridel geb. Buff: ‚Am Ende ist mir aber doch Dein natürlicher Sohn lieber, als Deine „Natürliche Tochter.“‘

v. Biedermann.

Druck von Hesse & Becker in Leipzig.

www.ingramcontent.com/pod-product-compliance
Lightning Source LLC
Chambersburg PA
CBHW032313280326
41932CB00009B/797

* 9 7 8 3 7 4 4 7 2 1 8 0 6 *